Walter Simon

Künstliche Intelligenz

Das Wichtigste, was Du wissen musst

Die Deutsche Nationalbibliothek verzeichnet diese Publikation in der Deutschen National-bibliographie; detaillierte bibliografische Daten sind im Internet abrufbar unter: http://dnb.ddb.de

Vervielfältigungen für Lehrzwecke bitte nur mit Genehmigung des Autors. Zitationen bitte mit Angabe der Quelle.

Herstellung und Verlag: BoD- Books on Demand, Norderstedt 2021
Lektorat: Sarah Krenz, Hamburg
ISBN: 978-3-7526-8419-3
Cover: Jacqueline Domin, Bad Nauheim Coverbild: Adobe Stock ADB144275052DE

Im Text wurde zur besseren Lesbarkeit auf die Verwendung der weiblichen Formen verzichtet. Wir bitten um Verständnis.

Autor:
Prof. Dr. Walter Simon Mittelstrasse 19a, 61231 Bad Nauheim
Tel.: 06032 921360
E-Mail: prof.simon@online.de

Inhalt

Vorwort

Büchern zum Thema KI droht die Gefahr, schnell zu Makulatur zu werden. Der Grund liegt in der enormen Entwicklungsgeschwindigkeit von Computertechnik und Software. Es ist kaum möglich, Themen der Informatik einigermaßen aktuell darzustellen. Im Bereich der KI wird fast täglich über neue Entwicklungen und Produkte informiert. Hierzu der renommierte KI-Professor Jürgen Schmidhuber in einem Interview: „Alle fünf Jahre wird das Rechnen zehnmal billiger. Hält der Trend an, werden kleine Rechner bald so viel rechnen können wie ein menschliches Gehirn, 50 Jahre später wie alle 10 Milliarden Hirne zusammen. Die dazu passende Software hinkt nicht weit hinterher.[1] Dementsprechend wächst das Angebot an Informationen in Ton, Bild und Text, insbesondere an Büchern und Artikeln. Mittlerweile liegt ein reicher Fundus an KI-Fachliteratur vor. Drei Themenbereiche haben sich herausgeschält. Ein großer Teil der Fachliteratur bewegt sich im programmtechnischen Bereich und behandelt anwendungsrelevante Themen der Informatik, etwa die Nutzung der Programmiersprache Python oder der KI-Rahmensoftware TensorFlow. Dieses ist das Terrain von schreibfreudigen Informatikern.

Ein anderer Teil des Buchangebots beleuchtet die gesellschaftlichen Folgen der KI, so die Wirkungen auf die Menschen, unsere Arbeitswelt, das Geistesleben, die Kultur und Erziehung, Ethik und Moral, nur um die wichtigsten Bereiche zu nennen. Diese Autoren verfügen zumeist über einen sozial- oder geisteswissenschaftlichen Hintergrund.

Der dritte Teil umfasst die große Menge an fachspezifischer KI-Literatur, beispielsweise zu Rechtsaspekten, zur KI-Medizin, zu Industrie 4.0 mit Robotik oder zum KI-Einsatz im Marketing. Die Publizisten, Ärzte, Ingenieure, Kaufleute oder Juristen haben ihr Fachwissen in das Thema KI eingebettet und nennen entsprechende Anwendungsmöglichkeiten.

Dieses Buch versucht einen interdisziplinären Überblick unter Berücksichtigung aller drei genannten Themenbereiche, beschränkt sich hierbei aber auf die wichtigsten Aspekte, so wie diese im Inhaltsverzeichnis aufgelistet sind. Es bietet dem an KI interessierten Leser einen Übersicht, die ihn zur Urteilsbildung befähigt. Hierbei ist zu bedenken, dass das Themenspektrum der KI umfassender ist als hier dargestellt. Weitere und tiefergehende Inhalte hätten den Rahmen dieses Buches gesprengt. Auch ist darauf hinzuweisen, dass es „die" KI nicht gibt. Hinter dem Begriff KI verbirgt sich ein Set verschiedenartiger Verfahren, Technologien und Konzepte, die je nach Zweck eingesetzt werden. Jeder Ansatz bietet andere Möglichkeiten und eignet sich nur für spezielle Einsatzzwecke in Wirtschaft, Wissenschaft, Technik und Gesellschaft. Die Lektüre zeigt dem Leser: Das Thema KI nimmt in der gesellschaftlichen Diskussion eine Poolposition ein. Wir werden ein spannendes Rennen erleben.

1. KI, der digitale Quantensprung

420.000 Euro erzielte das abgebildete, mit einem KI Programm gemalte Porträt des Edmond Bellamy 2018 bei einer Versteigerung des Auktionshauses Christie's in London. KI komponiert sogar Choralkantaten im Stile Johann S. Bachs oder textet Gedichte, die man Rainer Maria Rilke zuordnen könnte. Selbst die Kunstwelt wird von der KI aufgemischt. Im März 2019 schloss Warner Music einen Plattenvertrag mit einem deutschen KI „Komponisten", der ein auf den Hörer abgestimmtes Klangerlebnis versprach, mit dem dessen Konzentration und Wohlbefinden gesteigert werden kann. Viele Plattformen preisen mittlerweile ihre KI-kreierte Musik an.

Der TÜV-Verband veröffentlichte im Februar 2020 die Ergebnisse einer Untersuchung zur Haltung der Deutschen gegenüber der KI. Demnach kennen 94 Prozent der Befragten den Begriff Künstliche Intelligenz, aber nur jeder Dritte kann ihre elementaren Eigenschaften und Möglichkeiten erklären. Immerhin empfinden 46 Prozent etwas Positives und 28 Prozent eher Negatives, wenn sie auf den Begriff KI stoßen. Autonom fahrende Autos sind Teil der täglichen Berichterstattung. Algorithmen erkennen schneller und genauer Herzrhythmusstörungen als Kardiologen. Mit KI kann das Gesagte von den Lippen eines Menschen abgelesen werden.

KI ist längst kein Zukunftsthema mehr, sondern Teil unseres Alltags. Nahezu wöchentlich werden neue KI-Entwicklungen gemeldet. Drei der sieben Milliarden Erdenbewohner werden von der Informations- und Kommunikationstechnologie und damit zunehmend von der KI erreicht, ohne dass sie es wissen oder bemerken. „AI is the new electricity", schreibt KI-Guru Andrew Ng von der Stanford University. Bis 2035 wird die Hälfte aller Arbeitsplätze direkt oder indirekt durch KI-Software oder intelligente Assistenten betroffen sein. Das drückt sich auch in wirtschaftlichen Daten aus. McKinsey prognostiziert bis 2030 rund 13 Billionen Dollar zusätzliche Wertsteigerung durch KI.

1.1 KI im Alltag

KI als neue Entwicklungsstufe der Informatik bestimmt unseren Alltag stärker als uns bewusst ist, obwohl wir noch am Anfang der KI-Nutzung stehen. Der KI- Nachrichtendienst von Heise meldet täglich diverse Neuerungen allein in diesem Bereich der Digitalsphäre. Man kann von einer Anwendungsinflation sprechen.

Hinter der KI verbirgt sich mehr als nur Automatisierung und Robotik. Wir begegnen der Künstlichen Intelligenz, wenn uns Amazon unaufgefordert Kleidung oder Kosmetika vorschlägt, die zu unserem Typ passen. Vielleicht haben Sie sich die Webseiten einiger PKW-Marken angesehen und werden anschließend mit Werbebotschaften per E-Mail zugeschüttet. Natürlich hätten Sie Ihr PKW-Interesse auch Ihrem Sprachassistenten Alexa anvertrauen können. Dieser erledigt alles Weitere für Sie, nimmt auch Ihre Pizzabestellung entgegen oder spielt für Sie eine gewünschte Musik. Wenn Sie Google sofort nach dem Einschalten Ihres Handys fragt: „Was kann ich für Dich tun?" und Ihnen weiterhilft, ist das, was im Hintergrund geschieht, ein Stück KI. Das gilt ebenso für die Möglichkeit, Texte per Sprache in WhatsApp oder ein anderes Programm einzugeben oder sich Schriftstücke, beispielsweise E-Mails, vom Tablet oder Handy, vorlesen zu lassen.

Was ist das für ein großartiges Gefühl, einen Weihnachtsgruß mittels „Google-Übersetzer" per Knopfdruck in 103 Sprachen zu versenden. Das, was uns die Wetterfrösche über Sonne oder Regen am Folgetag berichten, beruht auf besonders ausgefeilten Programmen der Künstlichen Intelligenz. In Ihrem Auto und Handy steckt ebenfalls, und das zunehmend, eine gehörige Portion KI.

Ein moderner PKW bietet mehr als 50 IT-Anwendungen, die alles kontrollieren, von der Satellitennavigation über ABS, bis hin zu elektronischen Schlössern, von den Unterhaltungssystemen bis hin zu diversen Sensoren, die im Motor verbaut sind. Vielleicht gehören Sie zu jenen, die sich nicht für das Thema KI interessieren. Bedenken Sie aber, dass sich die KI längst für Sie interessiert.

1.2 Infosphäre ergänzt die Biosphäre

Weltweit sind rund fünf Milliarden Menschen über ihr Mobiltelefon mit der KI verbunden. Smartphones bringen uns Menschen mit unserem Konto in Verbindung, ermöglichen den Versand und Empfang von E-Mails oder weisen uns den Weg in einer uns unbekannten Gegend. Mit den passenden Apps kommen wir schnell zum Amazon-Angebot oder zu unserem gesprochenen Notizbuch, um nur einige der vielen Möglichkeiten zu nennen.

Diese und viele andere Aufgaben erledigen Smartphones unendlich schneller und besser als Menschen, vorausgesetzt die Datengrundlage und der Entscheidungsrahmen stimmen. Auf KI basierende Programme sind lernfähig, können urteilen und Probleme lösen. Sie gewinnen Quizshows, diagnostizieren Krankheiten und übersetzen sekundenschnell Texte in diverse Sprachen, von Jahr zu Jahr immer besser. Sie komponieren Musik, malen oder reproduzieren Gemälde. Plagiatsprüfprogramme rastern im Formel-1-Tempo die im Netz vorhandene Literatur ab und entlarven Plagiatoren. Die Intensivstation eines Krankenhauses oder das Cockpit eines Flugzeuges sind geballte KI. Alles, was mit „smart" betitelt ist, Smart Factory, Smart Home, Smart Buildings, Smart Health, wird mittels KI gesteuert. Gebäude, Städte, Fabriken, Ställe, Lagerhallen, Kaufhäuser, Fahrzeuge, Verkehrswege zu Lande und Luft sind mit Sensoren, RFID-Transpondern und Kameras bestückt und leiten die gesammelten Daten an diverse Empfangsstationen weiter.

Im vordigitalen Zeitalter waren wir mit der Information nur verbunden, heute sind wir von ihr abhängig. Der Philosoph Luciano Floridi unterteilt in seinem Buch „Die 4. Revolution" die Menschheitsgeschichte in 1. Vorgeschichte, 2. Geschichte und 3. Hypergeschichte.[2] Letztere ist eine Gesellschaft, deren Bruttoinlandsprodukt überwiegend auf immateriellen Gütern basiert. Wir leben bereits in hypergeschichtlich geprägten Lebenswelten, in denen die IT nicht nur eine wichtige Voraussetzung für das gesellschaftliche Funktionieren, sondern die essenzielle Grundlage für die Erhaltung und Entwicklung des Wohlstandes aller und eines jeden Einzelnen ist. Dafür sorgt allein schon der KI-Anteil von 14 Prozent an der Weltwirtschaft bis 2030, was der astronomischen Summe von 15,7 Trillionen US-Dollar entspricht (nach Price Waterhouse Coopers).

Schon in den 1970er Jahren kristallisierte sich der Begriff „Infosphäre" heraus. Dieser Neologismus tritt neben das vertraute Wort „Biosphäre". Er umfasst die gesamte informationelle Umwelt. Der reale Raum wird durch den digitalen ergänzt. Als Teil hiervon dringt der informationelle Raum immer mehr in unsere Lebenswelt ein. Die hypergeschichtliche Epoche trägt zur Entstehung und Verbreitung der „Infosphäre" bei. Infolgedessen müssen die gesellschaftlichen Schaltpläne umgeschrieben und unser Platz im Universum neu bestimmt werden.

1.3 Die Rolle des US-Militärs

Im Digitalzeitalter gab es seit 1981, dem Jahr der „Uraufführung" von IBM XT, AT und des Microsoft Betriebssystems, viele interessante Anpassungsinnovationen. Die kommerzielle Nutzung des Internets ab 1990 war ein qualitativer Sprung mit gewaltiger Wirkung. Millionen PCs waren fortan vernetzt. Zu diesem Zeitpunkt lag das Thema KI zwar schon lange in der Luft, aber es fehlten die technologischen Voraussetzungen, um ihm Leben einzuhauchen. So blieb es zunächst ein Steckenpferd interessierter Wissenschaftler und bezüglich der Spracherkennung ein Geheimprojekt des US-Militärs. Vor allem die Defense Advanced Research Projects Agency (DARPA) des Pentagons förderte in den 1980er Jahren die Entwicklung mit einem gigantischen Programm zur Erforschung und Nutzung militärischer KI.

Diese Behörde war maßgeblich an der Netzwerktechnologie, die dem Internet zugrunde liegt, beteiligt. Sie förderte Projekte in den Bereichen Verarbeitung natürlicher Sprache, lernfähige Systeme, Navigation, Maschinenlernen, neuronale Netzwerke und Bilderkennung.

Aktuell investiert die DARPA zwei Milliarden Dollar in die Grundlagenforschung zur „dritten Welle" der KI. Die KI soll schneller lernen und anpassungsfähiger werden. Sie soll sich wechselnden Bedingungen anpassen können und flexibel reagieren können. Im Einzelnen geht es um diese Themen:

- o Entwicklung eines „gesunden Menschenverstands" für die KI.
- o Reduktion des Datenhungers und der Trainingszeit.
- o Übertragung der KI in die naturwissenschaftliche Forschung.
- o Nachvollziehbarkeit von autonomen KI-Entscheidungen.
- o Konfigurierbare Chips anstelle von anwendungsspezifischen Schaltungen.

- o Flexible KI, die Veränderungen im Umfeld erkennen, beispielsweise im Gefecht, und flexibel darauf reagieren.
- o Gehirn-Computer-Schnittstellen.
- o Reduktion der Komplexität von KI-Algorithmen.
- o Photonik-Computer. Photonen statt Elektronen.
- o Biomimetische (von Insekten inspirierte) KI-Architekturen.
- o Schutz vor Hackerangriffen und Täuschung.

Empfänger des milliardenschweren Forschungsprogramms sind staatliche, universitäre und private Forschungsinstitute. Auch bei der „Dritten KI-Welle" gilt das Prinzip der gleichzeitigen und parallelen Kommerzialisierung. Damit wird der militärisch-industrielle Komplex verfestigt. Und natürlich will man mit dieser Kooperation von Industrie und Militär die Vormacht der USA sichern.

Etwa 2010 kam mit der kommerziellen Wende und der Verbreitung des Internets Schwung in das Thema KI. Turboprozessoren, Power-Software und Impulse aus der Hirnforschung bewirkten einen nachhaltigen Push, zunächst in Form der weiter hinten vorgestellten Maschinenintelligenz. Zu ihr gesellte sich etwa ab 2015 das sogenannte Deep Learning.

1.4 Kulturbruch infolge KI

KI findet ihren Platz in der Arbeitswelt und Wissenschaft, in Medizin und Militär, in Wirtschaft und Kommunikation. Heutige KI-Systeme verdoppeln am Moorschen Gesetz vorbeirauschend alle dreieinhalb Monate ihr Tempo. More than Moore. Wir bewegen uns in eine Zukunft, die uns unbekannte Bedingungen aufzwingt. KIverändert ohne Big-Bang-Effekt unauffällig die Gesellschaft. Im Kontext des Arbeitsmarktes wird sie den menschlichen Intellekt ausstechen, so wie es in der industriellen Revolution der Muskelkraft nach der Verbreitung der Dampfkraft erging.

Sicher ist, dass die KI unsere Lebensweise, Arbeitswelt und Gesellschaft durcheinanderwirbeln und einen Kulturbruch auslösen wird. Sie ist ein Wendepunkt der menschlichen Geschichte, so wie einst die Erfindung des Buchdrucks. Im „Leben 3.0", so ein Buchtitel des MIT Forschers Max Tegmark, werden wir von intelligenten Geräten und Maschinen umgeben und mit diesen untrennbar verbunden sein. Man fragt mich häufig, welche Branchen von der KI durchdrungen werden. Statt einer Antwort nenne ich die Branchen, die keinen Beitrag leisten werden.

Die öffentliche Wahrnehmung und Meinung zur KI wird mehr und mehr durch Hollywood-Blockbuster geprägt als durch die Realität. Hollywood verfilmt leider nur die Schattenseiten der KI und ignoriert die Chancen. Wie auch immer, wir sind gezwungen viele unserer grundlegenden, fest in der Geschichte und vor allem im Industriezeitalter verwurzelten weltanschaulichen Ansichten und Praktiken zu überdenken oder zu tilgen. Umso wichtiger ist es, sich für dieses Thema zu interessieren.

Das zeigt auch eine 2020 von der bitkom zusammen mit der Robert Bosch GmbH gestartete Umfrage unter 1.000 Deutschen, in der es um die Akzeptanz von KI ging. Über alle Bereiche hinweg bewerteten 53 Prozent den Einsatz von KI als positiv, während 36 Prozent eher negativ eingestellt waren. Technikvertraute Antwortgeber stehen der KI mit 81 Prozent interessiert gegenüber, technikferne nur zu 27 Prozent. Jeder fünfte glaubt, dass die KI eines Tages die Weltherrschaft übernehmen werde. Je älter die Befragten, umso düsterer das Zukunftsszenario. Aus solchen und ähnlichen Ergebnissen von Meinungsumfragen zur KI ergibt sich die Notwendigkeit, fehlerhafte Grundannahmen zurechtzurücken oder allzu waghalsige Behauptungen zur KI zu unterlassen. Um Aufmerksamkeit zu erlangen, versuchen pessimistische und optimistische Prognosen Fördermittel aus staatlichen und privaten Quellen zu schöpfen und tragen so eher zur Verwirrung als zur Aufklärung über das Thema KI bei.

Marvin Minsky, ein bedeutender KI-Pionier, erklärte schon in den 1950er-Jahren, dass Maschinen in wenigen Jahren Shakespeare lesen können. Nobelpreisträger Herbert Simon prophezeite 1957, dass die Forschung weniger als zehn Jahre benötigt, bis ein Computer erstmals einen Schachweltmeister besiegt. Das dauerte dann doch noch 40 Jahre. So gegen 2045 stoßen uns megaintelligente Maschinenmenschen vom Sockel, wie es selbst ernstzunehmende KI- Forscher meinen, die aber eher einer Minderheit angehören.

Übertreibungen nehmen mit dem Fortschreiten der KI immer mehr zu. Im Kapitel 18.7 wird am Beispiel angeblicher Sexualpräferenzen gezeigt, wie leichtfertig und voreilig „Forschungssensationen" verkündet werden, die sich als Forschungsflops erweisen. Mit der weiteren Entwicklung der KI nimmt unsere persönliche Verantwortung für die nutzenstiftende Wirkung KI-basierter Angebote zu. Je mehr wichtige Informationen nur einen Klick weit entfernt sind, desto weniger wird man uns verzeihen, wenn wir diesen Klick unterlassen und uns so selbst entmündigen. Die Welt ist heutzutage nur einen Klick von uns entfernt. Daraus folgt, dass unsere moralische Verantwortung für den Zustand unserer Welt zunimmt. Wir sind per Internet jederzeit und überall dabei, wenn der Welt die Balance verloren geht. Der Computer ist das Werkzeug, mit dem wir unseren Unmut ausdrücken und Gleichgesinnte finden können. Träges Denken und fehlendes Handeln verschärfen unsere Probleme. KI darf uns die Geistesarbeit nicht abnehmen. Sie darf keine alleinigen Entscheidungen treffen, für die wir die Verantwortung tragen. Ansonsten droht uns die Algokratie, eine Gesellschaft, in der Algorithmen über unser Leben entscheiden.

Wir haben allen Grund, uns vor einem Kontrollverlust infolge KI zu fürchten, soweit wir ihn überhaupt wahrnehmen. Es gibt zu viele Daten, von denen wir nicht wussten und wissen, dass es sie gibt und sie uns betreffen. Die Datafizierung der Welt stößt unsere gesellschaftliche Ordnung in eine Krise. Unsere Institutionen, überhaupt alle Menschen und unser ganzes Verständnis von Freiheit, sind vom Kontrollverlust bedroht.

Entwicklung der Künstlichen Intelligenz

Jahr(e)	Schritte, Meilensteine und Erfolge der KI-Genese
heute	Leistungsumfang von KI-Systemen Go und Poker gewinnen gegen Menschen Radiologische Bilder werden Ärzten gleichwertig analysiert Unklare Bilder vervollständigen sich automatisch KI-Software schreibt KI-Software und trainiert sich selbstständig Selbstständige Prognosen und Durchführung von Börsengeschäften Automatische Wissensaneignung für viele Zwecke
2017	Alpha Go gewinnt gegen den weltbesten Go-Spieler
2011	KI (IBM Watson) gewinnt das Quiz-Spiel Jeopardy
2010er	Dank Deep Learning bedeutende Fortschritte in Sprachverarbeitung, Objekterkennung, Bioinformatik und Mustererkennung
2000er	Interessenszuwachs für Maschinelles Lernen und neuronale Netze
1996	IBM Deep Blue gewinnt gegen den Schachweltmeister Kasparow
1985/ 1995	Stagnation der Forschung wegen zu hoher Komplexität und langsamer Computer; Forschung an Expertensystemen, dann aber keine Weiterarbeit
1980er	Boom der humanoiden Robotik in Japan
1970er	Scheitern neuronaler Netze infolge zu langsamer Computer
1950er	Theoretische Pionierarbeiter im Maschinellen Lernen Begriffsprägung "KI"
1940er	Theorie der "Künstlich Neuronalen Netze"

1.5 Digitalgold verändert die Wirtschaftswissenschaft

Wissen ist Macht. Daten sind Wissen. Darüber besteht weltweite Einigkeit. Darum bauen Staaten Hochleistungsrechner, um Wissen zu generieren und zu verarbeiten. Sie versuchen an das vorhandene Wissen zu kommen, indem sie die Netzwerke und Datenbanken anderer Staaten digital hacken. Auch besteht Einigkeit, dass Daten das Gold oder auch das Öl unserer Epoche sind. Wer viel davon hat, hat Macht.

Das Phänomen des sogenannten Datengoldes wirft die Frage auf, ob und inwieweit Geld noch der geeignete Maßstab ist, die Bedeutung eines Staates oder des Handelsaustausches zu bewerten. Damit stellt sich auch die Frage, welche Gültigkeit die konventionelle Wirtschaftswissenschaft noch hat.

Die US-Regierung beklagt seit einigen Jahren die Ungleichheit der deutsch-amerikanischen Handelsbilanz. Diese Ungleichheit wird in Geld oder Prozenten ausgedrückt. Das aber gibt ein falsches Bild, denn das durch die Digitalisierung geschaffene und in die USA fließende Datengold fließt nicht in die Berechnungen, beziehungsweise die Statistik ein. Vereinfacht ausgedrückt: Wir nehmen die Leistung amerikanischer Anbieter von Digitalleistungen in Anspruch und bezahlen mit unseren Daten. Social-Media-Nutzer in der ganzen Welt füttern die Datenspeicher von Google, Facebook oder Amazon mit werthaltigen Informationen, die von diesen auf den Datenmärkten der Welt versilbert werden. Leider fehlt es an einheitlichen Berechnungsregeln für diese Art von Handel. Es ist schwer, die Grenze zwischen digitalen und realen Gütern sowie Dienstleistungen zu bestimmen. Ganz nebenbei stellt sich die Frage, wo bei den Digitalriesen die Wertschöpfung entsteht. Wenn man die in die USA fließenden Datenströme in Dollars ausdrücken könnte, würde sich das Handelsbilanzdefizit erheblich relativieren.

Der am Massachusetts Institute of Technology (MIT) tätige Starökonom Erik Brynjolfsson plädiert daher für eine neue Messgröße, das „Bruttoinlandsprodukt- B". Seine Begründung: Für „viele digitale Güter zahlen wir nicht direkt: Die Bedeutung von Facebook oder der Suchmaschine von Google wird nicht mitgezählt. Wir konsumieren den ganzen Tag digitale Güter, aber der gesamte Informationssektor hat heute laut Statistik noch den gleichen Anteil an der Wirtschaftskraft wie in den achtziger Jahren." Hier sind Anpassungen an die Berechnung der Handelsbilanz überfällig.[3]

1.6 KI: Auf Sinn und Zweck kommt es an

Viele Seiten wären zu füllen, um die Segnungen der KI im Bereich der Medizin oder der Kriminalitäts- und Terrorismusbekämpfung zu beschreiben. Je mehr Daten über das Abschmelzen des Nordpoleises, über die Krebskrankheit oder das Abholzen des Regenwaldes generiert werden, umso eher sind gezielte Maßnahmen möglich. Aber auch in der Verkehrsflusslenkung, bei der Verbrechensbekämpfung, der Finanz- und Wirtschaftsprognose, der Sprachsteuerung und Textgenerierung am Smartphone, der Minimierung von Pestiziden oder der Entwicklung sich autonom bewegender Fahrzeuge leistet die KI Außerordentliches. Diesen Doppelcharakter der KI sollte man bei der Sorge und Kritik an ihr berücksichtigen. Der KI-Nutzen ist sehr groß.

Ein Messer ist in der Küche, im Metzgerladen, in der Werkstatt und an vielen anderen Orten ein nützliches Utensil. In den Händen eines Gewalttätigen wird es zur Waffe. Dieser Doppelcharakter von Sachen oder Sachverhalten gilt jederzeit und überall. Auch die KI ist nicht davon ausgenommen. Sie kann nutzen oder schaden. Man kann sie sogar zeitgleich zum Vorteil und zum Nachteil einsetzen. Es kommt auf den Kontext oder die Sichtweise an. Im Kontext der neuen Form des Kapitalismus, des „Informations-Kapitalismus", wird Profit mit der Privatsphäre des Menschen erzeugt. Das ist ein Eingriff in seine Individualität und Souveränität, denn man will ihn zu einem bestimmten Verhalten veranlassen.

Gern werden die KI-Risiken betont, vor allem ihre Fähigkeit zu autonomen Handlungen im Bereich der Robotik. Wer trägt die Verantwortung, die Maschine, der Mensch oder die Politik? KI ist mit einem Risiko behaftet, das der schwedische KI-Philosoph Nick Bostrom überspitzt auf den Punkt bringt: „KI wird unsere letzte Erfindung sein." Niemand weiß, woran in den Laboren der Digitalsaurier in den USA und China geforscht wird und wie weit diese von einer „Superintelligenz" noch entfernt sind. Maschinen werden sich von selbst verbessern, ohne dass wir verstehen, was dort geschieht. Facebook, Google & Co schnüffeln in unserem Privatleben und verkaufen die Daten an interessierte Unternehmen. Man fürchtet sich vor großen Arbeitsplatzverlusten. Superintelligente Roboter könnten die Weltherrschaft an sich reißen und uns Menschen versklaven. Hollywood produziert solche Horrorszenarien. Schrecken bringt Quote und lenkt von den Problemen der Gegenwart ab.

Die KI-Alarmisten mögen bedenken, dass es „die" eine KI nicht gibt, so wenig wie „den" Computer. Hinter KI verbergen sich höchst unterschiedliche Verfahren, Technologien und Konzepte. Jeder Ansatz bietet andere Möglichkeiten und eignet sich nur für spezielle Einsatzzwecke in Wirtschaft, Wissenschaft, Technik, Verwaltung, Politik und Gesundheitswesen.

Künstliche Intelligenz

2. Klärung: Was ist KI?

40 Jahre lang erledigten Personal Computer klar strukturierte, berechenbare oder routinebehaftete Aufgaben, und das schneller und zuverlässiger als wir Menschen. Eingabe-Verarbeitung-Ausgabe (EVA-Prinzip) nannte sich der Vorgang. Word ersetzte die Sekretärin und Excel die Rechenmaschine. Wir speicherten unsere Daten auf Disketten, CDs und Festplatten. Die konkreten Aufgaben wurden aus den Köpfen der Programmierer in die Software oder den Rechner übertragen. Aber anspruchsvolle Tätigkeiten, etwas Bild- oder Gesichtserkennung, Spracheingabe, Übersetzungen und Prognosen, um nur wenige Beispiele zu nennen, waren mit der damaligen Technik nicht möglich. Die bis dato gebräuchlichen Algorithmen scheiterten an der unzureichenden Qualität der Daten, beispielsweise von Bildern oder Texten. Im Gegensatz dazu erkennt ein Mensch auch im Dunkeln seinen Nachbarn, kann eine unleserliche Handschrift entziffern und versteht trotz einer undeutlich ausgesprochenen Beschreibung, worum es dem Sprecher geht. Wie macht er das?

Um diese Frage zu beantworten ist ein Blick in das neuronale Netzwerk des menschlichen Gehirns angezeigt, denn dieses wurde von der Informatik algorithmisch nachgebildet. Die KI ist ein Teilgebiet dieser Wissenschaft. Aber die „Weisheit" weiterer Disziplinen wie Kybernetik, Psychologie, Linguistik, Elektrotechnik, Elektronik und Philosophie ist in ihre Entwicklung eingeflossen.

2.1 KI-Push durch Speicher- und Rechenleistung

Die Leistungsfähigkeit von Computerintelligenz wurde 1996 mit dem Sieg des Programms Deep Blue (IBM) über den Schachweltmeister Gary Kasparow deutlich. Maschinenintelligenz besiegte einen Menschen. Bis dahin fristete die KI ein Schattendasein. Natürliche Sprache, Robotik und Sehen wurden außerhalb der KI erforscht. Experten bezeichnen die Zeit vor und nach 1980 als den jahrzehntelangen KI-Winter". Erst im „KI-Frühling" mit dem mobilen Internet, den sozialen Medien und der sich verbreitenden Digitalisierung wurde es wärmer. Neue Technologien standen zur Verfügung, solche, die es erlaubten, Daten zu interpretieren und Handlungsanweisungen zu generieren. KI wurde durch zwei Dinge befeuert:

1. **Exorbitante Steigerung der Rechenleistung der Prozessoren.** Für Experten, die es genau wissen wollen: Das aktuelle Flaggschiff von AMD (Ryzen Threadripper 3970X) integriert 64 Kerne bei 2,9 GHz und 4,4 GHz Boosttakt. Dagegen ist der iPhone X-Prozessor mit nur sechs Kernen und 2,1 GHz eine lahme Ente. Noch extremer ist die Rechenleistung von Grafikprozessoren wie der Nvidia GeForce RTX 3090 mit 10.496 CUDA-Recheneinheiten und einem internen Speicher mit 24 GB GDDR6X mit einer Schnittstellenbreite von 384 Bit. Die verwendete Tensor- Prozessortechnik beschleunigt maschinelles Lernen. CUDA-Prozessoren sind bei hochgradig parallelisierbaren Programmabläufen besonders schnell.

Nach wie vor gilt das Mooresche Gesetz, nach dem sich die Rechenleistung eines Computers alle 18 Monate verdoppelt. Optimierte Computerarchitekturen, Quantencomputer und Mehrkernprozessoren weisen den Weg in Richtung „More than Moore" zum Quadrat.

2. **Exorbitante Speicherleistungen.** Die Kombination von Rechenleistung und Speicherplatz ermöglicht es der KI, ihr Potenzial voll auszuspielen. Ansonsten würde sie „untertourig" fahren und ihren „Motor" schädigen. Die weltgrößte SSD-Festplatte (2018) hat Platz für 100 Terabytes. Das sind 1.024 Gigabytes oder 1.048.576 Megabytes.

Die zur Verfügung stehenden Geräte und Maschinen wurden, soweit ihre Leistung auf maschinellen Lernverfahren beruhte, mit dem Veredelungsadjektiv „smart" versehen. „Smart" dient seitdem als Oberbegriff für vernetzte technische Verfahren und Systeme in vielerlei Zusammenhängen, beispielsweise „Smart home" oder „Smart city".

2.2 Die „Kluger Hans (Blend)Strategie"

KI (engl. Artificial Intelligence) ist ein Buzzword und für manche gar ein Magicword. Kapitalgeber öffnen ihre Ohren, wenn sie diesen Begriff hören. IT-Akteure nutzen die magische Aura des Begriffs, indem sie eine Software oder ein technisches Teil mit dem Label „KI" versehen, obwohl deren Innenleben in puncto Intelligenz keiner IQ-Messung, wenn es eine solche gäbe, standhalten würde. Viele Geräte oder Programme, die den Aufdruck „intelligent" tragen, sind mit normaler Software ausgestattet, die einfach nur ihre Routinen abarbeitet.

Anfang 2019 untersuchte eine englische Investmentgesellschaft 2830 Start- ups in Europa, die damit warben, dass KI Teil ihres Angebotes sei. 40 Prozent der Angebote hatten nichts mit KI zu tun.

Für diese Art von KI-Blendwerk hat sich der Begriff „Kluger Hans Strategie" eingebürgert. Der Kluge Hans war Anfang des 20. Jahrhunderts ein Hengst, der rechnen konnte. Er beantwortete per Hufklopfen die gestellten Aufgaben. In Wahrheit verriet der Pferdebesitzer mit seiner Körpersprache dem Hengst das Ergebnis, so das Resümee gründlicher Prüfung durch die Preussische Akademie der Wissenschaften.

Nicht viel anders sieht die Praxis vieler KI-Systemanbieter aus. Statt eines präzisen Lösungsnachweises nehmen sie den indirekten Weg zu einer Problemlösung indem sie den Kontext betrachten. Soll ein digitales System einen länglichen Gegenstand auf Wasser bestimmen schlussfolgert es automatisch „Schiff", obwohl dieses als solches nicht eindeutig identifiziert wurde. Schiffe auf Land sind unüblich. Auch wenn das Ergebnis „Schiff" zufällig richtig ist und Erstaunen hervorruft, gilt, dass die genutzte KI keinerlei Verständnis oder gar „Bewusstsein" davon hat, was die Daten bedeuten und was der Kontext ist. Prof. Klaus-Robert Müller von der Technischen Universität Berlin schätzt, dass knapp die Hälfte aller KI-Systeme so vorgehen. Die Londoner Investmentfirma MMV Ventures bestätigt ihn. Sie will herausgefunden haben, dass bei rund 40 Prozent aller KI-Start-ups in Europa KI gar kein Teil des Geschäftsmodells ist. Mehr Schein als Sein.

Bei der KI handelt es sich um Softwareprogramme, die menschliche Intelligenz nachahmen. Im engeren Sinne sprechen wir von KI, wenn ein IT-System wahrnehmen, verstehen, handeln und lernen kann. Solche Programme geben keine vorprogrammierten Antworten, sondern erledigen Aufgaben, für die man normalerweise menschliche Intelligenz benötigt. Ein Programm gilt dann als intelligent, wenn es die Fähigkeit hat, abstrakte Probleme zu lösen und zu lernen. Es reagiert nicht starr nach dem Muster „ja" oder „nein", sondern kann mit Unsicherheiten und Wahrscheinlichkeiten umgehen.

KI steckt in Gerätschaften, Anti-Spam-Software, Autos, Industrie-Robotern, Computern oder in Spielprogrammen, Suchmaschinen, und Navigationsgeräten sowie in allen Anwendungen, die etwas „erkennen", so etwa Bild-, Sprach-, Schrift- und Gesichtserkennung.

2.3 Elementare Fähigkeiten der KI

Diese zwei Fähigkeiten sind für KI-Systeme wesentlich:

1. **Mustererkennung**: Sie können abnormale Objekte, Gesichter, Ausdrucksformen, Sprache oder Abweichungen von normalen Mustern und Regeln erkennen. So erkennt ein Virenscanner ein merkwürdiges Muster in einer Banküberweisung und meldet Alarm.

2. **Prognose**: Sie prognostizieren aus vorliegenden Informationen die Wahrscheinlichkeit für das Eintreffen zukünftiger Ereignisse, beispielsweise das Wetter oder Epidemien.

Aus diesen elementaren Fähigkeiten ergeben sich vielfältige Anwendungsmöglichkeiten. Nachfolgend diese Beispiele.

o Industrie 4.0 ist mittlerweile ein bekannter Begriff. Hier ermöglicht KI den Betrieb von Industrierobotern und somit von Effizienzsteigerungen und Ressourcenschonung. Roboter lernen durch Zuschauen und Entscheiden selbstständig, welche Handgriffe die Besten sind.

o In der Medizin ermöglichen Smartphone-Apps eine Selbstdiagnose. Die App greift auf medizinische Datenbanken zu. Klinikärzte werden bei der Tumorerkennung unterstützt.

o Durch die Regulierung vom Stromangebot und Nachfrage in intelligenten Stromnetzen leistet die KI einen wichtigen Beitrag zum Schutz der natürlichen Lebensgrundlagen. Das gilt im Kleinen auch für den eigenen Haushalt.

o Smart City ist die KI-basierte Steuerung von Ampeln, Warnleitsystemen, Parkflächen, Müllcontainern und Straßenbeleuchtung.

o Im Januar 2020 gab Google bekannt, mittels KI genauere Wetterprognosen als bisher abgeben zu können. Hierzu werden historische Messdaten genutzt, um Muster zu erkennen. Durch Training sollen ähnliche Muster in noch unbekannten Datensätzen wiedererkannt werden. Das ermöglicht eine Niederschlagsvoraussage für bis zu sechs Stunden im Voraus bei einer Genauigkeit von einem Kilometer und Latenzen zwischen fünf bis zehn Minuten. Selbst Supercomputer schafften das bisher nicht.

o Das Auto der Zukunft ist ein KI-Konstrukt aus Plattform und Batterie mit aufgesetzter Karosserie. Es ist mit der Verkehrsinfrastruktur vernetzt und kann die Verkehrssituation in Sekundenbruchteilen bewerten und Empfehlungen an alle Verkehrsteilnehmer geben.

o Viele Menschen haben ihren Körper mit Messgeräten verbunden, mit denen sie ihre Fitness überprüfen.

In der Fähigkeit, die eigenen Berechnungen und die Anordnung ihrer Ergebnisse selbstständig zu verbessern, liegt der wesentliche Unterschied zwischen KI und klassischen IT-Systemen. Die Selbstkorrektur ist im KI-System eingebaut. Aus Erfahrung wird man klug, lautet ein geflügeltes Sprichwort, das auch hier zutrifft.

KI-Einsatzbereiche
o Bild- und Gesichtserkennung
o Übersetzungen
o Textanalyse nach Schlüsselwörtern
o Wetter- und Klimavorhersagen
o Präzisionsmedizin, Diagnose, Therapien und Medikamente
o Betrugserkennung und Risikomanagement
o Virtual Reality-Anwendungen
o Auffinden unbekannter Zusammenhänge
o Neues Wissen in vorhandenen Daten erkennen
o Filme in Echtzeit editieren
o Zeichen- beziehungsweise Texterkennung
o Bilderkennung und -wiedergabe (Scannen)
o Personifizierte Werbung
o Navigationssysteme im Auto und auf dem Handy
o Automatische Textergänzung (Fehlerkorrekturen, Texteinfügungen)
o Plagiatserkennung
o Klassische Stichwortsuche in Suchmaschinen
o Chatbots (Siri, Alexa, Cortana)

2.4 Notwendige Begriffsklärungen

In der Welt der KI werden Laien mit einer Flut an Neologismen, Akronymen, Fachausdrücken und Definitionen erschlagen. Weil es viele konzeptionelle, methodische und theoretische Ansätze gibt, blickt man auf ein unübersichtliches Feld. Für ein- und dieselbe Sache werden unterschiedliche Termini genutzt.

Zunächst gilt es festzuhalten, dass es sich bei KI um einen Sammel- beziehungsweise Oberbegriff handelt, der verwendet wird, wenn man sich außerhalb von Details bewegt. Er umfasst eine breite Palette von Methoden, Algorithmen, Software und Technologien. Wer sich durch die unzähligen Fachartikel wälzt, stößt auf Begriffe und Abkürzungen wie Maschinelles Lernen, Machine Learning, Machine Intelligence, Künstliche Neuronale Netze (KNN), Deep Learning, KI. Die nachstehende Abbildung verdeutlicht den Zusammenhang, beziehungsweise die Zusammengehörigkeit der Bereiche KI, Maschinelles Lernen und Deep Learning.

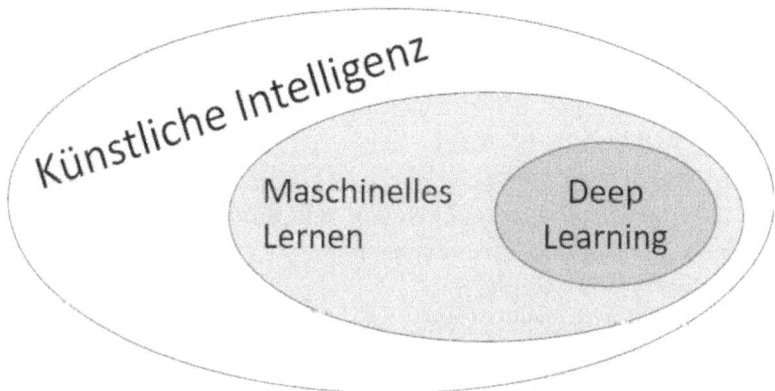

Der interessierte Laie wundert sich, warum der Begriff Lernen/Learning im Zusammenhang mit KI genutzt wird. Das hängt mit der Fähigkeit von KI-Algorithmen zusammen, aus vorhandenen Daten komplementäre Zusatzdaten zu generieren und selbstständig Lösungen zu finden. Googles PKW-Roboter ist einige Millionen Kilometer ohne Fremdeinwirkung gefahren und hat dabei seine zukünftigen Aufgaben selbstständig gelernt. KI wird nicht programmiert, sondern trainiert.

Dieses Selbstlernen kann man mit dem Lernen einer Fremdsprache vergleichen. Zunächst ist es vernünftig, sich von einem Lehrer die Grundlagen beibringen zu lassen oder sich diese mit Hilfe eines Lehrprogramms selbst beizubringen. Später dann reist der Schüler für längere Zeit in das Land seiner Sprachwahl und perfektioniert seine Sprachkenntnisse im täglichen Umgang mit den Einwohnern.

2.5 Was ist Intelligenz?

Wissenschaftler haben ihre Probleme mit dem Begriff Intelligenz. Sie ersetzen Intelligenz mit Kognition beziehungsweise kognitiver Leistungsfähigkeit. Aber so wenig wie über den Begriff Intelligenz Einvernehmen besteht, so sehr ist auch der Terminus Kognition strittig.

KI suggeriert, dass Maschinenintelligenz mit menschlichem Verstand vergleichbar sei. Das aber ist fraglich, denn wir wissen nicht, wie sich Intelligenz im Kopf eines Menschen realisiert. Wie kommt eine kluge Entscheidung zustande? Menschliche Kognition verläuft zumeist unbewusst. Maschinelle Intelligenz ist von anderen Materialien umhüllt als menschliche Hirnzellen. Wahrscheinlich bezeichnen wir etwas als intelligent, weil wir nicht wissen, wie es zustande gekommen ist. Das „Superhirn" Watson (s. Kap. 10) arbeitet anders als das menschliche Gehirn, wiegt das Tausendfache, besteht aus anderen Materialien und hat ein technisches Aussehen. Kann man Intelligenz, wie sie in der Schädeldecke eines Menschen beheimatet ist, auf der Platine eines Computers entwickeln? Darf man das, was technisch möglich ist, als KI bezeichnen? Nein, denn intelligent geltende Systeme erbringen in der Regel nur eng umgrenzte Leistungen, beispielsweise Rasenmähen oder Übersetzungen. Im Gegensatz dazu können sich Menschen sehr schnell in ein neues Problem einbringen, zwei Dinge zeitgleich erledigen und sie wissen, wann es Zeit ist, aus einem Thema auszusteigen. KI-Systeme, wie Siri oder ein selbstfahrendes Auto, sind hochspezialisiert. Anders der Mensch: Er ist dank seiner Intelligenz ein eventueller Generalist und verfügt über die Fähigkeit zur Problemlösung, Entscheidungsfindung und zum abstrakten Denken.

Mittels Intelligenztest versucht man, die Intelligenz von Menschen genau zu bestimmen. Jedoch sind viele Aspekte menschlicher Intelligenz kaum messbar, manche gar nicht. Welche Art von Intelligenz will man künstlich konstruieren? Die Wissenschaft unterteilt menschliche Intelligenz in diese Formen:

o Sprachliche Intelligenz
o Logisch-mathematische Intelligenz
o Räumliche Intelligenz
o Musikalische Intelligenz
o Soziale Intelligenz
o Künstlerische Intelligenz
o Handlungsintelligenz

Jeder Mensch verfügt über unterschiedliche Anteile an diesen Intelligenzformen, ist etwa musisch, sprachbegabt oder logisch-mathematisch. Wie sähe der künstliche Mix aus? Welche Form der Intelligenz findet sich in Algorithmen? Die Antwort: Keine. Was muss ein System, ein selbstfahrendes Auto, ein Industrieroboter oder eine Software können, um sie als „intelligent" zu bezeichnen? Sie muss das können, was ein Mensch kann.

2.6 Was ist schwache KI?

KI ist ein Überbegriff für Systeme, die, ähnlich uns Menschen, selbstständig lernen, urteilen und Aufgaben »intelligent« ausführen. Sie ist ein Teilgebiet der Informatik. Dabei ist weder festgelegt, was »intelligent« bedeutet, noch welche Techniken zum Einsatz kommen.

Folgt man der von der Informatik eingeführten Klassifizierung, dann gibt es zwei Klassen von KI:
o die schwache und
o die starke KI.

Erstere ist das, was wir haben und Letztere, was wir uns wünschen. Die Vertreter der schwachen Intelligenz sind der Meinung, dass der Computer nicht mehr leisten kann, als Denkprozesse mit Mitteln der Mathematik und der Informatik zu simulieren. Es handelt sich um kein Denken, das mit dem des Menschen vergleichbar wäre.

Schwache KI zielt auf die Lösung konkreter Anwendungsprobleme. Sie basiert auf Methoden, die ihr per Software implementiert wurden. Es geht um die Erfüllung klar definierter Aufgaben. Sie imitiert nur intelligentes Verhalten, indem sie vorgeschriebene Anwendungen, beispielsweise von A nach B zu navigieren, einen Text zu übersetzen oder Rechtschreibfehler automatisch zu korrigieren, ausführt. Im Grunde gehören alle Systeme, die künstlich intelligent arbeiten, zur schwachen Intelligenz. Sie sindstarr in der Herangehensweise an Probleme, aber in der Lage, sich selbst zu optimieren. Schwach bedeutet aber keine eingeschränkte Einsatzmöglichkeit. Es handelt sich um spezialisierte Systeme, die innerhalb ihres klar umgrenzten Wirkungsrahmens zu Höchstleistungen fähig sind. Da es bis heute keine starke Intelligenz gibt, halte ich den Begriff „schwache Intelligenz" für revisionsbedürftig.

2.7 Was ist starke KI?

Der berühmte Maler Pablo Picasso meinte, Computer seien dumm, denn sie könnten keine Fragen stellen. Menschen fragen: Wer bin ich? Was ist der Sinn meines Lebens? Was aber fragt der Maschinenmensch?

Picasso hat Recht mit seiner Aussage, denn KI-Systeme können (noch) nicht verallgemeinern und geben unsinnige Antworten, wenn die Frage außerhalb des programmierten Wissensgebietes liegt. KI erkennt zwar Muster oder Regelmäßigkeiten, verfügt aber über kein kognitives Verständnis. Darum kann kein Schachcomputer Go oder Mühle spielen. Die KI-Forschung beschränkt sich darum auf sehr enge und umgrenzte Wissensgebiete und versucht dann, diese Spezialgebiete zu verbinden.

Auch bei der Kreativität schneiden unsere hochintelligenten Maschinen schlecht ab. Innovationsimpulse sind nicht zu erwarten. Diese bleiben noch dem Menschen vorbehalten. KI bietet Vorschläge zu bekannten Problemen an und fragt dann den Menschen, ob das Ergebnis in seinem Sinne ist.

Dennoch, nach Meinung ihrer Verfechter, soll KI zum umfassenden Verstehen fähig sein. Anders als die schwache Intelligenz, die ihren „Verstand" nur simuliert, ist die starke Intelligenz „hochbegabt". Aber bis heute ist es nicht gelungen, eine starke KI zu entwickeln. Es wird diskutiert, ob es überhaupt möglich sei, sie zu erschaffen. Wenn ja, wie steht es mit dem gesunden Menschenverstand? Wäre sie zu Empathie, Weisheit, Angst, Freude, Liebe, Selbsterkenntnis und Kreativität fähig? Wie reagiert KI auf ein Verkehrsschild „80 bei Nässe"? Ab wann gilt eine Straße als nass? Ein Roboter wird diese Frage kaum beantworten können, auch wenn er in Teilbereichen, etwa in der Mathematik, leistungsfähiger ist als der Mensch. Roboter imitieren Muster menschlichen Verhaltens, das aber ohne wirkliches Verständnis von der Sache.

An solchen Aussagen scheiden sich die Geister. Auf der einen Seite stehen Köpfe wie der US-Physiker Neil Gershenfeld. Er meint: „Die KI hat ein Leib Seele Problem – weil ihr nämlich der Leib fehlt."[3] Die wahre Revolution stehe erst noch bevor. Diese werde entfesselt, wenn die Computer Körper bekämen. Somit sei starke KI mehr als in Algorithmen verpackte Mathematik. Auf der anderen Seite stehen ebenfalls sehr kluge Zeitgenossen. Sie betonen, dass es kein physikalisches Gesetz gäbe, das den Bau superintelligenter Maschinen, beziehungsweise Computer, solcher, die an den menschlichen Verstand heranreichen, verunmögliche. Der Astrophysiker und Wissenschaftsphilosoph Max Tegmark vom Massachusetts Institute of Technology (MIT) meint, dass die Menschheit bislang nur einen kleinen Teil der von der Natur angebotenen Intelligenz nutzt.

Roboterforscher Luc Steels konstatiert Fortschritte in der Künstlichen Intelligenz, aber „wir sollten den gegenwärtigen Stand der KI nicht überschätzen und nicht zu enthusiastisch von der Gegenwart in die Zukunft extrapolieren." Die humane Intelligenz wird der künstlichen noch jahrzehntelang weit überlegen sein." [4]

2.8 Das meinen die Experten

Es gibt mittlerweile viele Systeme, die als künstlich intelligent gelten. Doch deren Einsatzzweck ist i.d.R. auf ein sehr begrenztes Gebiet beschränkt. Ein KI-Schachcomputer kann nur Schach und nicht Halma spielen. Aber der Schachcomputer ist dem Menschen zumeist überlegen. Das Ziel der KI-Forschung ist es aber, eine KI zu entwickeln, die, wie ein Mensch, ein allgemeines Verständnis besitzt und entsprechend anpassungsfähig ist. Hierzu nochmals der schon erwähnte MIT Forscher Tegmark: „Wenn wir Maschinen konstruieren, die schlauer sind als wir, dann gibt es keine Garantie dafür, dass wir die Kontrolle behalten werden."[5] Man denke in diesem Zusammenhang an Killer-Roboter. Oder man wage zu träumen, dass KI zur Lösung der dringendsten Menschheitsprobleme genutzt wird. Zumindest im Traum würde die Welt mehr Glanz bekommen.

Die **Apologeten der starken Intelligenz** argumentieren, dass Computer sehr wohl in der Lage seien, selbstständig zu denken. Mensch und Computer bestehen letztendlich aus Hardware. Würde man den Computer mit Materialien ausstatten, die dem menschlichen Hirn entsprächen, wäre ein denkender Computer vorstellbar, zumindest theoretisch. Für den MIT-Forscher Max Tegmark ist Intelligenz eine bestimmte Art der Informationsverarbeitung. Der deutsche KI-Star Jürgen Schmidhuber ist überzeugt, dass die KI in den nächsten Jahrzehnten intelligenter sein wird als wir Menschen. Sich selbst replizierende KI-Systeme werden sich, nur von der Lichtgeschwindigkeit begrenzt, im Universum ausbreiten (s. Kap. 20.2: Uneinige Experten). Apple-Legende Steve Wozniak antwortet auf die Frage, ob irgendwann denkende Maschinen möglich seien: „Nein, ich glaube nicht… Aber nur weil man manche Merkmale nachbauen kann, hat man noch kein funktionierendes Gehirn geschaffen." [6]

Viele der Anhänger starker Intelligenz kann man dem Transhumanismus zuordnen. Hierbei handelt es sich um Utopisten mit esoterischem Einschlag. Sie propagieren, menschliches Bewusstsein eines Tages auf Roboter übertragen zu können. Mensch und Maschine bildeten dann die nächste Stufe der Evolution. Mehr hierzu in Kap. 20: Kommen die superintelligenten Roboter?

Die Wissenschaft hält dem entgegen: Starke KI, auch als Superintelligenz bezeichnet, sei nur dann gegeben, wenn sie über die intellektuellen Fähigkeiten eines Menschen verfüge oder diese gar übertreffe. Gäbe es sie, dann würde sie nicht ausschließlich reaktiv gemäß der ihr einverleibten Programmregeln reagieren, sondern initiativ, kreativ und flexibel.

Auf dem heutigen Stand kann KI keine Gefühle wie Hass oder Liebe erzeugen und verarbeiten können. Der Computer ist nicht in der Lage, das Gelernte in ein größeres Ganzes einzufügen, so wie wir Menschen es unablässig tun. KI-Systeme sind nicht viel klüger als ein Kugelschreiber. Wir befinden uns noch im Stadium der schwachen Künstlichen Intelligenz von einer starken KI noch Lichtjahre entfernt. Im Moment sehen wir nur die Spitze des „Intelligenz Eisberges".[7] Voraussagen über ein Heraufdämmern menschenähnlicher Intelligenz sind Spekulation. Noch beschränken sich die Einsatzzwecke KI auf sehr enge Gebiete. Hier sind die Systeme dem Menschen weit überlegen. Das Ziel der KI-Forschung ist es aber, eine KI auf dem Niveau des Menschen zu entwickeln, eine, die ein allgemeines Verständnis besitzt und entsprechend anpassungsfähig ist. Vorerst jedoch muss die in der Natur verborgen liegende Intelligenz freigesetzt und nutzbar gemacht werden, meint der Wissenschaftsphilosoph Max Tegmark.

2.9 Was ist maschinelle Intelligenz?

Maschinelles Lernen ist die Schlüsseltechnologie der Künstlichen Intelligenz. Sie ist neben Deep Learning ein Teilbereich der Künstlichen Intelligenz. Ihr Zweck und Ziel ist es, Maschinen zu befähigen, Aufgaben „intelligent" auszuführen. Unter Nutzung vorhandener Daten und Algorithmen versetzt sie Systeme in die Lage, Muster, Regelmäßigkeiten, Wiederholungen, Ähnlichkeiten und Gesetzmäßigkeiten in einer großen Menge von Daten, sozusagen im Datenwirrwarr, zu erkennen sowie Lösungen zu entwickeln.

Ein Beispiel zum besseren Verständnis: Bei Amazon und anderen Onlinehändlern werden die Rechner mit den verfügbaren Daten aller Kunden „gefüttert". Daraus werden der Kundentyp, sein Kaufverhalten und seine Interessen erkundet. Dieses Wissen fließt in die Marktstrategie ein, ermöglicht Voraussagen über zukünftige Kaufentscheidungen und wird personifizierten Angeboten zugrunde gelegt.

Solche Muster, Regelmäßigkeiten und Ähnlichkeiten lassen Schlussfolgerungen zu, die aufgrund der enormen Datenmenge mit rein logischem Denken nicht möglich wären. Maschinenintelligenz verzichtet auf Logik und arbeitet stattdessen nach dem Prinzip „Versuch und Irrtum". Mittels statistischer Analyse der Zusammenhänge wird Unpassendes aussortiert oder Passendes integriert. Von der zugrundeliegenden Logik weiß der Computer nichts. Aus Big Data wird Smart Data.

Immer wenn Sachverhalte zu komplex sind, um sie analytisch zu beschreiben oder Berechnungsvorschriften zu kreieren, bietet sich Maschinelles Lernen an, vorausgesetzt, es sind genügend Beispieldaten, Bilder oder Texte, verfügbar. Dieses wird häufig mit dem Beispiel handgeschriebener Ziffern erklärt. Soll ein Computer diese richtig erkennen, um beispielsweise Briefe in einem automatischen Verteilsystem korrekt zuzuordnen, müssten alle Ziffern in allen denkbaren Varianten programmtechnisch beschrieben werden. Stattdessen werden diverse Schriftvarianten, hier am Beispiel einer „7", dem Rechner zur Verfügung gestellt, der aus den vielen Beispielen einen Lernalgorithmus generiert, der die „7" in ihren vielfältigen Formen erkennt.[8] Es wird quasi künstliches Wissen aus Erfahrungen generiert (s. Abbildung).

Hier noch ein ergänzendes Beispiel: Man weiß, dass eine schlecht verpackte Weinflasche mit großer Wahrscheinlichkeit zerbricht. Sie wollen eine solche versenden, wissen aber nicht, wie dick das Glas dieser Flasche ist. In Ihrem Gehirn sind negative Erfahrungen gespeichert. Es signalisiert Ihnen die Botschaft „verpacke sie gut" und liefert einen Verpackungsvorschlag gleich mit. Ähnlich funktioniert das maschinelle Lernen.

Wenn Anwendungen neuen Daten ausgesetzt werden, lernen, wachsen, ändern und entwickeln sie sich von selbst. Der maschinelle Lernprozess beginnt mit der Eingabe von Trainingsdaten, die der entwickelte Algorithmus verarbeiten muss.

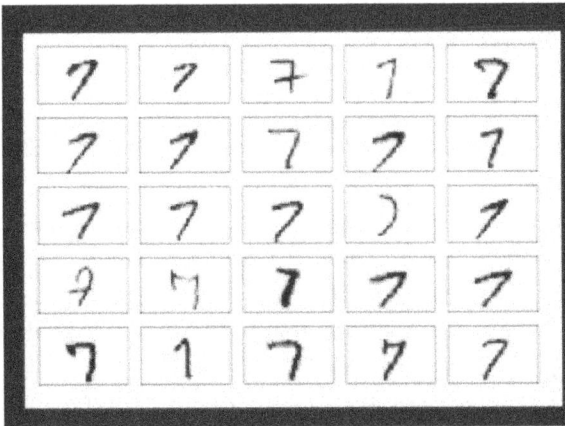

Im Prinzip orientiert sich die Funktionsweise des maschinellen Lernens am menschlichen Lernen. Ein Mensch lernt durch das Differenzieren und Wiederholen von Tätigkeiten. So trägt das wiederholte Zeigen von Objekten dazu bei, diese zu unterscheiden. Maschinelles Lernen verfolgt einen vergleichbaren Ansatz. Dem Laien fällt es schwer, die Begriffe KI und Maschinenintelligenz zuzuordnen, denn umgangssprachlich wird vorzugsweise von KI gesprochen, obwohl es sich genau genommen um Machine Learning handelt. In den USA spricht man eher von „Artificial Intelligence". In Deutschland mit seiner starken Ingenieurstradition hat sich der Begriff Machine Learning verbreitet, zumindest unter Fachleuten. Er passt besser für die vielen mit KI etikettierten Fälle. Aber KI klingt interessanter als Maschinenlernen, zumal letzteres Assoziationen von Schrauben und Öl bewirkt. Infolgedessen nehmen Verwirrung und Unklarheit der Begriffe zu. Ginni Rometty, Vorstandsvorsitzende von IBM, schlägt den daher Begriff „künftige Informatik" vor. Sie meint, dass es bei der KI eigentlich nicht um Maschinen geht, sondern um die Erhöhung der menschlichen Intelligenz.

2.10 Wer ist intelligent: Maschine oder Algorithmus?

Für den digitalen Nichtfachmann ist es wichtig zu wissen, dass nicht die Maschine als solche intelligent ist, sondern die sie steuernde Software. Hierbei handelt es sich um Algorithmen, die aus „Erfahrung" lernen. Der Mensch setzt der KI nur den Rahmen. So wie der Mensch können lernfähige Maschinen ihre eigenen Betriebserfahrungen speichern, aus einer großen Zahl von Beispielsfällen lernen, Daten verknüpfen, Zusammenhänge und Entwicklungen erkennen, Rückschlüsse ziehen und daraus Regeln ableiten oder auch zu erwartenden Situationen voraussagen. Innerhalb eines definierten Rahmens dürfen die Algorithmen eigene Entscheidungen treffen. Das gilt entsprechend auch bei festgestellten Fehlern. Man könnte fast meinen, dass Machine Learning-Algorithmen motiviert handeln.

Der Begriff Maschinelles Lernen beziehungsweise Maschinelle Intelligenz lässt den falschen Eindruck entstehen, dass sich diese Form technischer Intelligenz auf physische Geräte und IT-Systeme beschränkt. Sie befindet sich in allerlei digitalen Anwendungen in IT-Systemen, beispielsweise in Bots, Robo-Playern oder in roboterisierten Journalisten.

Ein KI-Lernprozess setzt eine ausreichende Datenversorgung voraus. Stellen Sie sich vor, eine Software wird auf das Erkennen von PKWs trainiert. Zu diesem Zweck wird sie mit vielen Autobildern gefüttert und ihr mitgeteilt,

2. Klärung: Was ist KI?

dass es sich um Autos handelt. Parallel dazu werden Bilddaten eingespeist, die nichts mit Autos zu tun haben. Auch das teilt der Programmierer dem Computer mit. So lernt der Algorithmus den Unterschied zwischen Auto und Nicht-Auto.

Maschinenintelligenz lernt mittels mathematischer Regeln und aus verfügbaren Daten. Zu diesem Zweck werden relevante Big-Data-Halden durchforstet. Im Idealfall erzeugt ein ML-System einen Teil der Daten aus sich selbst heraus. In diesem Prozess lernt es immer wieder neu, Prognosen abzugeben und Entscheidungen zu fällen. Aber es ist in seiner Dynamik eingeschränkt, da der Verarbeitungsprozess auf vordefinierten Algorithmen beruht, die nur wenige Variablen zulassen.

2.11 Expertensysteme

Machine Learning ist nicht immer gleich Machine Learning. Innerhalb dessen gibt es eine Bandbreite von Lernmethoden. Zu nennen wären Expertensysteme. Dabei handelt es sich um mit dem Computer verbundene Datenbestände, die dem Benutzer auf der Basis von „wenn – dann" zeit- und ortsunabhängig ein bestimmtes Wissen von Fachleuten zur Verfügung stellen. Sie basieren auf einem von Experten gepflegten Wissensbestand, der Schlussfolgerungen ermöglicht. Diese Wissensbestände decken alle nur denkbaren Themenbereiche eines Wissensgebietes ab. Hierzu ein Beispiel: Ein Anbieter von Persönlichkeitstests gleicht das Testergebnis eines vierzigjährigen Bewerbers für die Position des Werkleiters in einer Schokoladenfabrik mit sehr vielen Betriebsleitern bei anderen Süßwarenherstellern ab und gibt eine Empfehlung zum Kandidaten. Für viele Branchen und Berufe existieren solche Expertensysteme. Die Treffsicherheit ist das Maß für die Güte eines Expertensystems. Seit einigen Jahren haben die Systeme nicht mehr die Bedeutung wie früher. Der drastische Anstieg der Rechenleistungen, das zunehmende Speichervolumen und eng geknüpfte Neuronalnetze machen Daten in elektronischen Formaten leicht verfügbar und bieten neue Ansätze für eine Wissensnutzung, die keinen Experten mehr erfordert.

Künstliche Intelligenz

3. Deep Learning in neuronalen Netzen

Deep Learning ist das am weitesten verbreitete Machine-Learning-Verfahren. Es wird vor allem zur Sprachverarbeitung und zur Erkennung von Objekten in Bildern verwendet.

Der Begriff neuronale Netze erinnert an Nerven und Gehirn. Das Gehirn diente als Inspiration für künstliche neuronale Netze. Diese lösten den großen KI-Technologiesprung der Jahre nach 2000 aus. Sie simulieren menschliche Gehirnfunktionen und machen astronomisch große Datenmengen handhabbar.

Künstliche neuronale Netze sind ein Teilgebiet der Künstlichen Intelligenz. Sie orientieren sich an der Denkweise von Menschen, indem sie die Informationsverarbeitung und -speicherung dem Vorgang im menschlichen Gehirn nachbilden. Jedoch sind sie keine bloße Nachbildung natürlicher neuronaler Netze, denn es handelt sich um abstrahierte Modelle miteinander verbundener Neuronen. Diese nehmen Informationen aus der Umwelt oder von anderen Neuronen auf und leiten sie an andere Units oder die Umwelt in modifizierter Form weiter.

3.1 Blick in den KI-Maschinenraum

Die nachstehende Abbildung eines kleinen Ausschnitts des neuronalen Netzes im menschlichen Gehirn zeigt, wie man sich dieses Netz vorzustellen hat. Es sind Neuronen abgebildet, die über Nervenstränge und über Verknüpfungsknoten (Synapsen) mit anderen Neuronen verbunden sind, pro Zelle mehrere Tausend. Wenn Sie etwas sehen oder hören, durchfließt diese Information das Netzwerk im Gehirn, wird in zwei tausendstel Sekunden von Neuron zu Neuron weitergereicht, auf spezifische Merkmale wie Farben, Kurven, Linien u.ä. untersucht, identifiziert und schließlich freigegeben. Dieser Vorgang wird mit künstlichen neuronalen Netzen und Algorithmen im Rechner nachgebildet.

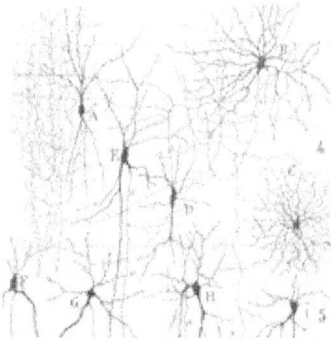

Es wäre falsch anzunehmen, dass das menschliche Gehirn mit seinen Nervenbahnen auf elektronischen Leiterbahnen nachgebaut und im Computer installiert wird. Das ist nicht der Fall, denn ein künstliches neuronales Netzwerk ist ein virtuelles, in Software verpacktes Konstrukt. Nervenzellen werden, zusammen mit ihren Knoten, nur simuliert. Diese Knoten befinden sich auf Schichten, fachsprachlich „Hidden Layers", die weiter hinten erklärt werden. Alle KI-Systeme beruhen im Wesentlichen auf einem solchen System von Knotenpunkten, die miteinander verbunden sind.

Die folgende Abbildung zeigt, wie Sie sich ein neuronales Netzwerk mit sechs Zwischenschichten und maximal sieben Knoten vorstellen können. In den Knoten steckt ein Aktivierungsmechanismus, der darüber entscheidet, ob und mit welcher Intensität die Knoten Signale weiterleiteten. Sie sehen, dass jeder Knoten mit allen Knoten der direkten vor und nachgelagerten Schicht verbunden ist. Die Neuronen der jeweils nachfolgenden, beziehungsweise tieferen Schichten, erhalten ihren Inputimpuls ausschließlich von den Neuronen aus den höheren Schichten. Das sind die den Inputschichten zugewandten Schichten. Leider bleibt der Einblick in

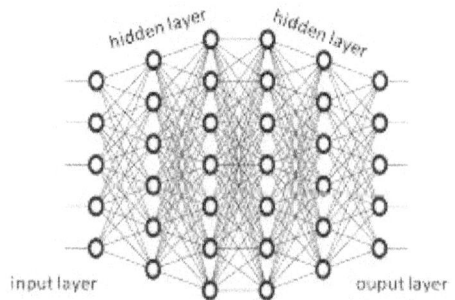

Deep Learning Netzwerk

die verschiedenen Ebenen des Systems verborgen, weshalb man auch von einer Blackbox spricht (s. Kap. 5.12). Die abgebildete Grafik ist aber nur ein gedankliches Modell eines künstlichen neuronalen Netzwerkes. Im Gehirn eines Menschen sind es 86 Milliarden Neuronen bei einer Gesamtlänge von 5,8 Kilometern und 100 Billionen Synapsen. Jede Nervenzelle ist mit 1000 anderen verbunden. Das lässt sich nicht grafisch abbilden und erst recht

nicht programmieren. Aber immerhin, die Konstrukteure künstlichneu-
ronaler Netzwerke bei Google& Co schafften es, bis zu einhundertfünfzig
Hidden Layers (2019) zwischen der Eingabe- und der Ausgabeschicht zu
trainieren und so die Leistungsfähigkeit von künstlichen neuronalen Netzwerken enorm zu steigern. Es gilt: Je mehr Schichten, umso höher die KI.
Wichtig ist jedoch, dass die Schichten trainiert wurden, also befüllt sind.

Der Signalfluss im Netzwerk setzt voraus, dass die Eingabesignale,
beziehungsweise die elektrische Stimulation, von einem Neuron/Knoten
zum nächsten stark genug waren. Nur dann nimmt das nachfolgende Neuron das Signal an und leitet es zum nächsten weiter. So funktioniert das auch
im Kopf eines Menschen. Die Neuronen „feuern" Signale, wenn ein
definierter Pegel erreicht wurde.

3.2 Tiefgehendes Lernen (Deep Learning)

Beim Deep Learning handelt es sich um einen Zweig des maschinellen Lernens, um einen mit großer Wirkung. Es ist die treibende Kraft hinter dem KI-
Hype seit 2016 und kann im Kontext von überwachtem als auch
unüberwachtem Lernen genutzt werden. Da sich Deep Learning auf künstliche neuronale Netze stützt, gelangt es zu außerordentlichen Lernerfol-
gen. Hier geht der Algorithmus tiefer in seine Aufgabe als beim maschinellen
Lernen. Er lernt über die verfügbaren Daten hinaus. Die Algorithmen erkennen Strukturen, können diese evaluieren und sich in mehreren vorwärts wie
rückwärts gerichteten Durchläufen selbstständig verbessern. Die aufeinan-
derfolgenden Durchgänge nutzen jeweils die vorherigen, so dass es einen
kontinuierlichen Lernprozess gibt. Dabei verwendet der Algorithmus
mehrere Knotenebenen parallel und sichert so seine Entscheidungen ab.

Deep Learning bezeichnet eine Klasse von Optimierungsmethoden künstlicher neuronaler Netze, die zahlreiche Zwischenlagen (englisch Hidden Layers) zwischen Eingabeschicht und Ausgabeschicht haben und deshalb eine
umfassende innere Struktur aufweisen (s. vorstehende Abbildung). In diesen
inneren Schichten wandeln die Netze die eingegebenen Rohdaten zu kom-
pakten Darstellungen um. Viele Vorverarbeitungsaufgaben erübrigen sich
so.

Um KI zu generieren, werden Lernmethoden genutzt, die auf große Daten-mengen zugreifen und diese analysieren. Je mehr, umso besser. Es liegt in der Natur KI, dass die Datenmenge exponentiell ansteigt. Mehr Daten = mehr Leistung.

Deep Learning durchwühlt die Big Data-Halden (s. Kap. 6: Was ist Big Data?) nach verwertbaren Daten und korreliert diese so, dass sich neue In-formationen ergeben. Je mehr Daten zur Verfügung stehen, umso intelli-genter werden die zugrunde liegenden Algorithmen. Trends werden erkennbar. Erfahrung wird zu Wissen. Der Mensch muss beim Lernvorgang nicht mehr eingreifen. Aber die großdimensionierten Datensätze des Deep Learnings setzen eine hochleistungsfähige, schnell arbeitende IT-Infrastruk-tur mit ausreichend agilen Speichern voraus. Nur so ist ein datenverarbeit-endes maschinelles Lernen in Echtzeit möglich.

3.3 Intelligenz-TÜV mit dem Turing-Test

Ob ein KI-System als intelligent gilt, entscheidet nicht der Eindruck, sondern eine Art „Intelligenz TÜV" mit dem Namen „Turing Test". Der Entwickler, Alan Turing (1912 bis 1954), war ein begnadeter Mathematiker und Kryptologe, dem es im zweiten Weltkrieg gelang, den Geheimcode der deutschen U-Boot-Flotte zu knacken. Das ist der Testablauf:

Eine Person unterhält sich per Chat-Pro-gramm über einen Bildschirm und einer Tas-tatur ohne Sicht- und Hörkontakt mit zwei ihr unbekannten Gesprächspartnern. Der eine (A) ist ein Mensch, der andere (B) eine Maschine. Mensch und Maschine versuchen die Testper-son (C) zu überzeugen, dass sie normale Men-schen sind. Nun soll der Tester bestimmen, welcher Gesprächspartner ein wirklicher Mensch und wer die Maschine ist. Wenn C das nicht kann, hat die Maschine den Turing-Test bestanden und gilt als intelligent. Bis heute konnte kein Mensch gegen die Maschine beste- hen, und dass trotz eines Preisgeldes von 100.000 Dollar.

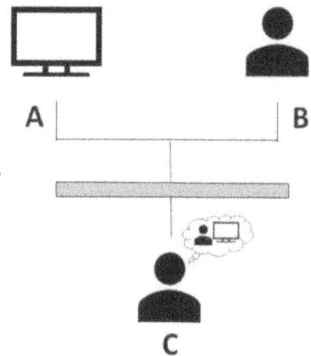

4. Was sind Algorithmen?

Im Mai 2018 gab die Bertelsmann-Stiftung in einer Studie bekannt, dass zwar drei Viertel der Menschen den Begriff Algorithmen schon einmal gehört haben, aber nur jeder Zehnte erklären kann, was sich dahinter verbirgt. Sie befürchten, manipuliert zu werden.

Ein Algorithmus ist – vereinfacht ausgedrückt – eine festgelegte Ereigniskette, beziehungsweise ein strukturierter Textblock mit Handlungsanweisungen für jeden Einzelschritt (s. Abbildung). Das könnte ein Backrezept oder eine Gebrauchsanleitung für einen Wecker sein. In Technik und Wirtschaft fließen diese Handlungsanweisungen in ein sogenanntes Flussdiagramm ein, etwa so wie abgebildet. Anhand dieses Lösungsplans werden Eingabedaten in Ausgabedaten umgewandelt. In der Informatik sind sie die Grundlage der Programmierung. Sie werden nicht nur maschinell durch einen Rechner ausgeführt, sondern auch von Menschen in „natürlicher" Sprache formuliert und abgearbeitet. Natürlich bergen Algorithmen Gefahren in sich. Aber ohne Algorithmen wäre die moderne Gesellschaft nicht funktionsfähig.

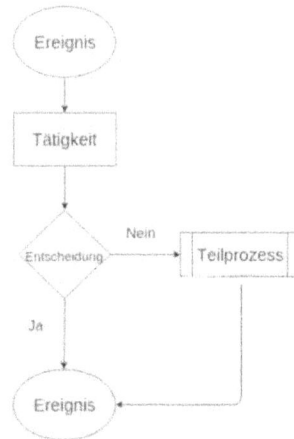

4.1 Formeln als notwendige Fremdsprache

Die Sache wird „unheimlich", wenn der Text in eine zum Computersystem passende Formel gegossen wird. Das Ergebnis ist eine Art Übersetzung der normalsprachlich verständlichen Handlungsanweisung in die spezielle Programmsprache des Computers. Die vielen Kürzel, Zeichen, Begriffe und

Zahlen verstehen nur Experten. Um dem Laien eine Vorstellung zu geben, ist nachstehend ein einfacher Algorithmus in „Computersprache" dargestellt. Manche KI Programme umfassen Millionen solcher Zeilen. Dabei ist aber zu bedenken, dass die Mehrheit für Trivialitäten wie Grafiken, Formulare oder Oberflächenthemen auf dem Bildschirm verwendet werden.

Jede Software basiert auf Algorithmen, die aber nicht zwangsläufig intelligent sein müssen. Sie arbeiten in der Schrittfolge „ja" oder „nein", beziehungsweise „wenn – dann", so wie es vom Programm vorgegeben wird. Ein Algorithmus wird erst dann zur Künstlichen Intelligenz, wenn er ohne Programmvorgabe menschliche Denk- und Handlungsweisen imitiert.

$$SSE_L = \sum_{(x,y)\in L} (y - \bar{y})^2 \ mit \ \bar{y} = \frac{1}{|L|}\sum_{(x,y)\in L} y$$

Beispiel für einen formelhaften Algorithmus (Regressionsbaum)

Es gibt eine große Menge an Algorithmen, die je nach Problemstellung nutzbar sind. Um keine fachsprachlichen Irritationen zu bewirken, wird hier ganz grob von Suchalgorithmen und Lernalgorithmen gesprochen.

Suchalgorithmen. Such- und Sortiervorgänge sind die häufigsten Aufgaben, die in Anwendungen zu lösen sind. Hier wird in einem „Suchraum", etwa Amazon oder ein Telefonbuch, jeder vorhandene Eintrag mit dem gefragten Begriff verglichen. Die Suche kann in die Tiefe oder auch in die Breite gehen und wird oftmals mit Sortiervorgängen (Sortieralgorithmus) kombiniert. Datenbestände, vollständig oder teilweise sortiert, lassen sich wesentlich einfacher durchsuchen als ungeordnete. Selbst ein papiernes Telefonbuch basiert auf einem alphabetischen Modell. Alles andere würde den Suchaufwand erheblich erschweren.

Lernalgorithmen versetzen Maschinen in die Lage Wissen selbstständig zu generieren. Ein intelligentes Computersystem lernt einen Wissensstoff nicht 1:1 auswendig, sondern erkennt Muster, die das System befähigen eigenständig Lösungen für auftretende Probleme zu finden. Dadurch wird das Wissen des Systems erweitert. Dieses ist dank eines Lernalgorithmus möglich.

Der Lernvorgang vollzieht sich auf zwei unterschiedliche Arten, die unter 5.7 erläutert werden:

1. Überwachtes Lernen (Klassifikation): Die zur Verfügung gestellten Daten sind gekennzeichnet.
2. Unüberwachtes Lernen (Clustering-Verfahren): Die Daten sind nicht gekennzeichnet.

4.2 Daten, der Lebenssaft für Algorithmen

Trainingsdaten für maschinelles Lernen müssen sorgsam vorbereitet werden. Dazu sind oft monatelange manuelle Vorarbeiten notwendig, in denen die Daten gesäubert und aufbereitet werden. Gut 80 Prozent der Zeit an einem KI-Projekt entfallen hierauf.

Es bedarf dann noch leistungsfähiger Prozessoren und großer Datenmengen (Big Data), um den „Turbo Effekt" des neuronalen Netzes nutzen zu können. Je mehr Beispieldaten dem Anwendungsprogramm zugeführt werden, desto stärker der Lerneffekt.

Lernen wird durch richtige Ergebnisse verstärkt und durch schlechte geschwächt. KI findet selbstständig heraus, welche Aktion in der gegebenen Situation die richtige ist. Das Problem hierbei: In hochkomplexen Entscheidungsverfahren ist nicht mehr nachvollziehbar, wie Algorithmen zu ihren Ergebnissen kommen (s. Kap. 5.12: Mysterium in der Blackbox).

Ohne die enorme Steigerung der Rechenleistung vergangener Jahre und ein schier unerschöpfliches Datenangebot (Big Data) wäre der Siegeszug der Algorithmen undenkbar gewesen. Die Zahl und Nachfrage nach Deep-Learning-Algorithmen in Wirtschaft und Wissenschaft steigt unaufhörlich. Wettbewerbsdruck und immer komplexer werdende Datenmodellierungen erfordern fundierte Daten und hochintelligente Algorithmen.

Die jährliche Wachstumsrate des Datenberges liegt bei 30 Prozent. Im Jahr 2025 werden weltweit etwa 175 Zettabyte (175000000000000000000000 = 26 Nullen) an Daten generiert. Gegenwärtig sind es 33 Zettabytes. Dank ihrer Lernfähigkeit verknüpfen moderne Algorithmen vorhandene Datenhalden und können Rückschlüsse und Vorhersagen treffen. Nach Schätzungen des IT-Players Cisco wird es um 2025 etwa 150 Milliarden Sensoren geben, die unablässig Daten erheben.

Alle zwölf Stunden wird sich die Datenmenge verdoppeln. Daten, die wichtig, aber nicht verfügbar sind, werden mittels KI annäherungsweise errechnet.

Mit Algorithmen wird selbst die Machtbalance von Arbeit und Kapital verschoben. So macht Amazon Streiks mit hochwirksamen Algorithmen stumpf. In Deutschland arbeitet Amazon an 30 Standorten, darunter elf Logistikzentren. Gibt es an einem Standort Probleme schaltet das Logistiksystem automatisch auf ein anderes Auslieferungslager um. Da das Unternehmen dezentral organisiert ist, sind Engpässe fast ausgeschlossen. Mit jedem neuen Standort nimmt die Flexibilität zu. Der Leiter des Amazon Entwicklerteams in Berlin, Ralf Herbrich, erklärt hierzu: „Amazon arbeitet mit Algorithmen, die bei der Prognose für zukünftige Nachfragen helfen. Mithilfe dieser Algorithmen werden aus Vergangenheitsdaten, meist über mehrere Jahre hinweg, Muster erkannt, aus denen Prognosen für die Zukunft errechnet werden."[9] Auch aktuelle Daten, so Glatteis, Personalausstattung, Lagerbestand, mögliche Streiks und Maschinendefekte werden dabei erfasst und optimiert. Auf Basis dieser Daten bekommen Kunden noch vor ihrer Bestellung im Onlineshop eine Lieferzeit-Prognose.

4.3 Entscheidungsbaum

Es gibt eine Menge Algorithmen, die für das maschinelle KI-Lernen unterschiedlich gut geeignet sind, insbesondere für das Klassifizieren. Dazu zählen u.a. die unter 4.4 vorgestellte Support-Vector-Machine und der hier beschriebene Entscheidungsbaum. Dieser erfreut sich wegen seiner Anschaulichkeit und Verständlichkeit großer Beliebtheit. Das Verfahren wird vielfältig verwendet, beispielsweise dazu, die Kreditwürdigkeit von Bankkunden zu klassifizieren. Deswegen wird auch vom Klassifikationsbaum gesprochen, denn er dient nicht nur zur maschinellen Entscheidungsfindung, sondern auch zur visuellen Darstellung vorgegebener Klassen. Mit Hilfe einer Baumstruktur lassen sich Entscheidungsfindungen anschaulich dar-stellen.

Im Kontext der Datenwissenschaft haben Entscheidungsbäume eine etwas andere Bedeutung als etwa im Projektmanagement. Ein Data Scientist beschäftigt sich nicht mit dem händischen Zeichnen von solchen Baumstrukturen, sondern mit Algorithmen, die Baumstrukturen automatisch aus einer Menge von Daten heraus generieren, um sie für eine automatische Klassifikation, beziehungsweise Regression zu nutzen.

Ein Entscheidungsbaum hat i.d.R. einen oder mehrere Knoten, an denen jeweils eine Entscheidung zu treffen ist. Die Wurzel befindet sich oben, das Astwerk verzweigt sich nach unten. Der Baum besteht aus mindestens zwei Ästen, die das Resultat einer Entscheidung abbilden. Knoten und Äste sind durch den Entscheidungspfad verknüpft. In diesen Knoten wird anhand klar definierter Kriterien mit Ja oder Nein oder nummerisch mit < oder > entschieden, ob der Entscheidungsprozess weitergeht oder endet. Jede Antwort entscheidet darüber, welcher Entscheidungspfad weiterverfolgt wird. Je geschickter man die Knoten abfragt, umso prägnanter und nachvollziehbarer wird der Baum. Das Resultat besteht aus verständlichen Regeln zur Lösung der gestellten Aufgabe.

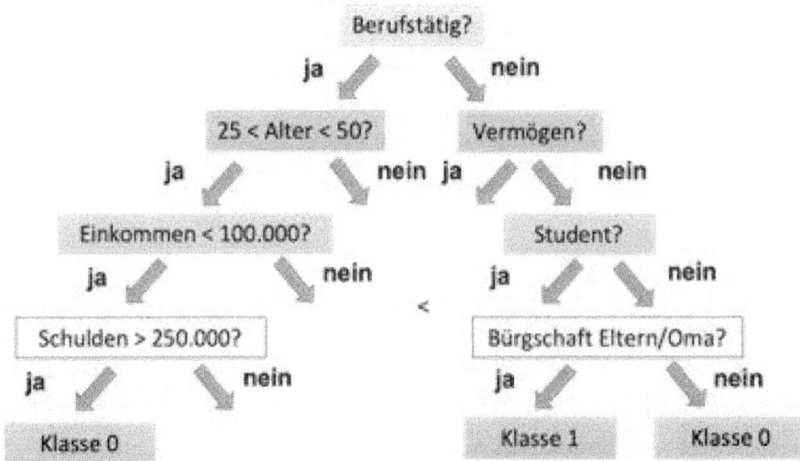

Das abgebildete Beispiel eines Entscheidungsbaumes ist aus Gründen der Verständlichkeit sehr einfach gestaltet. In der betrieblichen oder wissenschaftlichen Praxis trifft man auf hochkomplexe Entscheidungsbäume mit einem schon fast unübersichtlichen Ast- beziehungsweise Entscheidungsgeflecht. Man sollte sich das aber nicht bildlich vorstellen, denn normalerweise wird ein Entscheidungsbaum in eine Formel gegossen. Nur damit kann ein Entscheidungsbaum automatisch aus dem Programm heraus seine Aufgabe erfüllen. Der Vorteil dieser Entscheidungsmethodik ist, dass der Algorithmus selbst lernt, welche Fragen zu stellen sind und wie die Antworten zuzuordnen sind. Der Baum „lernt", indem er nicht irgendwelche Fragen stellt, sondern intern nach vorgegebenen Kriterien optimiert. Ein solches Kriterium könnte die Teilungsgüte sein. Im abgebildeten Beispiel würden Fragen so gestellt, dass eine klare, trennscharfe Zuordnung zu den Zielklassen 0, 1 oder keine erreicht wird. Die Erfolge, die mit einem solchen recht einfachen Lernalgorithmus erzielt werden, sprechen für sich. So basiert das Expertensystem GASOIL der British Petroleum, das auf Bohrinseln zur Trennung von Öl und Gas benutzt wird, auf einem Entscheidungsbaum, der um die 2500 Regeln enthält.

4.4 Regressionsanalyse

Die Regressionsanalyse ist eines der vielseitigsten statistischen Verfahren. Sie ist einfach zu erstellen. Mit ihr lassen sich Prognosen in Wirtschaft und Wissenschaft fundiert darstellen, so etwa zur Entwicklung von Aktienkursen. Man nutzt sie für die Analyse des Zusammenhanges von Werbeausgaben und Verkaufszahlen oder Körpergröße und Gewicht, um nur einige wenige von unendlich vielen Anwendungen zu nennen. Mit ihrer Hilfe lassen sich Schwankungen der Variablen X mit Veränderungen der Variablen Y erklären. Der Wert der einen Variablen erklärt den der anderen. Die Variable, die man vorhersagen möchte, wird als abhängige Variable bezeichnet. Die Variable, die genutzt wird, um den Wert der anderen Variablen vorherzusagen, ist die sogenannte unabhängige Variable. Im Allgemeinen betitelt man X als unabhängige Einflussvariable und Y als abhängige Zielgerade. Hierzu ein einfaches

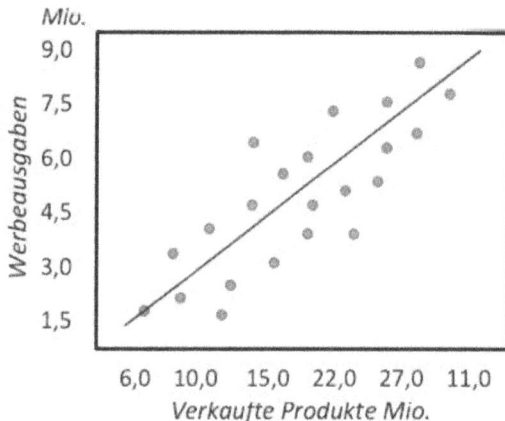

Beispiel, um den Zusammenhang von Werbeaufwendungen und Verkaufserfolg aufzuzeigen:

Wenn ein Kilo Äpfel 1,50 Euro kostet, dann sind für drei Kilo 4,50 Euro zu
bezahlen. Bei einer Zunahme des Gewichts (Ausgangsgröße) um eine feste
Summe würde der Betrag (Zielgröße) ebenfalls um einen fixen Wert
gesteigert. Etwas komplizierter wird die Sache, wenn die verkaufte Menge
saisonal schwankt. Hier hilft ein Streudiagramm, etwa so:

Die schwarzen Punkte stehen für den Verkaufserfolg, je nach Wer-
beaufwand. Der Algorithmus errechnet nun eine optimale Ausgleichsge-
rade. Sie wurde bestmöglich durch die „Punktwolke" der Messung gelegt.
Optimal bedeutet dabei, dass die Abweichungen in Summe möglichst klein
sind. Die Regressionsgerade bildet also das bisherige Verhältnis von Wer-
beaufwand und Verkaufserfolg ab und ermöglicht so eine Prognose, wie sich
ein Mehr- oder Minderaufwand auf den Verkaufserfolg auswirkt.

4.5 Support Vector Machine (SVM)

Seit Beginn des Industriezeitalters und erst recht des digitalen Zeitalters
sucht der Mensch nach einer Maschine, die zwecks Aufgabenerfüllung „selb-
ständig denkt" und auf Probleme intelligent reagiert. Sie arbeitet
entsprechend ihrer mess- und steuerungstechnischen Vorgaben, denen
heutzutage Algorithmen zugrunde liegen. Diese Maschine existiert unter
der Benennung „Support Vector Machine" in Form von KI-Algorithmen.
Daraus folgt, dass sie keine Maschine im herkömmlichen Sinne ist und keine
beweglichen Bauteile hat. Der Namensteil „machine" weist auf das
Herkunftsgebiet der Support Vector Machines hin, nämlich das maschinelle
KI-Lernen. Es handelt sich um ein rein mathematisches Verfahren der
Mustererkennung im Rahmen des überwachten Lernens, das in KI-
Computerprogrammen umgesetzt wird. Der Zweck besteht darin, anhand
vorhandener Daten und Datenzuordnungen automatisch entscheiden zu
lassen, in welche Datenklasse ein neues Datenobjekt einzuordnen ist.
Typische Einsatzgebiete sind die Gesichts- und Handschriftenerkennung
sowie die Bioinformatik.

Zur Konstruktion einer Support Vector Machine wird für Trainingszwecke
eine Menge von Objekten benötigt, von denen jeweils bekannt ist, welcher

Klasse sie zugehören. Das könnten Äpfel und Birnen sein. Im Beispiel des Kapitels 5 geht es um die automatische Klassifizierung von Äpfel und Birnen, um sie entsprechend zu sortieren. Äpfel und Birnen werden je nach ihrer äußeren Form – Kugel oder Tropfenform – in ein Diagramm eingetragen. Mittels dieser Daten versuchen die Algorithmen des maschinellen Lernens Trennlinien oder Trennflächen zu bilden, die es ermöglichen, weitere Birnen und Äpfel der richtigen Klasse zuzuordnen. Die SVM teilt die beiden Objektklassen nun mit Hilfe von Trennungslinien ein. Jedes Objekt wird durch einen Vektor (Vektor = Bewegung oder eine Verschiebung im Raum) repräsentiert.

Funktion dieser SVM ist in diesen Raum eine übergeordnete Ebene (Hyperebene) einzupassen, welche die Trainingsobjekte in zwei Klassen teilt. Die Ebenen werden so gewählt, dass zwischen den unterschiedlichen Klassen ein möglichst großer Bereich von Objekten frei bleibt. Eine Trennungsfläche mit einem objektfreien Bereich gilt als gute Lösung.

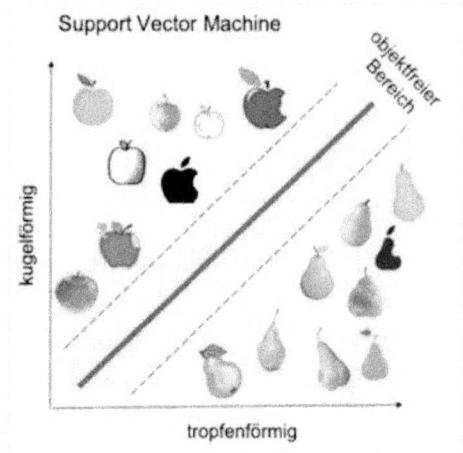

Support Vector Machine

kugelförmig

tropfenförmig

objektfreier Bereich

5. Wie funktioniert maschinelles Lernen?

Bei künstlichen neuronalen Netzwerken und Deep Learning handelt es sich um zwei Seiten ein- und derselben Medaille. Egal ob Smartphone, Skype, Spracherkennung, selbstfahrendes Auto, digitale Assistenten wie Alexa oder Cortana, Google Suchmaschine, Navigationsgerät, Online-Translator oder diverse andere Bereiche, in denen KI zum Einsatz kommt, ihre Aufgaben sind so komplex, dass sie ohne künstliche neuronale Netze, beziehungsweise Deep Learning, nicht machbar wären.

KI-basierte Computerprogramme sind zu Höchstleistungen fähig. Sie lernen immer wieder hinzu. In der Schule lernten wir, mit zwei oder drei Unbekannten zu rechnen. Intelligente Algorithmen können das mit Millionen von Unbekannten. Um das zu leisten, dringen sie bezogen auf die Layers tief (deep = tief) in das neuronale Netzwerk ein. Daher der Begriff „Deep Learning".

In der Sprach- und Bilderkennung erweist sich dieses Lernen in tiefen Schichten als besonders leistungsfähig. Als Google seine Spracherkennung in Smartphones auf Deep Learning umstellte, sank die Fehlerrate um ein Viertel. Diese Umstellung war dank leistungsfähiger Grafikkarten, wie sie für Computerspiele entwickelt worden waren, möglich. Es waren Grafikkarten, die nach der Jahrtausendwende den Schub in die „dritte KI-Generation" auslösten.

5.1 Maschinelles KI-Lernen ist Selbstlernen

„Machine Learning" wird mit „Maschinelles Lernen" übersetzt. Daraus ergibt sich die Fähigkeit von Maschinen, selbstständig zu lernen, und zwar im Sinne der künstlichen Generierung von Wissen aus Erfahrung. Ein KI-Computersystem lernt nicht einfach nur Beispiele auswendig, sondern erkennt Muster und Regelmäßigkeiten. Das ergibt sich aus der Fähigkeit von KI-Algorithmen, aus vorhandenen Daten komplementäre Zusatzdaten zu generieren und selbstständig Lösungen zu finden. Beispiel: Googles PKW-Roboter ist einige Millionen Kilometer ohne Fremdeinwirkung gefahren und hat dabei seine zukünftigen Aufgaben selbstständig gelernt. Die dazu notwendige KI wurde und wird nicht programmiert, sondern trainiert.

Programmieren basiert auf logischen „Wenn-dann" Abfolgen. KI-Training bedient sich der induktiven Methode. Hier wird ein KI-System, welches auch immer, mit Daten und damit letztendlich mit prall gefüllter Statistik gefüttert. Darin erkennt das KI-System Besonderheiten, Regelmäßigkeiten, Abhängigkeiten, Gesetzmäßigkeiten, um nur das Wichtigste zu nennen. Füttert man eine KI-Maschine mit Thomas Manns Roman „Der Zauberberg", erkennt diese binnen Sekunden die Regeln deutscher Grammatik, der Orthografie und der Zeichensetzung.

Dieses Art des automatisierten Lernens ist dem Erlernen einer Fremdsprache vergleichbar. In der Schule werden zunächst die Grundlagen von Grammatik, Rechtschreibung und Aussprache vermittelt. Wer mehr können will reist als Heranwachsender oder Erwachsener in das entsprechende Sprachgebiet und perfektioniert seine Sprachkenntnisse im täglichen Kontakt mit den dort lebenden Menschen.

5.2 Elementare Fähigkeiten und Grundfunktionen der KI

Die Fähigkeit, komplexe Zusammenhänge zwischen der Eingabe und der Ausgabe von großen Datenmengen zu verarbeiten, ist eine der elementaren Fähigkeiten von KI. Damit die Software eigenständig lernen und Lösungen finden kann, ist aber ein vorheriges Handeln von Menschen notwendig. Die Systeme sind zunächst mit Algorithmen und den für das Lernen relevanten Daten zu versorgen. Zudem sind Regeln für die Analyse des Sachverhalts und das Erkennen der Muster aufzustellen. Sind passende Daten vorhanden und Regeln definiert, leisten Systeme mit maschinellem KI-Lernen u.a. dieses:
o Relevante Daten finden, extrahieren und zusammenfassen.
O Vorhersagen auf Basis der analysierten Daten treffen.
O Wahrscheinlichkeiten für bestimmte Ereignisse berechnen.
O Sich an Entwicklungen eigenständig anpassen und
o Prozesse auf Basis erkannter Muster optimieren.

Diese zwei Grundfunktionen sind für KI-Systeme wesentlich:

1. Mustererkennung: KI-Systeme können abnormale Objekte, Gesichter, Ausdrucksformen, Sprache oder Abweichungen von normalen Mustern und Regeln erfassen. So erkennt ein Virenscanner ein merkwürdiges Muster in einer Datei und meldet Alarm. Diese Möglichkeit mag mit ein Grund dafür sein, dass es zum Begriff „Maschinelles Lernen" kam. Würde man einer KI-Maschine alle Daten unserer Welt eingeben, könnte diese sie ordnen und daraus ein eigenes Weltmodell konstruieren. Heutige Systeme können völlig autonom Zusammenhänge, Modelle, Regeln, Strukturen über einen Sachverhalt, beziehungsweise ein System, erlernen. Sie dringen damit in eine Domäne ein, die ureigenst uns Menschen gehörte.

2. Prognose: KI-Systeme prognostizieren aus vorliegenden Informationen die Wahrscheinlichkeit für das Eintreffen zukünftiger Ereignisse, beispielsweise das Wetter oder Epidemien.

In der Fähigkeit, die eigenen Berechnungen und die Anordnung ihrer Ergebnisse selbstständig zu verbessern, liegt der wesentliche Unterschied zwischen KI und klassischen IT-Systemen. Die Selbstkorrektur ist im KI-System eingebaut. Aus Erfahrung wird man klug, lautet ein geflügeltes Sprichwort, das auch hier zutrifft.

5.3 Frameworks

Wer sich die KI nutzbar machen möchte, kann sein Glück mit Chatbots versuchen. Das sind Programme, die eine textbasierte Konversation mit dem User führen. Sie greifen dabei auf vorgefertigte Frage-Antwort-Schemen zurück. Problem: Fällt eine Frage aus dem Schema, kann der Chatbot auch nicht weiterhelfen. Wer mehr wissen will, dem sei diese Webseite empfohlen: https://chatbotslife.com

KI-Geübte, die ein Programm lieber von Grund auf programmieren wollen, kommen nicht an einer Programmiersprache vorbei. KI verträgt sich mit allen Sprachen, am besten mit „Python". Diese erfreut sich wegen ihres gut lesbaren und knappen Programmierstils großer Beliebtheit und gilt als einfach erlernbar. Die umfangreichen Programmierbibliotheken zur Auswertung großer Datenmengen bieten sich für das maschinelle Lernen an. Mehr

Informationen nebst einer Schritt- für-Schritt-Anleitung, um Machine Learning mit Python anzuwenden, findet sich auf https://www.kdnuggets.com /2015/11/seven-steps-machine-learning- python.html .

Am einfachsten ist es, ein KI-Framework zu nutzen. Das ist kein fertiges Programm, sondern ein wiederverwendbarer Rahmen für KI- Anwendungen, den der Anwender für sein Programm nutzen kann. Hier werden Strukturen für KI-Anwendungen festgelegt, an denen sich Softwareentwickler orientieren können. Im Normalfall werden Frameworks mit dem Ziel einer Wiederverwendung „architektonischer Muster" entwickelt und genutzt. Das setzt voraus, den konkreten Anwendungszweck zu berücksichtigen. Darum sind die meisten Frameworks domänenspezifisch oder auf einen bestimmten Nutzungstyp beschränkt.

Man kann ein Framework auch als eine Art Vorprogrammierung betrachten. Wichtige Funktionen und Elemente sind enthalten und müssen nicht jedes Mal neu programmiert werden. Sogenannte Content Management-Systeme wie WordPress, Adobe Dreamweaver oder Joomla vermitteln eine Vorstellung von dem, was ein Framework ist. Mit ihnen lassen sich Texte, Bilder, Videos, Multimedia-Dokumente in Webseiten und anderen Medienformen grafisch darstellen, ohne dass der Anwender Programmiersprachen wie HTML oder Java Skript beherrschen muss. Er muss nicht den kompletten Code schreiben, sondern nur die spezifischen Inhalte einfügen. Jemand, der einen Online-Shop entwerfen will kann sich der Bausteine eines Frameworks bedienen. Das spart viel Entwicklungsaufwand und Zeit.

Frameworks dienen vielen Zwecken, so grafischen Editoren, Buchhaltungssystemen oder Shops im World Wide Web. Es gibt kein Framework, das in allen Anwendungsbereichen das Beste Ist. Viele Frameworks sind als „Open Source" kostenlos verfügbar. Das Angebot wird immer größer und unübersichtlicher. Marktgängig sind TensorFlow 2.0 (Google), MXNet (Amazon), Caffe (Facebook) oder Microsoft Cognitive Toolkit. Eine Wertung der Güte verbietet sich hier, denn der Einsatz des „richtigen" Frameworks hängt von vielen Faktoren ab, beispielsweise, Einsatzzweck, Randbedingungen und Vorwissen des Anwenders.

5.4 TensorFlow als Framework-Beispiel

Es werden mehr als ein Dutzend solcher Frameworks angeboten. Marktführend sind hier die Marktriesen der Digitalwelt, wie Google, Amazon, Microsoft (Azure) und Facebook (Pytorch). „TensorFlow" von Google sticht besonders hervor. Gut zwei Drittel aller Frameworks tragen diesen Markennamen. Das Knowhow von TensorFlow steckt fast in allen Google-Produkten, beispielsweise Gmail, Google-Suche oder Google-Maps.

Mit diesem Programm erarbeitete sich Google einen Vorsprung in der KI-Branche, den Experten im Bild- und Sprachbereich auf bis zu drei Jahre schätzen. Bemerkenswert ist hierbei, dass Google sein TensorFlow 2.0 als freie Software (Open-Source-Programm) kostenlos zur Verfügung stellt. Jedermann kann es nutzen, für seine Zwecke verändern oder kopieren. Es steht ein ganzer Werkzeugkasten zur Verfügung, mit dem Algorithmen für die KI-Nutzung eingesetzt werden können. Da dieses Framework auf breiter Basis genutzt wird, kann die KI-Community ihre Erfahrungen austauschen und voneinander lernen. Google versucht TensorFlow 2.0 als Standard im KI-Bereich zu etablieren und bekommt so Einblick in interessante Anwendungen der Nutzer.

Auch andere Deep Learning Frameworks sind als "Open Source" verfügbar. Der Verzicht auf eine kommerzielle Lizensierung dient der Verbreitung der ansonsten recht teuren Frameworks, da enorme Mengen an Daten für das Training neuronaler Netze anfallen. Davon profitieren alle, Anwender und Hersteller.

Tensor-Flow-Anwendern stehen die von Google entwickelten Tensor-Prozessoren zur Verfügung. Diese anwendungsspezifischen Chips werden genutzt, um die Verarbeitung von Daten zu beschleunigen.

5.5 Datensets als Arbeitshilfe

Wer Anwendungen mit KI entwickelt benötigt Daten für das Testen und Trainieren der Algorithmen. Normalerweise sind Daten für Forschungs- und Entwicklungsprojekte eher vertraulich. Bei KI sind Unternehmen und Wissenschaftler eng miteinander verflochten, dass es fast wie ein Miteinander wirkt. Trainingsdaten stehen erfreulicherweise in großer Menge in diversen

Datenbanken als Open-Source-Dataset zur Verfügung, beispielsweise bei https://wikimedia.de/wiki/Datentankstelle/Datensets.

Das schwedische Startup Mapillary hat 25.000 Verkehrsbilder aus Autoperspektive freigegeben, mit denen sich Software für die Objekterkennung in fahrerlosen Autos trainieren lässt. Jedes Bild steht als herkömmliches Foto und als für KI-Frameworks aufbereitete Variante zur Verfügung.

Googles Tochter DeepMind gab sechs Datasets in die Open Source, darunter 300.000 klassifizierte Videoclips für die Erkennung menschlicher Handlungen und 1,5 Millionen Frage/Antwort-Paare für Anwendungen im Bereich Textverständnis. Wer Daten für Objekt- und Gesichtserkennung, Textverständnis und die Verarbeitung gesprochener Sprache benötigt, sollte die angebotenen 100 Datensets der freien, plattformübergreifenden Programmbibliothek „Deeplearning4j" nutzen.

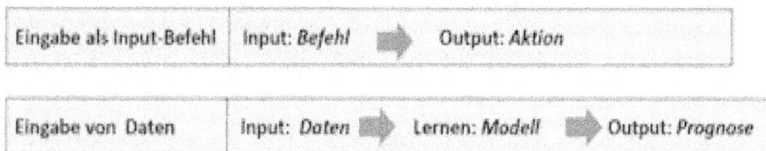

| Eingabe als Input-Befehl | Input: *Befehl* ➡ Output: *Aktion* |

| Eingabe von Daten | Input: *Daten* ➡ Lernen: *Modell* ➡ Output: *Prognose* |

Wie wichtig Daten für die Leistungsfähigkeit eines Rechners sind, erkannte der KI Pionier Arthur L. Samuel (1901 – 1990) schon sehr früh. Computer benötigen nicht zwangsläufig einen direkten Input-Befehl, um ihren Job zu erledigen. Wichtiger sind Input-Daten. Lautet der Befehl 1 + 1 und wird die Entertaste gedrückt, kommt als direkte Antwort = 2. Bei der Dateneingabe verhält es sich jedoch anders. Man gibt sie ein, ein Algorithmus wird ausgewählt, Hyperparameter (Werte, die eingestellt werden, bevor der Lernprozess beginnt) werden konfiguriert und angepasst. Anschließend wird der Computer aufgefordert, seine Analyse durchzuführen. Durch Versuch und Irrtum werden Muster in den Daten entziffert (s. Abbildung).

5.6 Zwei Grundformen des KI-Lernens

Der KI-Lernprozess vollzieht sich in diesen zwei Grundformen:

o **Überwachtes Lernen**, bei dem ein Modell auf bekannte Eingabe- und

Ausgabedaten trainiert wird, um zukünftige Aufgaben vorherzusagen, und

o **unbeaufsichtigtes Lernen**, bei dem verborgene Muster in Daten gefunden werden. (s. Kap. 5.10)

Welche Grundform eingesetzt wird, hängt von der Aufgabenstellung ab. Will man einen Lernprozess auf ein umgrenztes Problem hin ausrichten, bietet sich das überwachte Lernen an. Geht es darum, viele Texte, Zahlen, Bilder, ja selbst Sprache aus großen Datenmengen übersichtlich und interpretierbar darzustellen, empfiehlt sich das unüberwachte Lernen. Im täglichen KI-Einsatz werden überwachtes und unüberwachtes Lernen kombiniert. Erfreulicherweise kann KI-Daten in allen Formen und aus vielen Quellen verarbeiten.

Neben diesen Grundformen böten sich noch das „Teilüberwachte Lernen" an, bei dem Regeln aus beiden Grundformen gelten und das auf Belohnung und Bestrafung basierende „Verstärkende Lernen".

5.7 Grundform 1: Überwachtes Lernen

Beim überwachten Lernen, beziehungsweise supervised learning, werden die richtigen Antworten in einer Vorab-Testprobe als »Labels« (KI-Fachsprache) mitgeliefert. So erfährt das KI-System, was als Ergebnis herauskommen soll.

Labels sind Bilder oder datenförmige Beschreibungen einer Sache, eines Gegenstandes oder eines Sachverhaltes. Sie sind ein kleinerer Teil eines größeren Datensatzes, der dem Algorithmus eine grundlegende Vorstellung von einem Problem oder einer Aufgabe und den zu behandelnden Datenpunkten gibt. Das KI-Lernsystem bekommt vorgegeben, was es lernen soll, beispielsweise Äpfel von Birnen mittels Sensors zu unterscheiden. Das funktioniert nur, wenn Merkmale wie Form, Farbe, Größe und anderes mehr (KI-fachsprachlich: features) mit eingegeben wurden. Es geht also um das Erkennen von Mustern und deren Klassifikation. Die richtigen Antworten, was ein Apfel und was eine Birne ist, werden in Form von Trainingsdaten, fachsprachlich Labels, von einem realen oder virtuellen „Lehrer" präsentiert. Das Ergebnis ist somit bereits bekannt und das System wird trainiert, dieses möglichst gut zu erkennen und abzubilden. Diese Labels sind zuzusagen datenförmige Etiketten, welche die richtige Antwort enthalten. Das Ergebnis ist somit partiell bekannt. Ohne diese Labels/Etiketten wüsste der Algorithmus nicht, ob er mit der Antwort „Apfel" beziehungsweise „Birne" richtig oder falsch liegt.

Auch werden Bilder ähnlicher Früchte präsentiert. Hier wird dem Lernsystem bei der Präsentation eines Pfirsichs „Nicht- Apfel" gemeldet, so dass das Lernprogramm die Charakteristika von Äpfeln erfährt. Das ermöglicht eine präzise Klassifikation und Regression. Der Algorithmus kann nunmehr seine Aufgabe erfüllen, Muster, Regeln und Zusammenhänge zu erkennen.

Aus den Trainingsdaten werden von den ML-Algorithmen nunmehr Modelle von Äpfeln und Birnen erstellt (errechnet), so dass bei später folgenden, noch „unbekannten" Äpfeln und Birnen, deren eindeutige Identifikation und Zuordnung möglich ist. Man erfährt, dass und warum Äpfel etwas anderes sind als Birnen. Zum besseren Verständnis hier die nachstehende Abbildung ergänzend an einem Beispiel alltagssprachlich dargestellt.

Klassifikation (Überwachtes Lernen)

Klassifizierung oder Klassifikation (von lat. classis, „Klasse", und facere, „machen") ist das Zusammenfassen von Objekten zu Klassen. Das Erzeugen von Strukturen aus vorhandenen Daten wird auch als Mustererkennung oder überwachtes Lernen bezeichnet.

Beim überwachten Lernen bzw. supervised learning müssen die richtigen Antworten als »Labels« mitgeliefert werden. Hier ist schon im Vorfeld klar, welcher Gruppe ein Objekt zugeordnet werden kann. Damit lassen sich Klassifikations- und Regressionsaufgaben lernen, bei denen Beispiele ihren jeweiligen Labels zugeordnet werden.

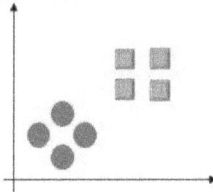

Ein Eisenbahnwaggon ist mit Früchten befüllt. Man möchte gern wissen, wie viele Äpfel und wie viele Birnen sich darunter befinden. Einem KI-System werden einige Dutzend verschiedenartiger Äpfel und Birnen (Trainingsdaten) gezeigt, so dass es eine Vorstellung davon erhält, worum es geht. Anschliessend sortiert (klassifiziert) das System die Ladung nach der Vorgabe Äpfel und Birnen und liefert, falls gewünscht, die gewünschte Mengenangabe. Es überprüft seine Auswahl mit den gelieferten Trainingsdaten und erklärt das Ergebnis für valide. Ist das nicht der Fall müsste das Training mit den Testäpfeln/-birnen wiederholt, beziehungsweise verfeinert oder ausgedehnt und die Algorithmen justiert werden. Das läuft so lange, bis das KI/MI-System mit seinen Beurteilungen nah genug an die korrekten Ergebnisse herangekommen ist.

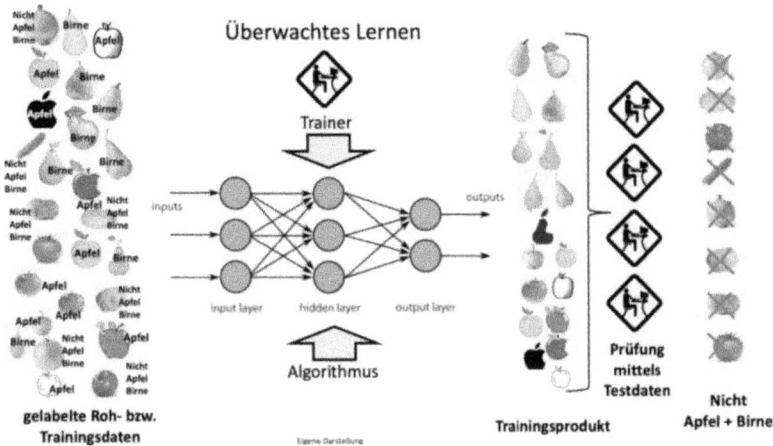

Das überwachte Lernen zielt auf Klassifikation und Regression. Hierfür steht eine Reihe von Methoden zur Verfügung. Die wichtigsten sind der

o Entscheidungsbaum für die Regression und die
o Support Vector Machine für die Klassifizierung (s. Kap. 4.5).

5.8 Analyse der Lerndaten in den Hidden Layers

Im „KI-Maschinenraum", sprich Deep-Learning-Netzwerk (s. Kap. 3.1) werden die Lerndaten einer Erstanalyse unterzogen und an die in der Mitte liegende Schichten (Hidden Layers) des neuronalen Netzwerkes Pixel für Pixel, weitergereicht, gerastert und gefiltert. Die Ebenen weisen eine unterschiedliche Komplexität auf. In der ersten Schicht werden relativ einfache Muster identifiziert, etwa dunkle und helle Pixel. In der zweiten Schicht kommen Kanten, Formen und Linien hinzu, gefolgt von Kurven und Farben usw. Dabei fließen immer mehr Beispieldaten durch die neuronalen Netze, wodurch die internen Verknüpfungen kontinuierlich optimiert werden und das System „intelligenter" wird. Im weiteren Verlauf wird das Bild Pixel für Pixel umgewandelt, bis lokale Muster und Bildteile schließlich ein klares Bild ergeben (s. Abbildung).

Nach mehreren Trainingsschritten überprüft das Lernmodell wie oft es Apfel und Birne erkannt hat und schaut sich die „Merkmale" der dazugehörenden Daten an. Ist die Form eher rund mit einem Stengel oben und dem Blütenrest unten, die Farbe rötlich, handelt es sich wohl um einen Apfel. Hat sie eher die Form eines Tropfens deutet das auf eine Birne hin. Die nebenstehende Abbildung zeigt den Verlauf durch das neuronale Netz hindurch.

Schicht 1: Das System (Computer) identifiziert hellere und dunklere oder verschiedenfarbige Pixel.

Jede folgende Schicht im neuronalen Netzwerk analysiert komplexere Muster und Strukturen von Menschen oder Äpfeln und Birnen (s. Abb. Unter 5.7) und alle Neuronen dieser Schicht ergänzen ihre Analyse der angekommenen Signale mit einer Berechnung, die angibt, wie gut oder schlecht die Klassifizierung, beziehungsweise das Clustering erledigt wurde. Ein Algorithmus berechnet hierzu, wie sich der Fehler verändern würde, wenn man den Wert nach oben oder unten korrigiert. Eventuell füttert man das Sys-

Schicht 2: Das System (Computer) lernt, Kurven, Linien, Kanten und einfache Formen zu identifizieren.

Schicht 3: Das System (Computer) lernt, komplexere Formen und Objekte zu identifizieren.

Schicht 4: Das System (Computer) lernt, welche Formen und Objekte sich eignen, ein Gesicht zu kreieren.

tem mit Beispielbildern, um Durchschnittswerte zu errechnen, mit denen der angestrebte Wert angepasst wird.

Wenn viele und zugleich starke Eingabesignale ankommen, die auf einen Apfel, eine Birne oder etwas Bestimmtes hinweisen, werden sie weitergeleitet. War dies nicht der Fall, bleibt die Eingabe ohne Wirkung oder man müsste in der Software die Schwellenwerte für die künstlichen Neuronen anpassen. Die Intelligenz eines künstlichen neuronalen Netzwerkes ergibt sich aus der Intensität der neuronalen Verbindungen. Am Ende kontrolliert dann noch der Lehrer/Bediener, ob das Ergebnis plausibel ist. Klingt einfach, ist es aber nicht.

Ähnlich Kindern muss das System zunächst üben, ob es das entstandene Eigenschaften-Set von Apfel und Birne richtig anwendet. Erkennt es einen

Apfel oder eine Birne, erfolgt ein positives Feedback. Die Empfindlichkeit der Knoten bedarf keiner Kalibrierung. Hält es den Apfel für eine Kartoffel, muss die Software justiert werden. Zwar wurden der KI die wichtigsten gelabelten Merkmale eines Apfels vermittelt, beispielsweise der Stengel, die Form oder der Blütenrest am unteren Ende, aber es könnte sein, dass die

Funktionsweise neuronaler Netzte

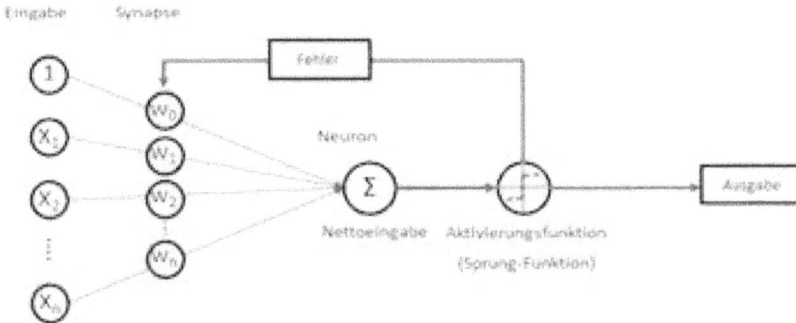

mögliche Apfelfarbe schlecht oder gar nicht übermittelt wurde. Braun schied somit aus und wurde dem Apfel als mögliche Farbe zugeordnet, obwohl sie ein farbliches No-Go ist. Darum identifizierte das System die Kartoffel als Apfel. Hier muss nachjustiert werden, und zwar solange, bis ein zufriedenstellendes Ergebnis dabei herauskommt. Nun kann die KI auch neue Bilder korrekt als Apfel zuordnen.

Dieser Prozess mehrfachen Wiederholens (fachsprachlich Iteration) schärft das Können des Systems, Muster in voluminösen Datensätzen zu erkennen. Künstlich-neuronale Systeme lernen so aus Beispielen und verallgemeinern ihre Erkenntnisse. Ebenso kann man sich das Vorgehen bei der Erkennung von Handschriften vorstellen. Das Lernsystem benötigt eine Vorlage, auf der die Buchstaben eindeutig zu erkennen sind. Alle Handschriften werden nun mit den Muster-Buchstaben gelabelt (s. Kap. 2.9: Was ist maschinelle Intelligenz?).

5.9 Grundform 2: Unüberwachtes Lernen

Dieser Lernansatz zielt darauf, unbekannte Muster in Daten zu erkennen und Regeln daraus abzuleiten. Doch das System weiß nicht, was es erkennen soll. Ihm stehen keine Hilfsmittel, etwa Labels, zur Verfügung. Der Grund ist, dass es sich um sehr große Datenmengen handelt. Im Vorfeld weiß niemand, wie man sie beschreiben oder nach welchen Kriterien man sie aufteilen soll. So will man wenigstens Strukturen und Eigenarten in den Daten erkennen, um Gruppen (Cluster) bilden zu können. Zu diesem Zweck durchsucht das Programm die Daten ohne konkrete Vorgaben. Denkbar wäre die Segmentierung von Kundendaten zwecks Identifizierung von Zielgruppen, die man in der Werbung passgenau ansprechen möchte. Um im vorherigen Beispiel der Äpfel und Birnen zu bleiben:

> **Clustering (Unüberwachtes Lernen)**
>
> Im Gegensatz zu den vorgegebenen Daten beim überwachten Lernen, müssen die Daten hier erlernt werden. Man weiß im Vorfeld noch nicht, nach welchen Kriterien sie zugeordnet werden können. Es geht darum, die Merkmale herauszufinden oder Strukturen und Unterschiede in den Daten zu erkennen, die für eine Zuordnung am signifikantesten sind.
>
> Ein Beispiel für unüberwachte Verfahren ist die Clusteranalyse. Die so gefundenen Gruppen von „ähnlichen" Objekten werden als *Cluster* bezeichnet, die Gruppenzuordnung als *Clustering*.
>
> Eine weitergehende Analyse kann in der Klassifikation münden.

Das KI-System soll eine Aussage darüber treffen, was sich in dem erwähnten Eisenbahnwaggon befindet. Das KI-System weiß nichts von Äpfeln und Birnen. Im Gegensatz zum überwachten Lernen werden keine Ergebnisse vorgegeben. Es gruppiert (fachsprachlich: clustert) einfach nur runde einerseits und tropfenähnliche Gebilde andererseits. Eine Aussage, ob es sich um Obst, beziehungsweise um Boskop oder Williams handelt, ist nicht möglich, da es an Beschreibungen (Labels) fehlt. Dennoch, das KI-System erkennt Ähnlichkeiten und Merkmale bei den „Gebilden" und kann diese in zwei Gruppen einteilen. Das unüberwachte Lernen nutzt diese beiden Ansätze:

1. Clustering. Hier teilt das KI-System dateibasierte Bilder in Gruppen auf, noch ohne die möglichen Merkmale zu kennen und ohne darauf trainiert worden zu sein. Ohne ausreichende Datenmenge ist es den Algorithmen nicht möglich, Cluster zu bilden.

Zum besseren Verständnis die nachfolgende Abbildung. Sie zeigt, dass das KI-Lernsystem zumindest Muster, in diesem Fall Menschen, erkennt. Diese teilt es, ohne sie zu benennen und ohne zu wissen, dass es sich um unterschiedliche Menschentypen handelt, in die abgebildeten Cluster auf. Noch wurde nicht definiert, was ein Mensch überhaupt ist.

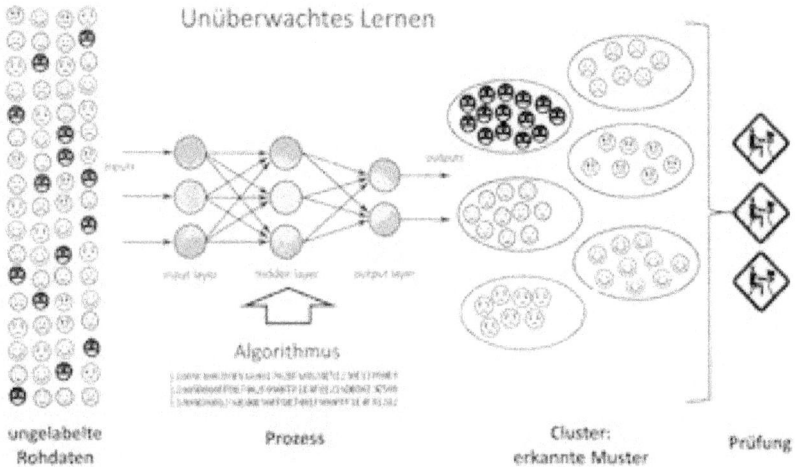

Unüberwachtes Lernen

ungelabelte Rohdaten — Prozess — Cluster: erkannte Muster — Prüfung

2. Reduzierung der Merkmale zwecks Übersichtlichkeit. Eine Sortiermaschine hätte nun leichtes Spiel. Je mehr Daten das Netzwerk verarbeitet, umso treffsicherer ist das Ergebnis des Output-Layers (s. Kap. 5.8: Prüfanalyse). Kein einzelnes Neuron oder eine Zentrale hat den Verlauf bestimmt oder das Ergebnis entschieden, sondern das Netzwerk in seiner Gesamtheit. Das Endergebnis wurde durch die Gewichtung der Verbindungen bestimmt. Es kam zustande, weil die gebündelten Informationen von Neuron zu Neuron einen definierten Schwellenwert überstiegen. Je komplexer eine Aufgabe ist, so bei Bild- oder Spracherkennung, umso mehr Hidden Layers müssen eingehende Signale „filtern", um zu präzisen Ausgaben zu kommen. Nicht viel anders funktioniert das in unserem Kopf.

Beim unüberwachten Lernen sind die Arbeitsschritte des überwachten Lernens überflüssig. Der Anwender präsentiert dem künstlichen neuronalen Netzwerk lediglich datenförmige Bilder des Arbeitsthemas. Dieses nimmt die Daten so wie vorgelegt und bemüht sich, darin Muster, Strukturen und Regelmäßigkeiten zu erkennen. Das ermöglicht Rückschlüsse. Zum besseren Verständnis nachfolgendes Beispiel: Stellen Sie sich vor, Sie bereisen ein exotisches Land. Man überreicht Ihnen dort ein Dokument in einer unbekannten Sprache. Es existiert kein Wörterbuch und keine Grammatik. Für unüberwachtes Lernen ist das Problem lösbar, weil bestimmte Muster immer wieder vorkommen und Symbole gleich angeordnet sind. Das künstlich-neuronale Netzwerk erstellt anschließend selbstständig Klassifikatoren, nach denen es die eingegebenen Muster (Rohdaten) einteilt. Die Maschinenintelligenz hat sich im gewissen Umfang selbstständig gemacht. Die Software-Entwickler können hier nur noch eingeschränkt nachvollziehen, was im System, sozusagen in der Blackbox, vor sich gegangen ist.

5.10 Programme, die sich selbst programmieren

Ähnliches, wie im Prozess des unbeaufsichtigten Lernens, nur auf einem anderen Gebiet, bietet ein Programm von Microsoft und der Universität Cambridge mit der Bezeichnung DeepCoder. Es sucht in anderen Programmen nach brauchbaren Zeilen beziehungsweise Codes, um seine eigenen Programmcodes zu verbessern. Hierfür hat sich der Begriff „Transfer Learning" eingebürgert. Anstatt ein neuronales Netz von Null an neu zu trainieren, bieten sich vortrainierte Lernmodelle an, die für die eigenen Zwecke feinjustiert werden. Angeboten werden viele vortrainierte Basismodelle, so etwa Inceptionv3 von Google oder ResNet-50 von Microsoft. KI-Experten müssen sie nur noch um ihre besonderen domainspezifischen Anforderungen erweitern.

Google durfte dem nicht nachstehen und stellte zeitgleich ein KI-Programm vor, dass Software besser entwickeln kann als Programmierer. Das Experiment wurde aber nur durch den Einsatz von 800 leistungsstarken Grafikprozessoren und der Mithilfe eines großen Expertenteams möglich. Das war 2017. Wahrscheinlich ist Google heute schon weiter. Wie dem auch sei, der Tendenz nach erfüllt sich damit der Wunsch vieler KI-Wissenschaftler, dass Computerlernen, ihre Probleme mit Codes zu lösen und Programme selber zu schreiben. Hierfür hat sich der Begriff „Meta-Learning" eingebürgert. Dabei geht es um das systematische Beobachten, wie ver- schiedene theoretische Ansätze und Vorgehensweisen des maschinellen Lernens bei aktuellen Lernaufgaben funktionieren. Meta-Lernen beschäftigt sich sozusagen mit dem Erlernen von eigenen Lernprozessen. Außerhalb der Informatik spricht man vom Lernen lernen, manchmal auch vom Lernlernen. Meta-Lernen nutzt eigene Meta-Daten aus dem Wissen früherer Lernepisoden oder schaut sich in anderen Domänen um, was für das eigene Problem nutzbar ist. AlphaGo gilt als der „Oberschlaue" unter den selbstlernenden Systemen. Man gab ihm die Go Regeln ein und er spielte gegen sich selbst. So trainierte er sich zum „Go Weltmeister". Der Algorithmus gab nach jedem Spiel ein Feedback, welche Aktionen zum Sieg führten. Bei einer Niederlage konfigurierte sich das neuronale Netzwerk automatisch in eine neue und bessere Version. Kein Go-Spieler der Welt braucht mehr gegen AlphaGo anzutreten. Er ist chancenlos. Der ebenbürtige Gegner von AlphaGo heißt mittlerweile AlphaGo Zero. Während AlphaGo auf 30 Millionen möglichen Spielzügen aus den Partien von Go-Meistern beruht, arbeitet AlphaGo Zero ohne deren Wissen und Können. Stattdessen spielte hier KI gegen KI und programmierte sich selbst. Die Siegesquote von AlphaGo Zero gegen AlphaGo betrug Hundert zu null.

Noch sind solche Programmentwürfe im Versuchsstadium. Wenn diese abgeschlossen sind, werden die KI-Gerätschaften noch komplexer, als sie es ohnehin schon sind. Das ermöglicht neuartige Kombinationen, die ein normales Programmierergehirn kaum schafft. Außerdem, und das wäre ein großer Sprung, ließe sich die Konfigurationsarbeit im künstlichen neuronalen Netzwerk automatisieren. Ein Großteil der Arbeit würde sich vom Programmierer hin zum Algorithmus verlagern. „Heute müssen wir Computer nicht mehr programmieren, sie programmieren sich selbst", schreibt der IT-Bestsellerautor Pedro Domingos.

Unüberwachtes Lernen wird für die Entwicklung von Gesichtserkennungssoftware verwendet. Auch das Betriebssystem iOS von Apple nutzt diese Technologie. Dort werden alle Bilder des Anwenders durchsucht und Bilder mit gleichen Gesichtern in einem Ordner gesammelt. Selbst Gerüche kann ein künstliches neuronales Netzwerk identifizieren.

Der IBM-Schachcomputer Deep-Blue, der 1996 den Schachweltmeister Juri Kasparow schlug, ist ein Beispiel für unüberwachtes Lernen. Er reagierte auf der Basis tausender einprogrammierter Wenn-dann-Spielzüge. Dem Programm wurde vorgegeben, was es lernen soll. Es erfuhr, was ein Bauer ist, und worin sich dieser vom Springer unterscheidet. Ein Signal meldete während des Spiels, ob ein Zug vernünftig war oder nicht. Ob richtig oder falsch, das Programm lernte und speicherte die Erfahrung. Tausende Male hat das Programm gegen sich selbst gespielt. Es wurden Fehler in der Software gefunden und die Programmierung verbessert. Das ist mehr als 20

Jahre her. Wie „intelligent" KI inzwischen ist, zeigt der Spielcomputer AlphaGo, der es 2016 zum „Go Weltmeister" brachte.

5.11 Mysterium in der Blackbox

Selbst die Experten der KI-Branche scheitern, wenn sie nach der Funktionsweise von KI gefragt werden. Doch bevor man sie deswegen kritisiert, möge man bedenken, dass KI-Softwareprogramme aus Millionen von Codezeilen bestehen. Etwa 100 Millionen Codezeilen liegen der Software eines modernen Highend-Fahrzeugs zugrunde. In Facebook stecken dato 62 Millionen Codezeilen. Es ist unmöglich, hier die Übersicht zu behalten oder gar Programmzeilen zu prüfen. Was zwischen der Start- und der Endzeile geschieht, kann man unmöglich nachverfolgen. Algorithmen sind hochgradig akkurat, weil sie auf der Basis riesiger Datenmengen einen größeren Einblick in einen speziellen Ausschnitt der Welt bieten. Aber sie sind völlig undurchsichtig.

KI-Guru Pedro Domingos von der Universität Washington konstatiert, dass die KI-Technik so komplex sei, dass praktisch unsichtbar bleibe, welche Ziele ein Algorithmus verfolge. „Dieser Einblick bleibt uns ebenso verwehrt wie der Blick in die innere Funktionsweise des menschlichen Gehirns."[10] Man kann sagen: KI gibt uns Gewissheit, indem wir Ungewissheit akzeptieren.

Zum Problem wird dieses, wenn eine Bank auf der Basis eines KI-Programmes einen Kreditantrag ablehnt und der Kunde nach den Gründen fragt. Das Programm gibt keine Erklärung dafür, warum 50-jährige Männer mit Brille, und Glatze, Linkshänder, geschieden und anderes mehr, zu einer Gruppe gehören, die überproportional viele Kreditausfälle hat. Wie soll der Arzt einem Krebskranken dessen Diagnose erklären, wenn diese mitsamt Therapievorschlag von einem Algorithmus kommt? Woher wissen wir, dass ein Algorithmus mit seiner Antwort richtig liegt? Welche Daten hat er sich aus dem Milliarden und Billionen umfassenden Datenberg herausgepickt? Wo wurden sie besorgt und welche davon wurden wie gewichtet? Wenn wir das wüssten, könnte man das KI-Programm speziell mit den relevanten Daten füttern. Ich frage mich, wie würde sich ein Krebskranker, der sich zwi–schen einer auf KI basierenden Diagnose mit einer Million Krebsdaten und dem Befund eines erfahrenen Onkologen entscheiden? Diese Frage ergibt sich ähnlich bei den KI-basierten Urteilsverkündungen amerikanischer

Gerichte. Es scheint, dass unterschwellige rassistische Vorurteile aus Trainingsdaten in die Urteilsfindung eingesickert sind. Infolgedessen wurden die darin enthaltenen Fehler übertragen. Zwar ist der Input und der Output für den Anwender nachvollziehbar, nicht aber der Entscheidungsprozess im neuronalen Netzwerk des Rechners. Die Blackbox lässt sich nicht in die Karten schauen. Juristische KI entscheidet über den weiteren Lebenslauf vieler Afroamerikaner und Latinos.

Die Wissenschaft hat beachtlich viel über den Aufbau des menschlichen Denkorgans herausgefunden, aber wenig über die Zwischenstrukturen, also die Verbindung der Neuronen. Dieser Bereich ist für KI-Forscher bei der Konstruktion künstlicher neuronaler Netze wichtig.

Wir wissen, dass wir nicht wissen, wie KI-Ergebnisse zustande kommen. Wer in eine Blackbox schaut, blickt ins Dunkle. Wissenschaftler sind bemüht, aus der Blackbox eine Greybox zu machen. Unter der Bezeichnung „Explainable KI" entstehen Programme die angeben sollen, wie sicher ihre Ergebnisse sind, aus welchen Quellen sie schöpfen oder ihre Systemaktivität, ähnlich wie beim Elektrokardiogramm (EKG), visualisieren. Das ist u.a. deshalb wichtig, um Entscheidungen gegenüber Patienten, Ärzte und Krankenkassen zu begründen sowie Bewerber oder Kreditanfrager zu überzeugen.

Künstliche Intelligenz

6. Auf die Daten kommt es an: Big Data

Ein Softwareprogramm allein nützt nichts. Erst wenn es Daten verarbeitet, bietet es Nutzen. „Zum Glück" erzeugt jeder, der ins Internet geht, Daten und hinterlässt Spuren. Diese lagern millionenfach in diversen Datenbanken. Für die KI ist das gut so, denn sie ist nur dann wirksam, wenn genügend Daten zur Verfügung stehen. Wichtig ist auch deren Repräsentativität. Auch müssen sie von guter Qualität sein. Das setzt voraus, dass die zugrunde liegenden Messergebnisse exakt sind. Bei der Interpretation sind Fehler zu vermeiden, vor allem dann, wenn die Daten aus verschiedenen Quellen stammen und zusammengeführt werden. Man sieht, wie wichtig der Prozess der Datenaufbereitung ist. Um Daten zuverlässig nutzen zu können sind oft monatelange Vorbereitungen notwendig.

In der Frühzeit der Informatik, im Übergang von Karteikästen zu Datenbanken, waren die Datenmengen noch überschaubar. Es ging um Mitarbeiterlisten mit wichtigen Personaldaten, um Kunden- oder Patientendaten, um nur drei Beispiele zu nennen. Diese gingen anteilig in Massendaten, dem sogenannten Big Data, auf. Damit sind Datenbestände gemeint, die so groß, schnelllebig oder komplex sind, dass sie sich mit herkömmlichen Methoden nicht oder nur schwer verarbeiten lassen. Große und nicht selten unteschiedliche Datensätze werden seitdem zusammengeführt und mit mathematischen Instrumenten und Informatikwerkzeugen ausgewertet. Vor diesem Hintergrund verbreitete sich in den Jahren nach 2011 der Begriff Big Data. Er bedeutet,

1. dass es sich um extrem große Datenmengen (volume) handelt,
2. die in vielen unterschiedlichen Datentypen als Bilder, Text, Sprache u.a.m. vorliegen (variety),
3. glaubwürdig und qualitativ gut sind (validity, veracity),
4. sich schnell verändern können und dann möglichst sofort ausgewertet werden können (velocity)
5. und durch die Anwendung einen Mehrwert liefern (value). Man spricht von den „5V" des Big Data.

Die Datenmenge der letzten Jahrzehnte hat sich zu gewaltigen Datenbergen aufgetürmt. „Mont Google" ist der höchste. Nach verschiedenen Schätzungen erhält Google 3,5 bis 5 Milliarden Suchanfragen pro Tag. Das treibt den Berg in die Höhe.

Diese Entwicklung wird durch die zunehmende maschinelle Erzeugung von Daten getrieben, beispielsweise über Protokolle von Telekommunikationsverbindungen, automatische Erfassungen von Mikrofonen, Lasern, Kameras RFID- Lasern und Sensoren, die mit dem Internet verbunden sind. Auch die Finanzindustrie, der Energiesektor, das Gesundheitswesen und die Wissenschaft „mästen" das Big Data-Angebot. Praktisch alles, was sich erfassen, messen oder in digitaler Form darstellen lässt, taugt als Datenelement. Das Wachstum verläuft exponentiell.

Daten sind Erfahrungen, Beispiele oder Fakten aus verschiedenen Datenquellen. Sie haben vielfältige Formen und werden entsprechend betitelt. Beim Maschinenlernen entsteht Wissen, dass verallgemeinert werden kann, um im Anwendungsfall auch unbekannte Daten zu bewerten.

6.1 Strukturierte und unstrukturierte Daten

Von Bedeutung sind strukturierte und unstrukturierte Daten. Erstere sind sozusagen vorbearbeitet und darum leicht handzuhaben. Sie befinden sich in geordneter Form in zugänglichen, zumeist relationalen Datenbanken, etwa in den Beurteilungsforen für Ärzte, in Telefonbüchern oder Mitgliederverzeichnissen.

Unstrukturierte Daten sind für den Computer Fremdkörper. Es handelt sich um Bilder, Texte, Videos, Textdateien, die nicht für einen speziellen Computer oder ein Softwareprogramm aufbereitet wurden.

Eine E-Mail besteht aus strukturierten (Betreff, Datum Empfänger, Ab- sender) und unstrukturierten Daten (Text, farbiger Hintergrund, gegebenen- falls noch ein Smiley oder Bild). Das Volumen unstrukturierter Daten hat stärker als das der strukturierten zugenommen. Maschinelle Intelligenz schafft es immer besser, mit solchen unstrukturierten Daten umzugehen, indem sie intelligente Kombinationen und Verknüpfungen herstellt.

6.2 Viel macht klug

Auf der globalen Datenhalde werden sich bis 2025 etwa 163 Zettabyte türmen. Zum Vergleich: Ein Zettabyte entspricht einer Milliarde Terabyte. Als nächste Einheit ist das Yottabyte vorgesehen, eine Eins mit 24 Nullen. Je mehr Daten zur Verfügung stehen, umso zu „klüger" wird die KI. Im Internet stehen Billionen von Worten und Daten zur Nutzung bereit. Bei YouTube werden jeden Tag eine Million Stunden Videomaterial eingespielt. Der Begriff „Big Data" umschreibt diese Situation. Jeder Klick auf die Tasten erzeugt in einer verborgenen Matrix binäre Nullen und Einsen und befüllt ununterbrochen die Datenminen. Inzwischen ist fast jede Bewegung eine Datenquelle. Der Mensch fungiert gleichzeitig als Datenproduzent und Datenkonsument. Je höher die Datenhalde, desto größer der Nutzen. Zugleich aber wird es schwieriger, Zusammenhänge oder Muster zu erkennen und Aussagen abzuleiten. Big Data soll den Datenberg übersichtlicher und nutzbar machen. Der wahre Wert dieser Daten erschließt sich erst, wenn die in Datensilos liegenden Daten extrahiert, kombiniert und intelligent analysiert werden können. Data-Mining nennt man das Suchen von Informationen und Erkenntnissen in den vielen Datenhalden.

Datensilos oder -berge stiften vielfältigen Nutzen. Eine gute technische Infrastruktur hilft, um bestimmte Muster zu erkennen und zu validen Aussagen zu kommen. So könnte man Millionen von Twitter-Tweets durchforsten, um zu validen Aussagen über die Wahlchancen eines Kandidaten zu bekommen. Das ist die Aufgabe von Datenanalysten, einem relativ neuen Tätigkeitszweig der digitalen Wirtschaft.

Es geht aber nicht nur um Daten, sondern um Wissen. Das lässt sich generieren, wenn die Daten statistisch signifikant, neu und brauchbar sind. So ermöglichen die vorhandenen Datenmengen und Algorithmen eine Prognose über den Ausbruch von Malaria oder Grippe. Die Polizei kann einschätzen, in welchen Wohnvierteln zu welcher Zeit vermehrt mit Einbrüchen zu rechnen ist. Die KI-Computer bei REWE und ALDI errechnen schon heute aus vorliegenden Daten, wie viele tausend Tonnen Tomaten im September 2023 gekauft werden, ob die Lieferanten in Spanien oder Holland auch bei regnerischem Wetter lieferfähig und Logistikleistungen zu akzeptablen Preisen verfügbar sind. Man weiß auch, dass die Nachfrage bei Vollmond um 30 Prozent höher ist als bei Neumond. KI schaufelt sich durch Big Data-Halden und ermöglicht so die Korrelation von Daten, die inhaltlich weit auseinander liegen. Beispiel: Westliche Frauen über 175 cm Körpergröße essen mehr Pizza Margherita als kleinwüchsige Asiatinnen. Für diese zunächst unsinnig erscheinende Korrelation könnte sich die Ernährungsindustrie interessieren, um zielgenau zu werben. Bedarf und Absatz werden nunmehr abgeglichen. Die jetzt folgenden Entscheidungen basieren nicht mehr auf dem Wissen und Gefühl von Marketingexperten, sondern auf Daten und Algorithmen. Oftmals werden Zusammenhänge sichtbar, bei denen niemand auf die Idee gekommen wäre, sie gezielt zu suchen.

Von großem Nutzen ist, dass Daten nicht in einem künstlichen Untersuchungsumfeld, sondern im Alltag gesammelt werden. Solche Informationen haben eine größere Zuverlässigkeit als die bei einer sozialwissenschaftlichen Umfrage gewonnenen, bei der Befragte dieses oder jenes verschweigen.

Inwieweit Daten aus dem sogenannten Predictive Policing Einschätzungen zu Wohnungseinbrüchen ermöglichen ist umstritten. In den vorliegenden Evaluationen wird von geringen bis zu ausbleibenden Rückgängen der gemeldeten Fallzahlen berichtet. Darin wird auch die fehlende Überprüfbarkeit der Wirksamkeit von Predictive Policing bemängelt.

6.3 Mega-Korrelationen durch Big Data

Operative Entscheidungen werden immer öfters mit der Unterstützung von Big-Data-Software, also mithilfe KI, gefällt. Menschen wären überfordert damit, die Datenmengen zu überblicken. Sie können höchstens drei Variablen in Beziehung setzen, ein Computer schafft das mit tausenden. Mega-Korrelationen ermöglichen Erkenntnisse, die ohne Big Data nie möglich wären. So fand etwa eine US-Bank heraus, dass Kreditkunden, die ihre Darlehensanträge mit Großbuchstaben ausfüllten, eher zahlungsunfähig wurden als Schuldner, die in Kleinbuchstaben schrieben. Wer sich in den sozialen Medien für elektrische Medien interessiert gilt ebenfalls als Wackelkandidat. Mit Bauchgefühl hat man das nicht feststellen können, wenn es nicht schlicht IT- Humbug ist. Wie dem auch sei: Daten sagen mehr aus als das, wofür sie erhoben wurden. Es kommt darauf an, sie gekonnt zu verknüpfen. Die Möglichkeit mittels Korrelationen Neuland zu entdecken, hat etwas

Verführerisches. Vor allem bietet sich die Möglichkeit, den Menschen als Ganzes, und damit auch den Mitarbeiter, aus allen nur denkbaren Perspektiven zu durchleuchten. Diese vermessen sich mit Quantified-Self-Applikationen sogar selbst. Krankenkassen und Lebensversicherungen freuen sich über derartige Gratisdaten.

Auch der Handel freut sich über neuartige Möglichkeiten infolge KI. So ermöglicht Big Data Preisanpassungen in kürzester Zeit, bei Versandhändlern sogar mehrmals am Tage. Die Drogeriekette DM generiert am laufenden Band Absatzdaten und sichert so eine optimale Regalbefüllung. Dank solcher Absatzprognosen werden Einkauf und Personaleinsatz geplant. Das deutsche Softwarehaus Blue Yonder entwickelte für Pharmaunternehmen ein Tool zur Prognose von Nebenwirkungen, mit dem für jeden Patienten eine Einschätzung möglich ist. Falls sich die Systeme dann doch mal irren, passen sich die Algorithmen weitgehend automatisch an.

Ähnlich verhält es sich mit einem maschinenintelligenten System, dem Daten fehlen, um ein Muster zu bilden. Wenn es dieses im Big Data-Berg findet, kann es den Rest ergänzen und das Puzzle vervollständigen. Glücklicherweise ist ein künstliches neuronales Netzwerk fehlertolerant. Es kann den Ausfall einzelner Knoten überstehen, da die anzustellenden Berechnungen über das ganze Netzwerk verteilt sind.

Die Möglichkeit, große Datenmengen fast gratis zu speichern, verführt zum Sammeln und Einlagern, denn in zehn Jahren könnten Daten aus dem Jahre 2015 nützlich werden, beispielsweise für die Werbung oder Personalabteilungen. Möglicherweise sind das Facebookbasierte Informationen, mit denen Zukunftprognosen über Bewerber möglich sind. Wissen ist Macht. Der US-Geheimdienst lässt grüßen. Dagegen verblasst das Schreckensszenario des Big Brothers, das George Orwell in seinem Roman „1984" zeichnete.

„Der Mensch wird zur Summe seiner Algorithmen", schrieb der verstorbene Herausgeber der Frankfurter Allgemeinen Zeitung, Frank Schirrmacher, in seinem Bestseller „EGO Das Spiel des Lebens". Auch die Gesellschaft wird „datagrafiert", so dass die Gesetzmäßigkeiten menschlichen Handelns erkennbar werden. Jeder Klick bei Google, Facebook, Twitter oder LinkedIn füllt die Goldmine der Daten. Unabhängig vom einzelnen Klick entstehen weitere Daten, die sich aus der Verknüpfung von Daten ergeben. Der frühere Google-Chef Eric Schmidt offenbarte in einem Interview mit dem SPIEGEL:

„Wir wissen, wo du bist. Wir wissen, wo du warst. Wir können mehr oder weniger wissen, was du gerade denkst."[11] Mit dieser Aussage wird die Konzentration von Macht in den Händen von Dateneignern deutlich. Diese treten gleichberechtigt neben Produktionsmittelbesitzer. Neue Industrien entstehen, deren Produkte Wissen und Geist sind.

Der verfügbare Datenberg und die damit verbundenen Möglichkeiten und Probleme haben das Entstehen einer besonderen Disziplin namens Data Science ausgelöst. Ihr Zweck ist die Extraktion von Wissen aus Daten mittels mathematischer und statistischer Methoden. Data Science ist das Berufsfeld von Datenanalysten. Das sind die Wissensarbeiter, die Algorithmen richtig anzuwenden verstehen, um Fragestellern aus Wirtschaft und Gesellschaft Antworten zu geben.

Big Data stiftet Nutzen, kann aber auch Schaden anrichten. Es ermöglicht Fortschritt, bewirkt aber auch Rückschritt. Bundeskanzlerin Merkel warnt davor, durch einen „falschen rechtlichen Rahmen" den Nutzen von Big Data zu unterminieren. Was ist richtig, was ist falsch? Wiederholt wurde der rechtliche Rahmen nicht eingehalten. Über Datensicherheit wird viel geredet, aber die Angreifer finden immer wieder Wege indie Datenhalden. In Zukunft wird uns als Folge des „Internets der Dinge" und der damit einhergehenden Vernetzung eine Datenmenge zur Verfügung stehen, die den heutigen Begriff Big Data unzureichend betitelt. Das steht jetzt schon fest: Das Zeitalter von Big Data steht noch am Anfang. Für die einen sind Daten die Gold-Nuggets des Internetzeitalters, für die anderen sind sie das Öl unserer Epoche. Wer Daten hat, hat Wissen und wer Wissen hat, hat Macht.

6.4 Datenmaximierung durch Soziale Gravitation

Ein Thermostat am Heizkörper meldet der Heizung, ob die Temperatur erhöht oder gesenkt werden muss. Der Rest geschieht automatisch. Ein Autopilot drosselt die Geschwindigkeit, wenn das Tempo zu hoch ist. Dem liegen die Regeln des Feedbacks zugrunde.

Auch Fieber ist eine Art Feedback, denn es zeigt Defekte im Körper an. Es gibt viele solcher Beispiele für die Rückkoppelung. Sie sind der technische Kern jeder automatischen Steuerung von Maschinen oder natürlichen Regelung von Biosystemen.

Wenn Sie bei Google einen Suchbegriff eingeben und eine Seite aufschlagen, auf der Sie einige Minuten zubringen, ist das eine Rückmeldung an Google-Search. Dort erfährt man: „Franz Mustermann interessiert sich für das Thema XYZ, ebenso wie Millionen weitere Nutzer der Suchmaschine." Selbstverstärkendes Lernen lautet der Fachbegriff für diesen Vorgang. Das bedeutet, dass ein KI-System Rückmeldungen über Erfolg und Misserfolg seines Angebots erhält und dieses entsprechend anpasst.

Mit unseren Klicks helfen wir Google, wertige Feedbackdaten zu generieren, für die sich die Werbewirtschaft oder auch Geheimdienste interessieren könnten. Diese Daten sind der wichtigste Rohstoff der künstlichen Intelligenz. Je mehr Daten verfügbar sind, umso attraktiver sind Plattformen wie Google oder Amazon für Nutzer und umso stärker ist auch der Netzwerkeffekt bei Facebook. Umgekehrt gilt das genauso. Das Datenwachstum wird durch das Reiz-Reaktionsmodell des Psychologen Frederic Skinner, wie es an Glücksspielautomaten wirkt, stimuliert. Ein „zufälliger" Gewinn verlängert die Verweildauer an den Maschinen. Auch das Scrollen mit den Fingern oder dem Daumen über interessante Nachrichten in den Sozialen Medien wirkt wie das unterschwellige Ködersystem der Glücksspielautomaten. Je länger sich Menschen ködern lassen, umso mehr persönliche Daten geben sie preis. Google, Facebook & Co danken es ihnen.

Werden viele Smartphones mit dem Betriebssystem Android von Google gekauft, steigert das das Angebot an Apps. Hersteller, die ihre Smartphones mit vorinstalliertem Google Play ausliefern wollen, müssen Googles Mobildienste, so Gmail Maps, YouTube, Google-Photo und andere mehr, als voreingestellte Möglichkeit mitinstallieren. Google sichert sich damit zusätzliche Schürfgebiete für Daten. Mit jeder weiteren App steigt die Attraktivität von Android. Jede zusätzliche App-Offerte und die Ausweitung des Netzwerkes erhöhen die Attraktivität von Social Media-Anbietern, steigern deren Umsätze und Gewinne. Die Aufwärtsspirale ist nicht zu stoppen. Die beliebtesten Produkte und Dienstleistungen werden dank unablässiger Feedbackdaten sehr schnell besser und profitabler.

Der Autor des Buches „Das neue Spiel", Michael Seemann, beschreibt diesen Sachverhalt als „Soziale Gravitation". Er meint damit, dass Netzwerke durch die Summe ihrer Teilnehmer einen ähnlichen Effekt auf Außenstehende haben, wie eine große Masse Menschen auf andere Menschen. Je größer die Masse, desto größer ihre Anziehungskraft auf andere. Diese Art von Netzwerkzwang kommt im Gegensatz zu anderen Herrschaftsformen ganz ohne Macht aus. Das zeigt das Beispiel Facebook mit seinen 2,7 Milliarden Nutzern (2020).

Die EU Wettbewerbskommissarin Margrethe Vestager unterstreicht den Netzwerkeffekt in einem SPIEGEL Interview 2019: „Es ist teuer und schwer, die ersten hundert Nutzer zu bekommen, aber der Sprung von der ersten Million auf hundert Millionen kostet im Verhältnis nicht mehr so viel. Mir scheint es deshalb sinnvoller, zu überlegen, wie und wem wir Zugang zu Daten geben. Daten können heute ein wirksames Mittel sein, um den Zugang zum Markt abzuschotten: Sie können den besten Algorithmus bauen, aber wenn Sie keinen Zugang zu großen Datenmengen haben, nutzt Ihnen das nichts."[13] Auch Shoshana Zuboff, die Google seit Jahren wissenschaftlich durchleuchtet, meint, dass ein regulierender Staatseingriff kaum noch Wirkung auf die prinzipiellen Geschäftspraktiken des Konzerns haben dürfte.

6.5 GAFAM-Platzhirsche dulden keine Nebenbuhler

Dank des digitalen Netzwerkeffekts wuchsen die Digitalpioniere in verhältnismäßig kurzer Zeit zu Internet-Goliaths. Ein Dutzend amerikanischer Ostküstenmilliardäre teilt den KI-Kuchen unter sich auf. Hierbei ist zu bedenken, dass ein Großteil der Grundlagenforschung für das Internet über die „Defense Advanced Research Projects Agency" des US-Militärs, also vom amerikanischen Steuerzahler, finanziert wurde. Newcomer bekommen in der von KI getriebenen Digitalwirtschaft nur in Ausnahmefällen eine Chance. In der Regel werden diese kleinen Klugen aufgekauft, in Plattformen integriert oder kopiert. Microsoft zeigt, wie das geht:
2011 Erwerb von Skype für 8,5 Milliarden US-Dollar. Skype dient mittlerweile als Basis für Teams. *2016* wurde LinkedIn einverleibt und treibt Burdas Kommunikationsplattform Xing mehr und mehr in die Bedeutungslosigkeit. *2018* kam für 7,5 Milliarden US-Dollar die Open-Source-Programmierplattform Github hinzu. Sie garantiert Microsoft einen zentralen Zugang zur Open-Source- Gemeinschaft. IBM kaufte für 35 Milliarden US-Dollar die Businesssoftware Red Hat. 3.2 Milliarden Dollar legte Google *2014* für das Start-up „Nest" hin.

Wenn der Erwerb eines Produkts nicht möglich erscheint, wird die Strategie des Kopierens angewendet. Teams und Onedrive sind Microsoft-Produktkopien, mit denen die Start-ups Slack und Dropbox in die Enge getrieben werden. Ähnlich verhält es sich mit dem sozialen Netzwerk Snapchat, dessen Storyfunktion zu Instagram hinüber kopiert wurde. Snapchat dümpelt mit 230 Millionen Nutzern dahin, während Instagram die Milliardenmarke übersprungen hat. Solche Kopien werden in größere Programmpakete integriert, beispielsweise OneDrive in Windows 360. Warum soll ein Nutzer bei Dropbox zahlen, wo doch Onedrive Teil seines Windows-Abonnements ist?

Diese Beispiele zeigen, wie schwer es den KI-Davids fällt, gegen die KI-Goliaths anzutreten. Darum werden in der Europäischen Union seit Dezember 2020 Überlegungen angestellt, Regeln für sogenannte Gatekeeper zu erlassen. Das sind Unternehmen, die so mächtig sind, dass sie ganze Märkte kontrollieren. Die Bündelung von Diensten zur eigenen Begünstigung soll zukünftig nicht mehr so leicht möglich sein wie heute. Stattdessen sollen die Großen ihre Datenschätze mit den Kleinen teilen.

Wegen der durch GAFAM (Google, Amazon, Facebook, Apple und Microsoft) praktizierten Erwürgung kleinerer Mitbewerber sahen sich die US-Regierung und 48 Bundesstaaten im Dezember 2020 gezwungen, gegen Facebook wegen unfairer Wettbewerbsbedingungen zu ermitteln. So diene die Übernahme von Whatsapp und Instagram dem Aufbau eines illegalen Monopols zum Nachteil alltäglicher Nutzer. Die US-Bundeshandelskommission empfahl die Aufspaltung des Konzerns.

Facebook ist nicht zimperlich bei der Durchsetzung seiner Interessen und scheut selbst nicht vor irreführenden Angaben in seiner Werbung zurück. Als Facebook WhatsApp übernahm hieß es, eine Zusammenführung von Nutzerdaten beider Plattformen sei technisch nicht möglich. Gelogen! Facebook musste eine satte Strafe an die EU zahlen.

Google gehört zum Clan der Goliaths, die Davids klein halten wollen. Im Dezember 2020 reichte das US-Justizministerium Klage gegen Googles Muttergesellschaft „Alphabet" ein. Beim Anzeigengeschäft und bei Suchmaschinenangeboten würden Konkurrenten benachteiligt, so dass Googles dominante Stellung unangreifbar sei. In einem Untersuchungsbericht zur Marktmacht von Google werden eine schärfere Aufsicht durch Wettbewerbshüter und eine Abspaltung einzelner Geschäftsteile, etwa Google Chrom, ausdrücklich als notwendig empfohlen. In den USA steht das größte Kartellrechtsverfahren auf der Agenda.

Künstliche Intelligenz

7. Was ist das Internet der Dinge?

Immer mehr drahtlose IKT-Komponenten dringen in unseren Alltag und in die Berufswelt ein. Fenster gehen automatisch zu, wenn sich der Regenschauer am Himmel abzeichnet. Abends schaltet sich das Licht per automatisierten Funkbefehl an, ebenso die Heizung. Beim Betreten des Büros werden alle Geräte eingeschaltet und beim Verlassen ausgeschaltet. Herzschrittmacher sind mit einer Überwachungszentrale verbunden. Dank kleinster RFID-Chips zeigen Paketdienste wie DHL oder Hermes den aktuellen Bearbeitungsstatus einer erwarteten Sendung an. Diese Chips sind als Bestandteil von „Dingen" (Produkten, Gegenstände, Objekten) drahtlos vernetzt. Grundlage ist die Radio Frequency Identification (RFID). Dank WLAN, Hotspots und Bluetooth sind sie in der Lage, ihre Umwelt zu erfassen und interaktiv zu reagieren. Das Internet besteht nicht mehr nur aus Menschen, sondern auch aus Dingen. Das erklärt den Begriff „Internet der Dinge" oder englisch ausgedrückt „Internet of Everything" (IoT). Damit ist angedeutet, dass der PC immer mehr verschwindet und durch „smarte Geräte" ersetzt wird. Das aber nicht nur durch portable Geräte wie Smartphones und Tablets, sondern durch Gegenstände des Alltags mit eingebetteten Prozessoren, Sensoren und Netzwerktechnik.

7.1 Liquifizierung der physischen Welt

Zustände werden zu „Teilnehmern" auf globalen Datenmärkten. Sie bekommen eine Art Eigenleben, sind leicht zu indexieren, zu finden und zu handeln. Fachleute sprechen von der „Liquifizierung" der physischen Welt. Alles wird in Datenform gebracht, selbst Verhalten und Gefühle, Beziehungen, Werte, Kontaktlinsen und Zahnbürsten. Das meiste hiervon ist unstrukturiert. Das erschwert, sie abzufragen und nutzen zu können. Sie liegen einfach brach, obwohl in ihnen phantastische Möglichkeiten stecken, meint Ginni Rometty, IBMs CEO. „Alles in diesem Datenverschnitt, Belebtes wie Unbelebtes, teilt sich ein und denselben Status, alles ist wiedergeboren als objektives, messbares, indexierbares, browserbares, suchbares „Es".[12]

Das Internet für sich allein ermöglicht keine praktische Nutzung. Millionen von Computern sind lediglich ein „leeres" Netzwerk. Es bedarf entsprechender Dienste, die bestimmte Aufgaben erledigen, etwa Outlook oder Gmail für den Empfang und Versand von E-Mails. Wer diese Dienste nutzt oder über eBay ein- oder verkauft oder bei Google Informationen sucht, bewegt sich im „Internet der Dienste". Er nutzt einen Dienst, ohne die Software auf seinem Rechner installieren zu müssen. Diese wird aus einer „Wolke" (Cloud) abgerufen. Das erklärt den Begriff „Internet der Dienste".

Beide Systeme, das Internet der Dinge und das Internet der Dienste ermöglichen die Verschmelzung des Internets mit der Realwelt. Hierbei helfen Cyber-physische Systeme (CPS). So bezeichnet man den Verbund informations- und softwaretechnischer Komponenten mit mechanischen und elektronischen Teilen, die über das Internet drahtlos oder drahtgebunden kommunizieren. Solche CPS finden sich u.a. in medizinischen Geräten und Systemen, IT-Verkehrssteuerungs- und Verkehrslogistiksystemen, vernetzten Sicherheits- sowie Fahrerassistenzsystemen für Automobile, industriellen Prozesssteuerungs- und Automationssystemen, Umweltbeeinflussungs- und Beobachtungssystemen, Energieversorgungssystemen sowie Infrastruktursystemen für Kommunikation und Kultur. Bei Cyber physikalischen Systemen handelt es sich oftmals um eingebettete Systeme, beispielsweise um einen Chip im Paket eines Versenders. Dank dieses „Embedded systems" ist es UPS oder DHL möglich, den Standort des Pakets zu lokalisieren.

Da ein CPS aus mehreren, oftmals autonomen Einzelteilen besteht, wird es als „system of systems" charakterisiert. Hier gilt die aristotelische Erkenntnis, nach der das Ganze mehr als die Summe seiner Teile ist. Um zweckorientiert zusammenzuwirken, erhalten Gegenstände eine „persönliche" Internet-Adresse, die für die Interaktion auf der Basis von Internetprotokollen notwendig ist. Die Voraussetzungen hierfür sind durch das neue Internetprotokoll Ipv6 gegeben. Waren bis vor kurzem nur 4,3 Milliarden Internetadressen möglich, sind es jetzt 340 Sextillionen. 1 Sextillion = eine 1 mit 36 Nullen).

Umfeld	Was ist Sache?	Beispiele
Mensch	Mit dem Körper verbundene Geräte, Smart Living	Geräte, die Gesundheit und Fitness überwachen (Armbänder, Kleidung, Ambient Assisted Living)
Zuhause	Vernetztes Zuhause, Smart Home	Intelligente Haussteuerung über WLAN, Smartphone, Sicherheits- und Energieanwendungen
Fahrzeug	Vernetztes und automatisiertes Fahren, Smart Mobility	Verkehrsleit- und Warnsysteme, Ferndiagnose, Infotainment, Flottenmanagement
Fabrik	Industrie 4.0, Smart Factory	Vernetzte Produktion, Maschinen kommunizieren miteinander. Vernetzung mit Partnern
Städte	Intelligente Steuerung örtlicher Systeme, Smart City	Sensoren an Ampeln, Müllcontainern, Lampen, Stromzählern, Smart Parking
Transport	Smart Logistics	Lückenlose Transportüberwachung, Verkehrsflussoptimierung, Wareneingangskontrolle in Echtzeit

7.2 Das Beispiel Auto

Autoversicherungen interessieren sich besonders für die sich aus dem Internet der Dinge ergebenden Möglichkeiten des Monitorings. Per Fernüberwachung können sie überprüfen, ob der Versicherungsnehmer sicher fährt oder eine Prämienerhöhung angezeigt ist. Kommt der Kunde einer Autobank in Zahlungsverzug kann der Anlasser blockiert werden. Der Standort wird übermittelt und das Fahrzeug abgeholt. Auch das Anlegen des Gurts, die Brems-, Kurven und Beschleunigungstechnik, Fahrzeiten und -strecken werden zum Gegenstand der Telematik. Diese Parameter werden in Algorithmen übersetzt, die es ermöglichen, den Fahrer zu überwachen, zu bewerten, zu bestrafen oder zu belohnen.

Autoversicherer wissen um den Zusammenhang von Fahrverhalten und Persönlichkeit. Wiederholte Kavaliersstarts sind ein Hinweis auf Aggressivität und Imponiergehabe. Ganz nebenbei also, ohne sich dessen bewusst zu sein, schreibt der Autofahrer ein Psychogramm, für das sich sich Akteure im Online- Marketing interessieren. Forsche Autofahrer haben ein spezifisches Konsumprofil. Passende Angebote gibt es viele. Wohl darum wies McKinsey seine Kunden der Versicherungsbranche darauf hin, dass das Internet der Dinge ihnen die Expansion in „völlig neue Geschäftsbereiche", etwa Datenmärkte, ermögliche. Früher waren Datenunternehmen Zulieferer für die Autoindustrie. Heute könnten BMW, Audi & Co Zulieferer für Datenhändler werden. Dieter Zetsche, langjähriger COE der Daimler AG stellte fest: „Google möchte die Menschen den ganzen Tag über begleiten, um Daten zu generieren, die sich zum wirtschaflichen Profit einsetzen lassen."[13] Diese Begleitung ist nur mittels des Internets der Dinge im Armaturenbrett möglich.

7.3 Die neue Qualität: Mobilfunk-Standard 5G

Das Internet der Dinge ist der größte Profiteur des G5-Standards. Es wird mit Einführung des neuen Standards beflügelt. Nunmehr sind Ideen umsetzbar, die mit dem 4G-Standard noch nicht möglich waren. 2020 ist es soweit, so zumindest bei der Telekom: Festnetz und Mobilfunk werden integriert. Alle sind sich einig, dass es sich bei 5G um den Turbo des Internets der Dinge, um einen Quantensprung handelt. Das gilt insbesondere für die sogenannte M2M-Kommunikation (Maschine zu Maschine).

Über Sensoren werden Maschinen/Geräte untereinander kommunizieren, vorausgesetzt, die erforderlichen Netzkapazitäten sind verfügbar. Forscher gehen davon aus, dass seit 2020 schon mehr als 100 Milliarden „Dinge" weltweit vernetzt sind. Für den Anwender ergibt sich dieser Nutzen:

o Höhere Datenübertragungsrate (womöglich zwischen 5 und 10 Gbit/s)
o Höhere Mindestübertragungsrate von 50 Mbit/s
o Niedrigere Latenzzeiten für eine flüssigere Übertragung (1 – 5 ms)

- o Verringerung des Stromverbrauchs
- o Verringerung der Netzkosten
- o Erhöhung der Anzahl an erreichbaren Endgeräten je km²
- o Mehr Datenvolumen pro km² je Mobilfunkstation
- o Höhere Netzstabilität
- o Hohe Bandbreiten und ultrakurze Reaktionszeiten

Darüber freuen sich Smartphonebenutzer: Die Erhöhung der erreichbaren Endgeräte stellt sicher, dass trotz der größeren Teilnehmerzahl am mobilen Netzwerk ausreichend Verbindungen zur Verfügung stehen. Die verbesserte Netzstabilität garantiert für die Kommunikation eine Zuverlässigkeit von 99,999 Prozent.

Künstliche Intelligenz

8. KI bewegt Roboter

Wir stecken mitten im Prozess der Roboterisierung der Gesellschaft. Industrie- und Serviceroboter, 3-D-Drucker, KI, Industrie 4.0, Big Data und das Internet der Dinge werden eine Innovationsexplosion auslösen, die weit über die Entdeckung und Nutzung der Elektrizität hinausgeht. Uns erwartet ein technologischer Quantensprung.

Das Industriezeitalter ersetzte die Muskelkraft des Arbeiters durch Maschinen. Im digitalen Zeitalter wird zusätzlich sein Gehirn ersetzt. Dafür sorgt die KI. Sie ist der „Verstand", der in Suchmaschinen, in humanoiden Robotern und Smartphones, im Google Übersetzer, in Sprachassistenten wie Alexa, in selbstfahrenden Autos, Schachcomputern und diversen anderen Digitalsystemen steckt. Die Wissenschaft behandelt das Thema Roboter unter der Bezeichnung „Robotik". Eine in sich geschlossene Wissenschaft existiert aber (noch) nicht. Die Robotik ist ein Teilgebiet der Elektrotechnik, Informatik, des Maschinenbaus oder des Zusammenspiels dieser Teilgebiete in der Mechatronik. Robotik findet sich in allem, was mit „smart" betitelt ist, Smart Home, Smart Factory (Industrie 4.0), Smart Mobility, Smart City und andere mehr. Um als Roboter autonom arbeiten zu können, werden Elemente der KI und der Neuroinformatik in die Mechatronik eingebunden. Mit Sensoren wird die Umwelt erfasst, Gelenkachsen ermöglichen die vorgesehenen Bewegungen.

Sensoren spielen als Signalgeber in allen automatisierten Systemen eine gewichtige Rolle. Sie erfassen Werte oder Zustände, die elektrisch-elektronisch verstärkt, in der Steuerung aktionsauslösend verarbeitet werden. Mehr und mehr wird die Signalverarbeitung direkt im Sensor von einem Mikroprozessor vorgenommen. Diese Art von intelligenten Sensoren werden als Smart-Sensoren bezeichnet. Die Kombination von Sensorik und Software macht den Roboter intelligent. Er kann nunmehr seine Bewegungen selbst steuern.

In den USA verstärkt sich der Trend zur industriellen Nutzung von Robotern. Das zeigt eine Statistik des Lobbyverbandes Association for Advancing

Automation. Demzufolge wurden 2018 rund 28.5000 Roboter ausgeliefert, so viele wie nie zuvor und fast 16 Prozent mehr als 2017. Schon seit der Einführung des Fließbandes durch Henry Ford ist die Fertigung insbesondere in der Autoindustrie und anderen großen Industriezweigen weitreichend automatisiert und seit den 1980er-Jahren computerisiert. Vom Lobbyverband für Automation ist zu hören, dass sich die Automation vermehrt auch auf kleinere Fabriken und Warenlager ausdehnt.

Auch in der Alltagswelt sind die Roboter angekommen. Zig Millionen Rasenmähroboter rollen weltweit über Gartenwiesen. Staubsaugende KI-Roboter sorgen für die Sauberkeit von Fußböden in Wohnungen und Büros. Alexa und Siri wissen auf vieles eine Antwort, wenn man sie fragt. Fast täglich werden neue Einsatzbereiche für Roboter geschaffen. SPIEGEL Online ersetzte den Begriff Cebit durch „Cebot", um die starke Präsenz von Robotern auf der Computermesse 2018 auszudrücken.

Mit der in Robotern steckenden KI wird ein neues Kapitel der menschlichen Zivilisationsgeschichte aufgeschlagen. Dafür sorgen stets neue, sich selbst vermehrende Algorithmen, die sich deutlich schneller entwickeln als die Technik. Die Preise für Hardware und Software bewegen sich abwärts, deren Leistung aufwärts.

8.1 Roboterisierung der Welt

Vollautomatische Maschinen gibt es schon seit den 1970er Jahren. Damalige Industrieroboter waren vorprogrammierte Maschinen. Die Verbindung des Roboters mit dem Internet, die Anbindung an Daten- und Programmclouds nebst der Fähigkeit des Maschinenlernens geben der industriellen Fertigung eine neue Qualität. In der Industrie 4.0 benötigt die Maschine keine Anweisungen mehr vom Menschen. Sie „handelt" die Arbeitsweise kollaborativ mit anderen Maschinen aus. Die Maschinen verwandeln sich in „Arbeiter". Smarte Produktionssysteme sind aus der Sicht von Produktionsarbeitern kein Werkzeug mehr, sondern Arbeitsplatzkonkurrenten.

In den 1980er Jahren, noch vor Apple und Internet, fragten die Menschen nach den Gefahren, die von Computern ausgehen. Das Gespenst der Massenarbeitslosigkeit wurde beschworen. Diese Angst erwies sich als unbegründet. Computer sind kleiner geworden und steuern mit hochkomplexer Software roboterisierte Maschinen, die bohren, drehen und fräsen. Robotik und KI schlossen die Ehe.

1965 prophezeite der Intel-Mitbegründer Gordon E. Moore, dass sich die Leistung von Prozessoren alle zwei Jahre verdoppeln würde. Er behielt recht, aber die Effizienzsprünge vieler Prozessoren und damit der Robotik waren deutlich größer. Es ist treffend, von der KI-Offensive der Roboter zu sprechen.

Weltweiter Zuwachs an computerisierten Arbeitsplätzen

In Tsd.

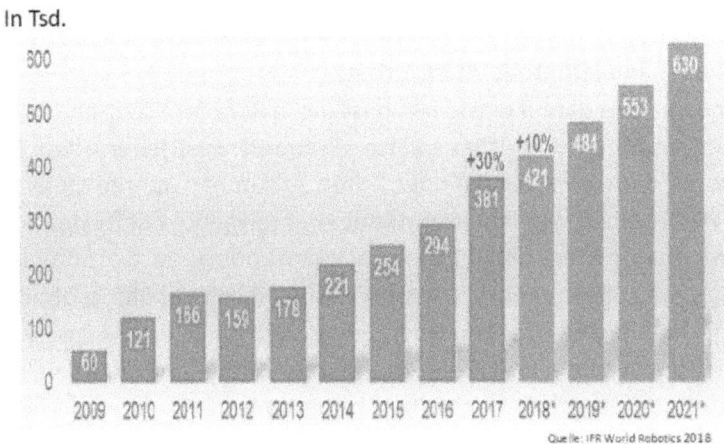

Quelle: IFR World Robotics 2018

8.2 Vielseitiges Roboterangebot

Fast täglich werden neue Robotertypen präsentiert: Schwergewichte für die Fabrik, Leichtgewichte für Assistenzarbeiten, Mittelgewichte für das Labor. Sie werden mit Beinen, Händen, Rädern, Flossen, Flügeln und Propellern angeboten. Künstliche Sinnesorgane stecken im Kopf. Manche sehen aus wie Menschen, Hunde, Bienen, Kraken oder Fluggeräte. Sie haben kraftvolle und lange Arme, die schweißen, fräsen oder montieren. Es ist wie bei einem Autohändler, der PKWs aller Klassen, Sportwagen und Familienkutschen, Zweisitzer und SUVs, schwere und leichte LKWs anbietet.

Roboter eignen sich für viele Zwecke, beispielsweise zur Erdbeerernte, als Paketlieferanten oder als Assistenten bei klinischen Operationen, zum Melken von Kühen oder zur Pflege von Senioren. Viele Roboter werden branchenspezifisch entwickelt, so beispielsweise für die Herstellung von Hamburgern. Google & Co investieren viel Geld, um Kellner und Köche durch Roboter zu ersetzen. Diese werden im rasanten Tempo immer leistungsfähiger routinemäßige oder spezialisierte Aufgaben zu übernehmen.

McDonald's schreitet in ähnliche Richtung. Der Konzern erwarb 2019 für mehrere Hundert Millionen Dollar Startups. Er mutiert zum Techriesen. Es reicht nicht, nur Gastro- und Immobilienmogul zu sein.

Selbst für den Sex werden Roboter eingesetzt: Auf dem Kongress „Love with Robots" wurde schon 2016 über die lustvollen Einsatzmöglichkeiten roboterisierter Sexualpartner diskutiert. Inzwischen gibt es sie für 13.000 Euro pro Stück, in Japan sogar für Pädophile. Die nachstehende Tabelle zeigt den weltweiten Zuwachs an computerisierten Arbeitsplätzen. 2019 waren 2,7 Millionen Industrieroboter im Einsatz.

Wir müssen uns darauf einstellen, dass die in Robotern steckende KI ganze Branchen umpflügt und Arbeitsplätze verändert. Fast jeder ortsungebundene Beruf, der es mit Zahlen oder Daten zu tun hat, könnte Opfer intelligenter Algorithmen werden. Wer mit einer intelligenten Software arbeitet, kann davon ausgehen, dass er bewusst oder unbewusst der Software das beibringt, was diese benötigt, um den Arbeitsplatz zukünftig ohne einen menschlichen Bediener zu betreiben.

Roboter sind nicht gleich Roboter. Autonome Roboter sind nicht vergleichbar mit der ersten Generation Industrieroboter nach 1970, die von Menschen programmiert immer noch einen Anteil Handarbeit erforderten. Auch heute noch gibt es Roboter, die von Hand bedient werden müssen, jedoch ferngesteuert. Die kognitiven Fähigkeiten von Robotern sind unterschiedlich. Es gibt die „Hochbegabten" und die „Dummen". Die Hochbegabten nehmen selbstständig ihre Umgebung wahr, gleichen diese mit bekannten Daten und Mustern ab und generieren neues Wissen, mit dem sie optimierte Entscheidungen treffen.

Zuordnung nach Typen

o Industrie- und Arbeitsroboter: (Handling, Palettieren, Bestücken, Fügen, Montieren, Kleben, Schweißen, Messen und anderes mehr).
O Humanoide Roboter: (Androiden).
O Serviceroboter: (Haushalts- und Gartenhilfen).

O Kollaborative Roboter (Cobots).
O Soziale Roboter: (Können mit Menschen kommunizieren. Einsatzgebiete u.a. Hotels, Krankenhäuser, Altenheime, Schulen).
O Schwarmroboter: (integriertes Zusammenwirken von Minirobotern).
O Weltraumroboter (Curiosity, Sherpa TT, Mondfähren, Opportunity).
O Kampfroboter/Drohnen: (Beobachtung, Aufklärung, Spionage, Minenräumung, Wachaufgaben und Zielbekämpfung).
O Medizinroboter: (Chirurgie, Diagnostik und Pflege Da-Vinci-Operationssystem).

Diese Zuordnung ist insofern problematisch, als das sich Serviceroboter, Soziale Roboter und Humanoide Roboter in ihren Aufgabengebieten überschneiden. Kollaborative Roboter sind zwar kleiner als Industrieroboter, werden aber im Kontext von Industrie und Arbeit genutzt.

Im Roboterverzeichnis „Robotics today" sind 1174 Robotertypen in neun Kategorien aufgeführt. 35 Länder sind mit Entwicklungen und Angeboten vertreten. Hier das Ranking der fünf führenden Nationen mit der Anzahl an Robotertypen:

o Japan 480
o USA 178
o Süd-Korea 129
o China 76
o Deutschland 59

Die International Federation of Robotics (IFR) prognostiziert, dass bis 2021 etwa drei Millionen Industrieroboter weltweit tätig sein werden. Deutschland hat eine hohe Roboterdichte von 31 Robotern pro 1000 Beschäftigten. Uns sind die Namen Kuka und ABB bekannt. Sie arbeiten in Technologiepartnerschaften mit Huawei und Microsoft.

8.3 Industrie- und Arbeitsrobotik

Fabriken sind die Heimstätte von Industrierobotern. Sie stehen größtenteils bei Autoherstellern und fast allen Metallverarbeitern, wo sie in abgegrenzten Bereichen Werkstücke selbstständig bearbeiten. Betritt ein Mensch ihr Revier, schalten sie sich ab.

Die Roboter der ersten Computergeneration standen fest verankert am Boden, drehten sich um ihre Achse, griffen Teile und montierten sie in vielfältiger Art und Weise. In Zukunft können sie sich frei im Raum bewegen und sekundenschnell die per Funk übermittelten Programmbefehle ausführen. Hierbei wirken Elektronik, Mechanik, Informatik, KI und Optik zusammen.

Je nach Einsatzzweck wird unterschieden in

o Fügeroboter
o Bestückungsroboter
o Stapelroboter
o Lackier- oder Polierroboter
o Entnahmeroboter
o Verpackungsroboter
o Montageroboter
o Schneidroboter
o Schleifroboter
o Fräsroboter
o Schweißroboter
o Messroboter

Zu den Schwergewichten dieser Spezies gehört der abgebildete „Kuka 1000 Titan" mit einem Eigengewicht von 4.700 kg. Er hebt Traglasten bis zu 1,3 Tonnen bei einer Reichweite bis zu 6,50 m, je nach Ausführung. Seine vier bis sehcs Achsen sind steuerbar.

Die Besonderheiten von Industrierobotern ergeben sich aus der Anzahl der Gelenkachsen, der Traglast und der Genauigkeit. Etwa zwei Millionen Industrieroboter verrichten weltweit, zumeist rund um die Uhr, ihre Arbeit. Vorstehende Übersicht gibt eine Vorstellung davon, welche industriellen Arbeitsplätze von der Roboterisierung betroffen sind.

Die hohen Arbeitskosten der Gegenwart sorgen für eine „gute" Zukunft
von Industrierobotern. Das US National Bureau of Economic Research
hat ermittelt, dass ein neuer, nor-
malgroßer Industrieroboter 5,6 Arbeitsplätze ersetzt. Die Volkswagen
AG rechnet, dass eine Roboter-
stunde drei bis sechs Euro kostet.
Für einen Facharbeiter sind 70 Euro
Vollkosten pro Stunde aufzubringen.
Einen Roboterarm mit sechs Bewe-
gungsachsen gibt es schon für unter
20.000 Euro. Das sind für Betrieb-
swirte und Unternehmer überzeugende Argumente. Wenn man dann noch
Roboter mit Netzwerken verbindet, kommen diese mit weniger Rechenleistung und Speicherplatz aus. Die Cloud ist ein guter Lagerplatz. Auch das
drückt den Preis für die neue Generation intelligenter Roboter.

8.4 Kollaborative Roboter: Cobots

Nicht immer wird ein Goliath benötigt. Ein David könnte es auch tun, vor
allem einer, der sich als Kollege für kollaboratives Arbeiten anbietet. Darum
nennt sich diese Spezies von Robotern „Cobots". Sie sind klein und wendig,
arbeiten an der Seite von Menschen, ohne diese zu verdrängen. Ihre Stärke
liegt in der Sensitivität. Dank ihrer mobilen Konstruktion kann man sie
immer dort einsetzen, wo sie gerade gebraucht werden.

Erwähnenswert wäre ein weiteres dänisches Unternehmen, die 2013
gegründete Blue Ocean Robotics. Mit ihrem Desinfektionsroboter erlebte
sie mit Ausbruch der Coronakrise einen Höhenflug. Das Gerät tötet mit UV-
Licht Krankheitserreger zu 99,99 Prozent. Kliniken stehen Schlange, um
einen der 60.000 Euro teuren Virenkiller zu erheischen. Die Stadt Odense
hat sich mit 130 cobotnahen Unternehmen zum Hotspot für Servicerobotik
entwickelt.

Cobots stehen nicht hinter Schutzgittern, sondern mitten im Raum oder auf dem Werktisch. Sensoren und Aktoren sorgen dafür, dass Mensch und Roboter nebeneinander und ohne trennende Schutzvorrichtungen arbeiten können. Kommen sie sich zu nahe, schaltet sich der Roboter blitzschnell ab. Die Gefahr von Arbeitsunfällen ist gebannt, aber nicht beseitigt. Soweit diese Roboterspezies industriell eingesetzt wird, erübrigen sich Kopf und Beine. Der Roboter kann jede denkbare Form haben.

Ein deutsches Forschungsteam mit dem Namen „3Dsensation" entwickelte ein System, mit dem der Roboter Mimik und Gestik seines Gegenübers deuten und passend reagieren kann. Selbst die Gemütslage eines Menschen wird erkannt, um Stresssituationen gegebenenfalls zu bannen. Die Interaktion Mensch – Maschine erfolgt über berührungslose Gesten wie Kopfnicken, Winken oder Handzeichen für Öffnen, Starten, mehr oder weniger, vorwärts und rückwärts, Stoppen und Abbrechen.

Alle wichtigen Marktakteure haben Cobots in ihrem Angebot, beispielsweise ABB seinem tragbaren „YuMi". Der Name steht für „you" and „me". Es handelt sich um einen kollaborativen Zweiarm-Roboter mit zwei flexiblen Greifhänden, Teilezuführsystem und Visionssystem zur Teileerkennung. Mit YuMi sollen Roboter Hand in Hand mit Menschen arbeiten (ABB-Werbetext). Mit seinen 38 kg ist er ein wahres Leichtgewicht für Teile bis 500 Gramm pro Arm. Das prädestiniert ihn höchst komplexe und komplizierte Teile zu fertigen. Bei Problemen unterbricht er innerhalb einer tausendstel Sekunde seine Arbeit.

Eine Premiere der besonderen Art erlebte der ABB-Roboter Yumi, als dieser 2017 das Philharmonische Orchester der Stadt Lucca bei einer Live-Aufführung dirigierte. YuMi wiederholte dabei die Bewegungen, die er mit dem bekannten italienischen Dirigent Andrea Colombini „trainiert" hatte. Ein Sonderfall sind autonome Roboterarme. Sie sind mit Cobots verwandt, beispielsweise „Jako". Er wiegt 5 kg, hebt 1,8 kg und kann an jedem Rollstuhl befestigt werden. Gelähmte bekommen so

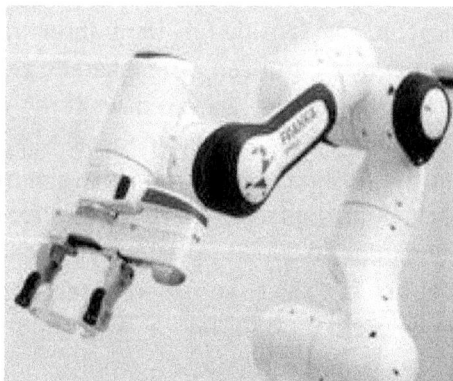

mehr Handlungsmöglichkeiten. Cobots erkennen sogar Menschen, können mit ihnen in normaler Sprache kommunizieren und sich ihnen anpassen. Die Verleihung des Deutschen Zukunftspreises 2017 an das Institut für Regelungstechnik der Universität Hannover macht den Trend zu kleinen, leichten, sicheren und flexiblen Robotern sichtbar. Ausgezeichnet wurde der abgebildete Roboter, der für jedermann bezahlbar und intuitiv bedienbar ist. Er imitiert menschliche Bewegungen, merkt sich Abläufe und lernt aus sich heraus ständig hinzu.

8.5 Dreidimensionale Drucker

3-D-Drucker lassen sich überall dort nutzen, wo sich Menschen oder Unternehmen in eine Infrastruktur des „Internets der Dinge" einklinken können. So ist es denkbar, dass 3-D-Drucker für den Hausgebrauch Gegenstände, so beispielsweise eine Schachfigur, gießen oder fräsen. Der Konsument wird, um es mit dem Begriff des US amerikanischen Futurologen Alvin Toffler zu sagen, zum „Prosumenten". Das heißt er konsumiert und produziert gleichermaßen.

Bei einfachen Druckern werden Pulver, Kunstharze oder flüssige Materialien Schicht für Schicht aufgetragen, so auch im abgebildeten Modell. Bei industrietauglichen Geräten kommen auch Zement, Metalle, Glas oder Keramik zum Einsatz.

In Beckum entsteht Deutschlands erstes „gedrucktes" Wohnhaus. Die Düse eines sehr großen 3-D-Druckers spritzt mit Spezialmörtel oder -beton Schicht für Schicht die Wände, fünf Quadratmeter in nur fünf Minuten. Das Haus bietet 160 Quadratmeter Wohnfläche, die sich auf zwei Stockwerke verteilen.

Sehr viel anspruchsvoller ist der 3-D-Druck von Knochen- beziehungsweise Gelenkprothesen. Den Auftrag entnimmt der Drucker den Daten einer Magnetresonanztomographie und fertigt ein Implantat individuell für den Patienten. Bei Ersatzzähnen ist dieses gängige Praxis.

Mit 3-D-Druckern lassen sich Kleinstserien in der Losgröße 1 realisieren oder komplizierte Geometrien ohne Werkzeugformen herstellen, etwa eine Honigwabenstruktur oder Hohlräume. Die Produktionsumgebung muss kaum verändert werden. Ein intelligenter 3-D-Drucker ist so konstruiert, dass

er seine Ersatzteile selbst herstellt. Dank seiner großen Flexibilität lassen sich die Gesamtkosten eines Produktionsgegenstandes senken. In den kommenden Jahren werden sich 3-D-Druckereien oder so genannte „Printer Farms" etablieren, die vielfältige Produkte „drucken" können. Industrielle Grenzen verwischen. Zugleich geht das Know- how des Fräsers, Erodierers oder Drehers in Form von Algorithmen in das Software-Programm der neuen 3-D- Maschinen ein. Formgebende Handwerks- und Industrieberufe verlieren ihre Grundlage, denn dem Bediener am Drucker ist es egal, welche Daten wo eingegeben wurden. Er bedient den Drucker und entnimmt den fertigen Gegenstand.

3-D-Drucker tragen in Verbindung mit dem „Internet der Dinge" dazu bei, die Industriegesellschaft zu unterminieren. Im Geschäftsfeld der 3-D-Farms beziehungsweise Plattformanbieter können Anwendungsprogramme auf einheitlicher Basis entwickelt und ausgeführt werden. Hier lassen Unternehmen produzieren und kommunizieren mit anderen. IT-nahe Firmen, die diese Plattformen entwickeln, werden das digitale Wertschöpfungsnetzwerk steuern, mit Druckerkapazitäten handeln, Millionen von Informationen aus Big Data sammeln, verkaufen und Aufträge an Partnerunternehmen vermakeln. Der amerikanische Management Experte Richard D'Aveni schreibt: „In kürzester Zeit wird die Macht von den Produzenten zu den großen Systemanbietern wandern."[17]

8.6 Service- und Lieferroboter

Serviceroboter erbringen Dienstleistungen am Menschen. Sie sollen ihm Arbeit abnehmen. Die Internationale Robotervereinigung definiert den Begriff in Anlehnung an die ISO Norm 8373 2012 so: „A service robot is a robot which operates semi or fully autonomously to perform services useful to the well being of humans and equipment, excluding manufacturing operations." Die Norm unterscheidet Serviceroboter für Privatpersonen und professionelle ServiceroboOk.

Selbstfahrende Staubsauger oder Rasenmäher sind hier die Paradebeispiele. In humanoider Gestalt werden sie auch als Operationsassistent in Krankenhäusern, als Überwachungssystem in Museen und Gebäuden, als Pflegehilfe in Altenheimen (Soziale Roboter), maschinelle Lehrer oder „Feuerwehrmann" in verseuchten Räumen, als Melkroboter oder Drohne eingesetzt. Bill Gates prognostiziert, dass die Assistenzrobotik in den nächsten zwei Jahrzehnten den gleichen Aufstieg erleben werde wie die PC-Technik in den letzten 30 Jahren.

Im Fraunhofer Institut für Produktionstechnik und Automatisierung (IPA) in Karlsruhe werden Serviceroboter für den künftigen Einsatz in Pflegeheimen und Krankenhäusern entwickelt. Ein solcher Roboter kann seine Gefühle sichtund hörbar ausdrücken. Mit seinen Mikrofonen zwecks Spracherkennung und Kameras nimmt er menschliches Verhalten und Emotionen wahr und bietet Hilfen an. Wenn er etwas verstanden hat oder vorhat, schüttelt er den Kopf, zeigt auf Gegenstände und erzeugt Lichteffekte. Bei einer Vorwärtsbeuge um 60 Grad bleibt er standfest. Ältere Menschen werden angeregt zu antworten, so dass ein einfacher Dialog entsteht. Als Einsatzgebiete kommen Informationskioske im Handel, in Heimen, Hotels und Büros, bei Dienstleistern und Bringdiensten in Frage.

Boston Dynamics, eine Google-Tochter, beeindruckt mit einem 30 kg schweren, 175 cm großen Roboterhund, der mühelos 5 kg-Pakete

stapelt und nach einem Salto rückwärts sofort wieder in das Gleichgewicht kommt (s. Abbildung). Hinter dem Projekt steckt das USMilitär. Seit 2019 wird der Robot-Wachhund allen Interessenten zum Verkauf angeboten.

Experten sehen in einem voll entwickelten Serviceandroiden die Grundlage für starke KI. Sie sind sich einig, dass KI nicht einfach programmiert, sondern entwickelt werden muss. Darum soll der Android am sozialen Leben der Menschen teilnehmen und durch Beobachtung, Interaktion und Kommunikation lernen. Nach Meinung dieser Experten kann sich seine Intelligenz nur dann entwickeln, wenn man ihn als gleichwertiges Wesen akzeptiert. Das jedoch setzt eine menschenähnliche Gestalt, Mobilität und Sensorik voraus.

Nicht nur Hunde, auch Roboter werden für bestimmte Aufgaben trainiert. Ein Trainer demonstriert diverse Male eine erwünschte Bewegung vor der Kamera des Roboters, der sich auf diesem Wege selbst programmiert. Das ist billiger, als wenn ein Programmierer lange Softwareprogramme schreibt. „Vormachen – nachmachen" lautet das Lernprinzip. Mit diesem learning by doing sind Roboter schon zu Lösungen gekommen, deren Lösungsweg niemals geübt wurde. Klar, dass sich Amazon für diese Dog Robots und andere roboterisierte „Lagerarbeiter" interessiert und den Hersteller „Kiva Sys-

© amazon

tems" 2012 für 800 Millionen Dollar kaufte. Amazon freut sich über seine automatischen Mitarbeiter, die rund um die Uhr arbeiten, niemals krank werden, in keiner Gewerkschaft sind, keinen Urlaub fordern und keinen Widerspruch leisten. Inzwischen vertreibt Amazon Robotics seine Lagerroboter in der gesamten Logistikbranche. Lagerarbeiter werden von Hebe- und Zubringersystemen etwa von der Größe eines Rasenmähers ersetzt, so wie es das Bild zeigt. Auch Lieferroboter kann man den Servicerobotern zuordnen. Die Abbildung vermittelt eine Vorstellung vom Einsatz der bei Amazon eingesetzten Roboter. Ein roboterisierter Hubwagen in der Form eines übergroßen Eishockey-Pucks, holt eine Art Palettenregal, in dem sich die benötigte Ware befindet, selbstfahrend vom Standplatz im Lager ab und bringt es zum Sammelplatz, an dem die Ware je nach bestellter Menge entnommen und in einen Versandbehälter eingelegt wird. Anschließend fährt der Hubwagen das Regal zurück an seinen Standplatz. Der Roboter hebt bis zu 1500 Kilogramm. Die Produktivität pro Mitarbeiter konnte dank der Unterstützung der neuen „Kollegen" verdoppelt bis verdreifacht werden.

Zwei Schlüsselfaktoren gilt Amazons Hauptinteresse:

1. Die „route density", also die Menge Pakete, die bei einer Fahrt ausgeliefert werden und
2. Die „drop size", wie viele Pakete bei einem Stopp dem Empfänger übergeben werden.

Diese zwei Messgrößen analysiert Amazons KI und produziert wissenschaftlich fundierte Tourenpläne. Ein Stau im Zentrum einer Großstadt oder auf der Autobahn, ein Gewitter oder Glatteis, entscheiden über Gewinn oder Verlust einer Tour. Amazons KI errechnet in Sekundenschnelle alternative Routen. Bei 100 Milliarden Paketen pro Jahr (2020) und 61 Milliarden Dollar Versandkosten (2020) bieten sich hier enorme Ersparnispotenziale.

Andere Aspekte des Geschäftsmodell, beispielsweise die gewerkschaftsfeindliche Unternehmensorganisation bis hin zur perfiden Ausbeutung der Belegschaft bleiben hier ausgeklammert, da sie nicht mit dem Thema KI in Verbindung stehen. Das mindert aber nicht ihre Bedeutung für das Wirtschaftsgeschehen.

Auf der Cebit 2018 überraschte ein chinesischer Hersteller mit einem Lieferroboter namens PuduBot (siehe Abbildung Folgeseite). Das preisgekrönte Gerät wurde speziell für Restaurants entwickelt, kann aber überall eingesetzt werden, wo Inhouse-Lieferungen erfolgen, beispielsweise Fabrikhallen, Großraumbüros oder Krankenhäuser. Die Ausstattung mit Ultra-Wideband Positionsbestimmung, SLAM (Simultaneous Localisation and Mapping) und einer hochpräzisen Laserradar-Technologie ermöglicht es dem PuduBot, sehr präzise zu navigieren. Die Kommunikation erfolgt mit menschlicher Stimme. Das Display zeigt eine freundlich anmutende Mimik. Der Preis: 8.500 bis 10.000 US-Dollar.

Auch der stationäre Handel beginnt die Möglichkeiten von Kleinrobotern zu erkunden. In einer Berline Filiale von Conrad-Electronik verkauft ein mit Knickarmen ausgestatteter Roboter nach Ladenschluss eine Auswahl von Elektronikartikeln. Solche kleinen Lieferroboter werden mittlerweile von vielen Herstellern entwickelt. Seit 2018 laufen sie in Kaufhäusern, Klein-, Mittel- und Großstädten. Vier bis fünf Kilometer Fahrstrecke legen sie mühelos zurück.

8.7 Transportroboter

Ein weiteres KI-Anwendungsfeld KI ist der autonome Transport. Fünf Automatisierungsstufen werden unterschieden. Stufe 0 = nur Fahrer bis Stufe 5 = fahrerlos. Man denkt sofort an Autos, denn hierzu haben wir Menschen die eine starke Beziehung. Selbstfahrende Autos sind Fahrroboter. Autonomes Fahren erfordert geballte KI eingehüllt in Sensoren, Regelsysteme, Software, GPS, drahtlose Datenkommunikation, Radar und sogenannte In-Vehicle Technologie. Es wird noch etwas dauern, bis wir die Hände vom Steuerrad und die Füße von der Bremse nehmen können, auf Autobahnen bis etwa 2025 und in Städten bis 2040. Aber es geht vorwärts. PKW-Hersteller melden weltweit die meisten Patente an.

Aber es geht um mehr als Autos. Mit KI gesteuerte Transportsysteme gibt es in vielen Bereichen, so in der Landwirtschaft, auf der Schiene, in der Luft und auf dem Wasser.

Rolls-Royce stellte unlängst ein Konzept für unbemannte Frachtschiffe vor. Einrichtungen für die Strom- und Wasserversorgung der Besatzung erübrigen sich. Das mache die Schiffe fünf Prozent leichter, was wiederum zu einer Treibstoffersparnis von 12 bis 15 Prozent führe. Außerdem sparen die Reeder Personalkosten, da eine einzelne Crew mehrere Schiffe parallel fernsteuern könnte. Südkorea investierte knapp 170 Millionen Euro in die Entwicklung eines autonom fahrenden Schiffes, das 2025 den Atlantik überqueren soll. Bis 2030 will das Land die Hälfte des Marktanteils an autonomen Schiffen erlangt haben.

© mit freundlicher Genehmigung der Birke and Communication 2020

Die norwegische Yara Birkeland ist das weltweit erste solarangetriebene und autonom funktionierende Frachtschiff. Es misst 80 Meter in der Länge und 15 in der Breite. Seit 2020 ist es im norwegischen Hoheitsgebiet im Einsatz.

Seit 2018 wird in Deutschland laut darüber nachgedacht, KI in die Binnenschifffahrt einzubringen. Eine Machbarkeitsstudie wurde von den Industrie- und Handelskammern des Ruhrgebiets bereits vorgelegt. Als Testfeld empfehlen die Gutachter des Duisburger Entwicklungszentrums für Schiffstechnik und Transportsysteme einen Abschnitt des Dortmund-Ems-Kanals. „Wir haben das konkrete Ziel, in 15 Jahren autonom fahrende Binnenschiffe auf unseren Wasserstraßen zu sehen." [14]

8.8 Agrarroboter

Selbst die Landwirtschaft hat sich auf den KI-P f a d der „Smart Farms" begeben. Trecker von John Deere können schon seit 20 Jahren autonom über die Äcker fahren. Melkroboter finden sich in immer mehr Ställen. Für viele Früchte sind KI-gesteuerte Erntemaschinen im Einsatz, vor allem in den USA.

In einigen Jahren werden kaum noch polnische Helfer für die Spargel- oder Apfelernte mehr benötigt. Viele Obst- und Gemüsesorten müssen je nach Wetterlage schnellstens geerntet werden. Ein Traubenvollernter benötigt drei bis fünf Stunden für die Lese eines Hektars. Für die Handlese wären hierfür 40 bis 60 Helfer notwendig, die in den Wochen der Weinlese oft nicht verfügbar sind. Diese Situation befördert die Nachfrage nach Robotern zwecks Traubenlese, vor allem nach solchen, die zwischen guten und schlechten Trauben unterscheiden können. Boston Dynamics vermarktet seinen Roboterhund Spot (s. Kap. 8.6) unter anderem als „Knecht" in der autonomen Landwirtschaft. In Neuseeland wird der KI-Maschinenhund mit spezieller Software als Hütehund von Schafherden eingesetzt.

Konzerne wie BAYER, John Deere oder Bosch schicken sich an, den deutschen Bauern die Vorzüge KI schmackhaft zu machen. So offeriert BAYER sein „Feld View", ein System, das Landwirte bei der KI gesteuerten Bewirtschaftung der Äcker unterstützt. Alle wichtigen Steuerungsdaten, beispielsweise die optimale Ausbringungsmenge für Dünger, kommen vom

Smartphone oder Tablet. John Deere will Traktoren und Agrarmaschinen autonom machen. Landwirtschaft ohne Landwirte ist der Trend. In den nächsten Jahren werden auf den Äckern von digitalen Karten gesteuerte Roboter und Drohnen unterwegs sein. Deren Sensoren messen Temperatur und Bodenfeuchtigkeit, um den Boden angepasst zu düngen und Unkraut gezielt und zentimetergenau zu bekämpfen. Drohnen überwachen aus der Vogelperspektive den Zustand der Böden, melden Pilzbefall oder Wildschäden.

Wichtige Informationen, beispielsweise zur besten Erntezeit, kommen via Satelliten aus einer speziellen Cloud oder vom Wetterdienst. Auf dem Traktor braucht niemand mehr zu sitzen. Was ein Rasenroboter kann, vermag er schon lange. Tiere werden von Sensoren überwacht und von Robotern gefüttert.

Foto ©: InMach/Foto: Manuel

Während die Welt über die vermeintliche Gesundheitsgefährdung durch Glyphosat diskutiert, haben verschiedene Hersteller Agrarroboter entwickelt, die bis zu 95 Prozent der Wildkräuter eines Feldes rein mechanisch unschädlich machen, so beispielsweise der „BoniRob" von Bosch Deepfield Robotics. Hierbei handelt es sich um eine Trägerplattform, die auf vier Rädern autonom durch die Aufzuchtreihen fährt. An diese Plattform können verschiedene Applikationsmodule angeschlossen werden, die landwirtschaftliche Arbeiten übernehmen.

Die Applikationsmodule sind je nach geplanter Anwendung mit unterschiedlichen Sensoren und Aktoren ausgestattet. Durch Austausch der App ist die Plattform ganzjährig für saisonale Aufgaben wie das Ernten, die Schädlingsbekämpfung oder die Unkrautregulierung einsetzbar. Das für die Beikrautvernichtung entwickelte Applikationsmodul nutzt ein optisches Sensorsystem und bildverarbeitende Software zur Objekterkennung. Basierend auf Farb-, Textur- und Tiefeninformationen unterscheidet die Software Unkraut von Buchsbäumen. Dies geschieht, während die Trägerplattform über das Feld fährt. Leider zeigen sich Deutschlands Landwirte noch sehr reserviert gegenüber den Möglichkeiten des smart farmings.

8.9 Cimon und Weltraumkollegen

Der deutsche Weltraumroboter Cimon ist ein Schwergewicht an Intelligenz und mit einem Gewicht von 5 Kilogramm ein Leichtgewicht. Damit sich niemand an seinen Gliedmaßen verletzt, ist Cimon frei von Ecken und Kanten. Er akzeptierte den Astronauten Alexander Gerst bei dessen Weltraumflug 2018 als sein „Herrchen", kannte seine Stimme und seine Art zu sprechen. Cimon erfühlte sogar den Gemütszustand der Crewmitglieder und hätte sich bei Bedarf als Seelentröster betätigen können. Als KI-Kollege schaffte er es sogar, die Beziehungsebene zu fördern, indem er Blickkontakt herstellte, Grimassen zog, den Mund spitzte oder die Augen schloss. Dabei hielt er die Sozialdistanz von einem Meter ein. Nebenher erledigte er diverse wissenschaftliche Assistenz-Aufgaben oder erklärte die Bedienung von Geräten, ohne dass die Astronauten in dicken Handbüchern lesen mussten. Eine eingebaute Kamera überprüfte die korrekte Ausführung und konnte bei Bedarf auch sprachlich eingreifen. Im Laufe seines Aufenthaltes wurde er dank seiner Art und Aufgaben Mitglied der Crew.

Cimon wurde über viele Monate für seine Aufgabe trainiert. Auch sein Weltraumtrip war Training, denn weitere Flüge folgen. Experten erklärten ihn zum Besten seines Faches. Die KI stammt von IBM, den Rest besorgten Airbus und das Deutsche Luft- und Raumfahrtzentrum.

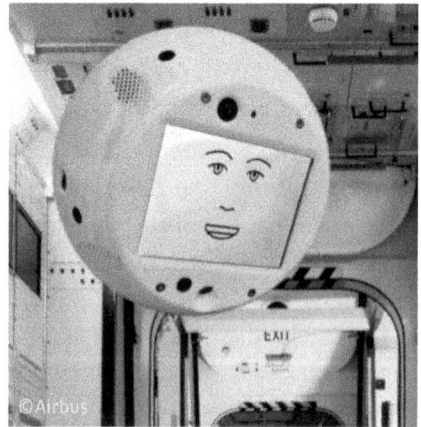

Es gibt viele Roboter, die sich weitab von „Mutter Erde" nützlich machen. Die Weltraumteleskope Hubble und Kepler sind ihrem Wesen nach Roboter, ebenso die Weltraumsonde Rosetta. „Curiosity" erforscht mit seinen 900 kg Gewicht, ob ein Leben auf dem Mars möglich wäre oder ob es dies schon einmal gab. Sein Laser zertrümmert Steine, untersucht diese und funkt die Ergebnisse zur Erde. Ohne die diversen Spaceroboter würde die Weltraumforschung auf der Stelle treten. Sie haben Aufgaben übernommen, die für uns Menschen lebensgefährlich wären.

8.10 Humanoide Roboter/Androiden

Das öffentliche Interesse konzentriert sich auf humanoide Roboter, solche, die dem menschlichen Körper nachgebildet sind. Man nennt sie Androiden in der männlichen und Gynoiden in der weiblichen Form. Auch die Gelenkpositionen orientieren sich an der menschlichen Anatomie, so dass die Bewegungen menschähnlich wirken. Sie haben Arme, Hände und Augen und laufen auf zwei Beinen. Darum werden sie als Laufroboter bezeichnet. Für die Arbeitswelt spielen sie (noch) keine Rolle. Bei vielen der bisher vorgestellten Modellen handelt es sich um Studienprojekte oder Blickfänger für das Marketing. Wenn sie auf der Hannover Messe Politikern die Hand reichen, ist das medienwirksam. Besucher sehen dann aber auch, dass sie sich (noch) sehr behäbig und staksig bewegen.

Rund um die Welt bemühen sich Forscher, die motorischen Fähigkeiten von Robotern zu verbessern. Es besteht Optimierungsbedarf, denn ein Mensch verfügt über 150 bewegliche Gelenke, 650 Muskeln und 400 Sehnen. Humanoide Roboter sind nur mit 30 bis 50 Motoren und wenigen Sensoren bestückt. Der Mensch verfügt über 900 Millionen tastsensible Rezeptoren. Dennoch gibt es bewundernswerte Leistungen, etwa ein japanischer Roboter, der Tischtennis spielen kann. Die Flugbahn des Balles wird 1000-mal pro Sekunde neu berechnet. Dem steht der von der Firma Bosch-Rexroth entwickelte Tischfußball-Kicker nicht nach. Die Technik basiert auf dem Einsatz von KI und maschinellem Lernen.

Besonderes Interesse gilt der Androidin Sophia. Die Dame ist ein Medienstar. Sie wurde 2017 bei der UNO vorgestellt und parlierte mit wichtigen Funktionären. Im gleichen Jahr wurde ihr die saudi-arabische Staatsbürgerschaft verliehen. Das ist eine hohe Ehre, da dieses für viele Einwanderer fast unmöglich ist. Als Roboter hat Sophia in Saudi-Arabien mehr Rechte als leibhaftige Frauen. Sie muss sich nicht verschleiern und darf sich ohne männliche Aufsicht frei bewegen. Welch ein Fortschritt im Reich der Männerdynastie der Saudis.

Androiden sollen helfen, eines der dringendsten Probleme unserer Gesellschaft zu lösen: Den Arbeitskräftemangel bei den Sozialberufen. Darum erlangten sie in Japan mit seinen 30 Millionen Menschen über 65 Jahren eine gewisse Marktreife. Auch geben sie Museumsbesuchern und Hotelgästen Auskünfte oder unterstützen Schulkinder beim Lernen. Ein großer Freizeitpark und einige Hotels werden von Robotern betrieben, so das 72 Betten Hotel Henn-Na, auf Deutsch „das seltsame Hotel". 2015 noch wollte der Betreiber sein Konzept weltweit verbreiten. Doch 2019 ließ er verlauten, mehr als die Hälfte seiner 243 Roboter stillzulegen. Sie hätten mehr Arbeit verursacht, als sie den „menschlichen" Kollegen abnahmen. Diese mussten Überstunden leisten, um die von Robotern verursachte Zusatzarbeit zu erledigen.

Der US-Handelriese Walmart „kündigte" seinen 500 Robotern, die regelmäßig Regalreihen abfuhren, um Preisschilder und den Warenbestand zu kontrollieren. Geplant waren 1000 Maschinenkollegen bis 2020. CEO John Furner befürchtete, dass die Kundschaft ablehnend auf die Roboter reagiere. Putzroboter würden aber weiterhin eingesetzt.

Pepper, eine französisch-japanische Entwicklung, ragt unter den humanoiden Robotern hervor. Der Android verwendet, je nach Zweck, unterschiedliche Sensoren und Softwareprogramme. Durch Gesichtserkennung identifiziert er Personen. Laut Hersteller ist es der erste humanoide Roboter, der durch eine grobe Analyse von Mimik und Gestik, sowie durch die akustische Prüfung von Wortwahl und Lautstärke der Stimme emotionale Grundstimmungen erkennt und sich darauf einstellt. Auf dem Touchscreen-Tablet auf der Brust werden die vom Nutzer gewünschten Informationen angezeigt.

Information und Kommunikation vollziehen sich vorerst noch in vier Sprachen: Englisch, Französisch, Japanisch und Spanisch. Bei Fragen kann sich Pepper selbstständig mit dem Internet verbinden.

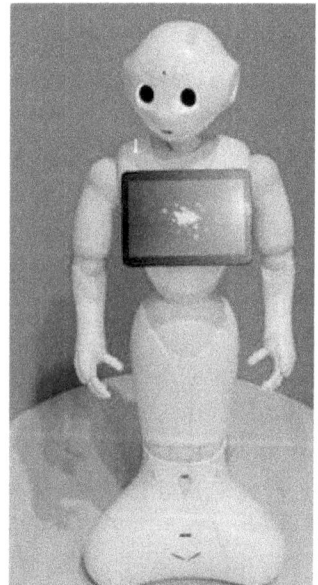

Dieser kindsgroße Alltagsassistent mit großen Kulleraugen, kindlicher Stimme und niedlichem Gesicht ist ein Verkaufsschlager. Im ersten Jahr nach seiner Markteinführung 2015 wurden Tausende Roboter verkauft. Der aktuelle Preis liegt bei 17.000 bis 20.000 Euro, je nach Ausstattung.

Pepper ist ein angenehmer Zeitgenosse, aber mit Lovot wird seit 2020 ein Roboter zum Liebhaben angeboten. Er schafft es, eine emotionale Bindung zum Menschen aufzubauen. Die kühle KI wird gewärmt. Dafür sorgen seine herzzerreißenden Blicke. Er schmutzt, riecht und lärmt nicht. Trotz seines Preises von 2.700 Euro entwickelte er sich während der Corona Pandemie in Japan zu einem Kassenschlager. Das Verbot von Haustieren in den sehr kleinen japanischen Wohnungen befeuerte den Absatz von Lovot, aber auch den von Aibo, Sonys Roboterhund. Lovots Innereien bestehen aus 50 Sensoren, einer 360-Grad-Kamera, einem Prozessor und ausgefeilter Software. Sie sorgen bei einer Größe von 42 cm für 37 Grad Wärme und 4,2 kg Gewicht.

Roboter sind ein großer Fortschritt der technischen Evolution, aber intelligente Kleingeräte, Software, Umgebungen und Strukturen sind ebenso wichtig, um Fertigungsprozesse zu überwachen und zu steuern. Hierzu bedarf es intelligenter Gerätschaften und Instrumente. Die Verknüpfung zwischen Robotern und dem Umfeld erfolgt über Sensoren, Cloud Computing, Auto-ID-Techniken, Internet und Big Data, nur um die wichtigsten zu nennen. Intelligente Dienstleistungen gehören ebenfalls dazu, beispielsweise die Fernüberwachung und -wartung (Remote-Service) bei Industrierobotern. Man kann sich die Fabrik der Zukunft als Netzwerk intelligenter Systeme oder als einen Megaroboter vorstellen. Roboter selbst treiben ihre Verbreitung voran und ermöglichen neue Anwendungen im Gesundheitswesen, in Versicherungen, Banken, Verwaltungen und im Handel.

Künstliche Intelligenz

9. Was ist die Industrie 4.0?

Man stelle sich eine fast menschenleere Fabrik vor, in der Fahrroboter, wie von Geisterhand gesteuert, Fertigungsanlagen und Abfüllstationen anfahren, um Rohlinge, Halb- oder Fertigprodukte anzuliefern oder abzuholen. An beweglichen und ergonomisch angepassten Montagestationen wird gearbeitet. Die immer größer werdenden Datenmengen, wie sie in modernen Produktionsanlagen anfallen, werden mit KI schnell und zuverlässig ausgewertet und dem Mitarbeiter entsprechend aufbereitet angeboten. KI erkennt fehlerhafte Geräusche oder Vibrationen und meldet diese als ungewöhnlich. Der Produktionsfluss wird mit Kameras aufgezeichnet und mittels eines Computer Vision-Systems ausgewertet. Augmented Reality-Technologie, also die Überlagerung von Echtzeitbildern mit Handlungsempfehlungen, ermöglicht es dem Werker, einzelne Arbeitsschritte manuell durchzuführen. Dabei werde dem Mitarbeiter Informationen und Ausführungsanweisungen in eine Datenbrille projiziert, so dass er beide Hände für die Ausführung der Arbeitsschritte frei hat. Probleme werden per Fernwartung, dem sogenannten Remote-Service, direkt vom Hersteller einer Maschine behoben. Die zu erledigenden Arbeitsschritte wurden nicht nur in die Maschine einprogrammiert, sondern kommen aus dem Werkstück, das zu bearbeiten ist. Dieser Rohling ist dank eines einbauten Chips „intelligent".

Der Kunde kann den Produktionsstand seines Auftrages online kontrollieren und sich beruhigt zurücklehnen: „Alles paletti". Die Produktionsdaten fließen automatisch in die Tablets oder Smartphones der Mitarbeiter einschließlich der LKW-Fahrer ein, damit diese entsprechend disponieren können. Natürlich „denkt" auch die Maschine mit und gleicht den Auftrag mit dem vorhandenen Material ab und gibt Order an das jeweilige Transportsystem, Nachschub beizubringen. Am Ende wird in der Buchhaltung der Auftrag automatisch fakturiert.

Die Fabrik der Zukunft ist ein leistungsstarker Großcomputer oder das, was man ein Cyber-Physikalisches System nennt. Alles ist intern und teilweise auch nach außen hin vernetzt. Sensoren haben den 360 Grad Überblick, Roboter „sprechen" mit Robotern. So oder ähnlich sehen die Industriearbeitsplätze der Zukunft aus, teilweise schon jetzt.

Von der Industrie 1.0 zur Industrie 4.0

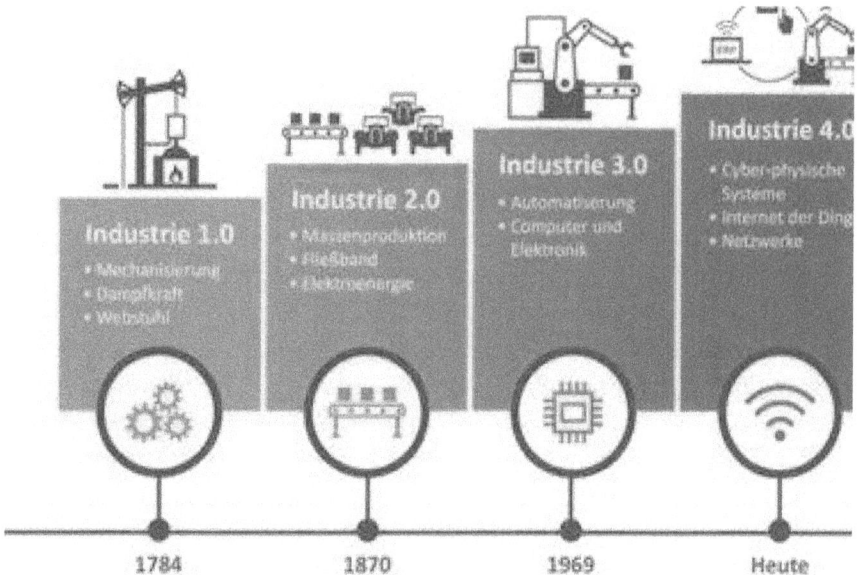

© mit freundlicher Genehmigung der b.telligent GmbH & Co. KG

9.1 Eingebettete Systeme als Entscheider

In der industriellen Fertigung ermöglicht Industrie 4.0 die vertikale Integration von technischen und kaufmännischen Aufgaben nebst Prozessen. Tritt nun ein Problem auf, beispielsweise der Ausfall eines Fertigungsroboters, ergeht Meldung an das mit einem Chip ausgestattete Werkstück, das sich eine andere Fertigungsstation sucht, soweit diese verfügbar ist. Auch das geschieht vollautomatisch. Ist das Fertigungsmodul nicht „ansprechbar", prüft das intelligente Produkt, ob gegebenenfalls der übernächste Produktionsschritt vorgezogen werden könnte. Das war und ist heute noch Sache der Fertigungsplanung. In der 4.0-Fabrik prüft und entscheidet darüber der in das zu fertigende Teil eingebettete Mikroprozessor. Er klärt mittels M2M-

Kommunikation (Maschine-zu-Maschine) in Sekundenschnelle die Situation und trifft seine Entscheidungen. Das sich bisher passiv verhaltende Material bekommt eine aktive Rolle.

Das Attribut „intelligent" wird dem Produkt durch einen erbsengroßen Mikroprozessor verliehen, der sich im oder am Werkstück befindet. Hierfür hat sich der Begriff „eingebettete Systeme" (Embedded Systems, ES) durchgesetzt. Eingebettete Systeme sind Kombinationen aus Kleinstcomputer und Software, die in andere Systeme (Geräte) eingebettet diese kontrollieren, steuern und regeln. Beispiele: Herzschrittmacher, implantierte Biosensoren, Mikrowellen-Geräte, ABS, Smartphones, Navigationssysteme. Der Chip kann als eine Art Fingerabdruck im Produkt verbleiben, so dass dieses lokalisierbar oder identifizierbar ist. Im Haushalt findet man solche Embedded Systems an Heizkostenerfassungsgeräten, die nicht mehr abgelesen werden müssen, weil sie den Verbrauch funkgesteuert einer Abrechnungsstelle melden. Die Abbildung zeigt das Funktionsprinzip eines solchen Prozessors.

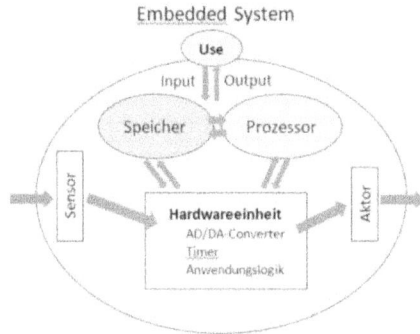

9.2 Produktive Einzelfertigung bei dezentraler Produktion

Plötzlich meldet sich ein guter Kunde mit einem Sonderwunsch, der schnellstens erfüllt werden soll. Er benötigt 500 Produkte, beispielsweise Kurbelwellen. Die Produktion arbeitet gerade an einem Auftrag für einen anderen Abnehmer mit einer Losgröße von 10 000 Stück. Im Normalfall ist es fast unmöglich, den Sonderauftrag in die laufende Produktion einzuschleusen, ohne dass immense Rüstkosten entstehen. Es gilt die Regel: Je mehr identische Produkte im Fertigungsfluss, umso geringer die Kosten (economy of scale). In der 4.0-Produktion wären sogar Losgrößen von 1, also Unikate, machbar. Eine individuelle Fertigung erscheint möglich. Ein Rohling wird mit einem Chip ausgestattet und sucht sich seinen Weg durch die Produktion. Leider steht keine Maschine für die volle Bearbeitungszeit zur Verfügung.

Der Rohling hilft sich, indem er die Leerlaufzeiten an anderen Maschinen nutzt. Das bestellte Unikat wird rechtzeitig fertig. Hier wird eine Schleife von der Einzel- zur Serienfertigung und zurück zur Einzelfertigung beschritten, letztere ohne Produktivitätsverlust.

Heute noch werden die Abläufe zentral von der Produktionsleitung gesteuert und von der Arbeitsvorbereitung koordiniert. Im nächsten Jahrzehnt geht die Initiative vom Werkstück beziehungsweise dem eingebetteten Chip aus, in dem das Fertigungsprogramm für die Maschine gespeichert ist. Der Chip dient als Informationsträger, auf dem alle Prozessparameter gespeichert sind. Die von der ISO 9001 geforderte Rückverfolgbarkeit von Produkten wird hier bestens gewährleistet. Das Produkt steuert sich selbst durch die Produktion. Wir gehen in das Zeitalter dezentraler Fabrikation. In der „integrierten 4.0 Fabrik" wird nicht mehr sequentiell, also der Reihe nach gearbeitet, wie man es vom Fließband her kennt, sondern entkoppelt, flexibel und integriert. In der Fabrik 4.0 stehen Fertigungsinseln, Anlagen oder Roboter, die eine Vielzahl von Operationen ausführen. Die Kommunikation erfolgt funkgesteuert über das Internet, da eine Verkabelung der Fabriksysteme wegen der Menge notwendiger Kabel und deren Länge kaum denkbar wäre. Auch der Materialtransport erfolgt über funk- und sensorgesteuert.

All dies deutet auf einen Paradigmenwechsel hin. Hierfür wurde der Begriff „Industrie 4.0" kreiert. Diese, sich an die IT anlehnende Nummerierung weist auf den Charakter der 4.0-Version industrieller Fertigung hin. Sie wird nicht durch Wasser- und Dampfkraft oder Elektrizität getrieben, sondern durch das Internet.

9.3 Die Chance zu neuen Geschäftsmodellen

Industrie 4.0 treibt nicht nur die Produktivität voran, sondern bietet auch die Chance zu neuen Geschäftsmodellen. Viele Industrieunternehmen beherbergen interne und externe Dienstleister unter ihrem Dach, etwa im Marketing, Rechnungswesen, Vertrieb und Personalbereich. Viele Dienstleistungen sind um einen Industriearbeitsplatz herum angesiedelt. Insbesondere im IT-Bereich wird sich eine Vielzahl neuer Dienstleistungsangebote entwickeln. Hier ist der größte Zuwachs zu erwarten, vor allem im Softwarebereich. Wenn die virtuelle mit der realen Welt verschmilzt und Daten an Bedeutung gewinnen, könnte die Datenverarbeitung als Sekundärmarkt fast wichtiger werden als der Primärmarkt selbst. Es bieten sich vielfältige neue Dienstleistungen an. Das beschleunigt den Wandlungsprozess vom Produkthersteller hin zum produzierenden Dienstleister. Denkbar wäre, dass Fabriken nicht mehr produktorientiert, etwa als Telefonfabrik, gebaut werden, sondern als Anbieter verwandter Produktionstechnologien. Für die Herstellung diverser Produkte ließe sich das Werk jeweils schnell umrüsten. Das Wissen und Können, über das früher der schwäbische Metallfacharbeiter oder der Solinger Besteckmacher verfügten, geht auf IT-Fertigungskomponenten über.

9.4 Auf das Netz kommt es an

Verursacher des industriellen 4.0-Sprunges ist das Internet. Es ist der Auslöser und (An-)Treiber des industriellen Fortschritts. Man agiert in einem Netz. Wer an einem Tornetz zieht, verformt dessen Struktur, denn jeder Knoten ist mit allen Knoten verbunden. Darum wird auch die informationstechnische Vernetzung mit Zulieferern, Kunden und Geschäftspartnern zu einem wichtigen Wettbewerbsfaktor. Jede Änderung am Produkt oder im Produktionsverlauf zieht aufwendige Tätigkeiten bei allen Beteiligten nach sich. Diese erfordern den Einsatz abgestimmter, verzahnter IT-Systeme, denn man befindet sich in einem Wertschöpfungsnetzwerk. Man bedenke, dass gut 300 Systemlieferanten an der Herstellung einer BMW-7er-Reihe mitwirken. 78 Prozent der Wertschöpfung an PKWs wird von den Zulieferern geleistet und nur 22 Prozent von den Herstellern selbst. Im 4.0-Rahmen funktioniert die Zusammenarbeit zwischen den Automobilherstellern und deren Zulieferern nur dann, wenn die Kompatibilität der verschiedenen Dateiformate der Beteiligten gegeben ist. Die Beteiligten eines Wertschöpfungsnetzwerkes müssen sich verständigen und Daten austauschen können. Sie benötigen Softwaresysteme, die als „Simultandolmetscher" für die verschiedenen Softwaresysteme und Datenformate fungieren. Hier liegt gegenwärtig noch eines der zu lösenden Hauptprobleme, zugleich aber die Chance für die KI.

Es geht aber nicht nur um die Orchestrierung der Softwareanwendungen. Der Erfolg von Industrie 4.0 steht und fällt mit dem Zusammenwachsen von Maschinenbau, Automatisierung, Elektronik und IKT. Keine der Gruppen kann das Thema allein bewältigen. Zu lösen wären aber noch weitere Probleme, beispielsweise die mangelnde Rechtssicherheit, ausreichende Bandbreiten, Datensicherheit bei unternehmensübergreifenden Netzwerken, die Akzeptanz der 4.0-Version industrieller Arbeit und die Qualifikation der beteiligten Mitarbeiter.

9.5 Die Wirkung auf die Arbeitsplätze

Der Begriff „Vierte industrielle Revolution" klingt brachial. Vielleicht sollte man den Buchstaben „R" streichen, so dass „Evolution" übrigbleibt. Manche Entwicklungen könnten sich aber als Folge des Mooreschen Beschleunigungsgesetzes und der Halbwertzeit des Wissens sprunghaft vollziehen. Auch Lean Management war zunächst ein schwaches Signal im Business-Äther, wurde schnell stärker und ist heute Industriealltag. Alles, was dauert, währt zu lange, vor allem, wenn die Schätzungen des aus der Industrie 4.0 resultierenden Produktivitätsfortschritts zutreffen. Genannt werden 30 Prozent. Das impliziert einen weiteren Rückgang des prozentualen Anteils der in der Industrie beschäftigten Menschen. Von 1960 bis 2017 fiel dieser Anteil von 48,4 auf 24 Prozent und wird bis 2022 nach Schätzungen des Autors nochmals um sechs Punkte sinken, jedoch ohne Berücksichtigung der aus Industrie 4.0 resultierenden Zusatzeffekte. Nach einer volkswirtschaftlichen Faustregel steigt die Arbeitslosigkeit um ein Prozent pro drei Prozent gewachsener Wirtschaftsleistung. Gleichwohl wird der Anteil wissensbasierter Tätigkeiten in der Industrie zunehmen, hier vor allem in F&E, Konstruktion, Marketing, Personal und Rechnungswesen. Die Liste der Tätigkeiten, in denen Maschinen besser sind als Menschen, wird immer länger. Der Kampf „Mensch gegen Technik" könnte zugunsten der Technik entschieden werden.

10. Das Superhirn Watson (IBM)

Wer die Möglichkeiten der KI nutzen möchte, kann die Anbindung an eine dieser KI-Plattformen nutzen:

o Deep Scalable Sparse Tensor Network Engine (Amazon)
o TensorFlow (Google)
o Watson (IBM)
o Torch (Facebook)
o Cognitive Tolkit (Microsoft)

Doch auch andere Plattformen stehen zur Verfügung oder man programmiert Algorithmen entsprechend gestellter Aufgaben. Mittlerweile entwickelt die Branche integrierte Schaltkreise für Plattformunabhängige KI-Anwenungen. Das ermöglicht die Installation von leistungsfähigen Prozessoren in Endgeräten, ohne über die Cloud eines plattformabhängigen Betreibers zu gehen. Daneben gibt es eine Reihe von spezialisierten Anbietern, denen jedoch die Anwendungsbreite der fünf großen Plattformen fehlt. Nur hier stehen die relevanten Algorithmen zur Verfügung. Sie sind als Cloudplattformen angelegt und bieten API-Schnittstellen (Application Programming Interface) an. Mithilfe einer solchen Schnittstelle wird anderen Programmen möglich, sich an das KI-Softwaresystem anzubinden. Die Plattformanbieter nennen auch die Codes für ihre Lernplattformen, damit sie für jedermann zugänglich sind. Das geschieht nicht uneigennützig, denn so partizipieren sie von den Weiterentwicklungen fremder Forscher und Entwickler. Auch entdecken sie kluge Köpfe, die für den jeweiligen Konzern interessant sein könnten. Hierauf beruht ein großer Teil des KI-Fortschritts.

Welche Plattform genutzt wird, hängt vom Zweck ab. Die Kernkompetenzen der Plattformen sind Spracherkennung, Text und Bildverarbeitung, Dialogführung und die Verarbeitung unstrukturierter Daten. Solche Plattformen bieten die technischen Voraussetzungen, KI für eigene Zwecke einzusetzen, beispielsweise, um Bewerber zu rekrutieren oder in Datenhalden nach verwertbaren Informationen zu suchen.

Plattformen sind eigentlich als Netzwerk gedacht, aber zumeist werden sie nur für eigene Zwecke genutzt. Ihr Nutzen und ihre Attraktivität steigt mit der Anzahl ihrer Nutzer. Dieser Netzwerkeffekt führt zu einer Schrumpfung der Zahl der Plattform-Anbieter und damit zu einer gewaltigen Machtkonzentration, wie es das Beispiel von Google, Apple, Amazon, Facebook und Microsoft zeigt. Deren Marktkapitalisierung beträgt 5,3 Billionen Euro. Deutschlands DAX-Unternehmen repräsentieren gerade mal 1,5 Billionen US-Dollar, der Down Jones bringt es auf 8,9. Allein die Marktkapitalisierung von Amazon beträgt 1,6 Billionen US-Dollar. 840.000 Mitarbeiter sind für den Handelsgoliath tätig.

Watson erlangte 2011 internationale Aufmerksamkeit und Bekanntheit. Das System nahm an der amerikanischen Quiz Show „Jeopardy" gegen die weltbesten Spieler teil und gewann. Bei diesem außerordentlich komplizierten Spiel müssen die Spieler „um die Ecke denken". Bis dato scheiterten alle Versuche anderer Programme, gegen Jeopardy zu bestehen. Nach diesem Erfolg steckte IBM viel Geld in die Weiterentwicklung des Geschäftsfeldes KI.

Das System stützt sich auf insgesamt 200 Millionen Textartikel in seinem Arbeitsspeicher. Es kommt mit natürlich sprachlichen und unstrukturierten Texten zurecht, egal ob Arztbriefe, Fachartikel, Produktbeschreibungen oder Bedienungsanleitungen. Auf Nachfrage nennt Watson die Quellen für seine Bewertungen und begründet sie. Im Hintergrund arbeitet ein Superrechner, der 80 Teraflops pro Sekunde verarbeitet (ein Teraflop: 1.000.000.000.000 Berechnungen/Sekunde).

10.1 Was kann Watson?

Watson ist kein Einzelprodukt, sondern eine integrierte Sammlung von Einzelprodukten mit unterschiedlich hohem Anteil an KI. So erlaubt die Language Identification die Bestimmung von natürlichen Sprachen und die Machine Translation die automatische Übersetzung von einer Quellsprache in eine Zielsprache. Mit dem „Service Question und Answer" können Apps programmiert werden, die auf der Basis hinterlegter Broschüren, Handbücher, Internetseiten oder Blogeinträge gesprochene Antworten geben. „Big Blue" bietet auf der Watson Plattform 30 Applikationen, mit denen Nutzer KI-Eigenanwendungen von Nutzern gestalten können.

Im Normalfall stellen wir Fragen über die Tastatur an ein IT-Suchsystem. Die Antwort erscheint auf dem Bildschirm. Watson funktioniert mit gesprochenen Dialogen. Der Mensch fragt, Watson antwortet, und zwar so, wie wir im Alltag sprechen. Wird Watson nach aktuellen Börsenkursen gefragt, tritt ein Sprachmodul in Aktion, das die Frage einer Kategorie (Person, Wert, Land o.ä.) zuordnet. Dann suchen viele Hypothesengeneratoren eine Antwort. Diese werden überprüft und das gegebenenfalls nochmals, bis nur noch wenige Antwortmöglichkeiten übrigbleiben. Bis zu hundert Antworten werden sekundenschnell mittels Maschinenintelligenz unter Berücksichtigung tausender Kriterien überprüft. Dieses Procedere wird von neu entwickelten Technologien, beispielsweise Natural Language Processing (NLP), unterstützt. DeepQA (Tiefes Fragen und Antworten) nennt sich die IBM-spezifische Software. Sie ist der Kern von Watson. Machine Learning und Deep Learning unterstützen den Austausch zwischen Menschen und Maschine. So schafft es die Watson Anwendung „Discovery" Sprache, Texte, Bilder und Tonaufnahmen aus strukturierten und unstrukturierten Quellen, die bisher größtenteils nicht computerlesbar waren, zu verarbeiten. Das betrifft 80 Prozent aller weltweit erzeugten und abgelegten Daten (s. Kap. 6: Was ist Big Data?). Prognosen, Grafiken, Diagramme und Tabellen werden von Watson Analytics gleich mitgeliefert.

Selbst das Abwägen von Argumenten kann man dem System übertragen. Watson wurde gefragt, ob Video-Gewaltspiele für Jugendliche verboten werden sollten. Der Computer durchsuchte 4000000 Wikipedia-Artikel, fand die zehn relevantesten und extrahierte daraus in wenigen Sekunden drei Argumente für und drei gegen ein solches Verbot. Eine solche Software kann für viele kundennahe Dienstleistungsberufe nützlich sein, etwa für Kreditberater, Juristen oder Ärzte.

Um Watson zu einem IT-High-Potential zu entwickeln, benötigt es Daten und Training. Je mehr von beiden, umso besser. Da sich das Programm insbesondere an die Geschäftswelt richtet, geht es um Produkt, Finanz- und Prozess- daten oder die Kundenkorrespondenz. Diese lassen sich beliebig mit Wissensdatenbanken oder Social Media verknüpfen, um neue Daten zu generieren und andere Sichtweisen auf ein gegebenes Problem zu erschließen. Die beschafften Daten stammen aus dem „Internet der Dinge", vorzugsweise dem industriellen Sektor. Dort werden sie u.a. zur vorbeugenden Instandhaltung und Qualitätssicherung genutzt.

Fragen zu einfachen Rechtsfällen, etwa Falschparken oder Mietschulden, beantwortet der „DoNotPay Service". Mit dem „Enterprise Search System" lassen sich Datenberge komfortabel durchsuchen und empfängergerecht aufbereiten.

Um schnell auf Touren zu kommen, kann Watson schon zum Start mit einem Grundwissen zu Branchen oder Tätigkeiten ausgestattet werden, um auf organisationsinterne oder kundenspezifische Sachverhalte und Begriffe mit Musterdialogen trainiert zu werden.

10.2 Watsons Ökosystem

Watson pflegt sein „Ökosystem". Damit ist wie in der Natur das systemerhaltende Umfeld gemeint, hier also Entwickler, Lieferanten, Kunden, Universitäten und andere. Im Ökosystem werden Informationen, Ressourcen und Artefakte ausgetauscht. Die Plattformkunden nutzen diese für ihre speziellen Bedürfnisse, entwickeln sie weiter oder ergänzen sie branchenspezifisch. Hierzu ein Beispiel: Ein Startup entwickelt eine App, die kleinen oder großen Restaurant- oder Imbissketten zeigt, wo sich eine Filiale lohnt oder nicht. Watson verarbeitet diese Frage, indem es auf Informationen zu fraglichen Gegenden zugreift, so etwa zur Historie früherer Lokale, Kundenbewertungen von Konkurrenzunternehmen, Speisekarten sowie zur Einkommenssituation und Sozialschichtung der Einwohner. Auch eine bekannte Partnervermittlungsagentur nutzt diese App zur Umfeldbestimmung der Partnersuchenden.

Die amerikanische Krebsforschung stützt sich ebenfalls auf Watson. Von IBM ist zu hören, dass „Watson for Oncology" weltweit in 230 Kliniken eingesetzt wird. Aus Millionen von aggregierten und strukturierten Daten Krebskranker schöpft Watson wertvolle Erkenntnisse für Diagnose und Therapie. Das System hat formal viel mehr Wissen als jeder Mediziner der Welt. Natürlich könnten und werden auch andere Wissensgebiete erschlossen und Watson wird so zum universellen Problemlöser gemacht.

Mittels KI soll Watson die Eignung von Bewerbern für vakante Stellen in ausgesuchten Unternehmen feststellen. Die Persönlichkeit wird unter Nutzung aller verfügbaren Daten, einschließlich Social Media, durchleuchtet und testpsychologisch geprüft. Auch hier werden die Möglichkeiten von Machine- und Deep Learning genutzt, beispielsweise indem die Bewerber auf eine vakante Stelle mit zehntausenden Personen aus ähnlich gelagerten Bewerbungsverfahren verglichen und dabei Sachverhalte erkannt werden, die im Verborgenen geblieben wären.

Namhafte Weltkonzerne, so beispielsweise Volkswagen, BMW, John Deere, ABB, KPMG, Lufthansa, Twitter, Coca-Cola und VISA arbeiten mit Watson. Dennoch zeigt ein Blick in die Fachliteratur, dass sich die Geister an Watson scheiden. Kritiker meinen, das System sei mehr Marketing als KI. Die Kritik entzündete sich vor allem an der Spracherkennung.

IBM bewirbt Watson als ein „Cognitive Computing System", das denkt und lernt. Wer sich selbst ein Bild der Möglichkeiten von Watson machen will, hat hierzu unter https://console.bluemix.net/catalog/ ?category=ai die Gelegenheit.

Das deutsche Krebsforschungszentrum in Heidelberg hat 2018 die Zusammenarbeit mit „Doktor Watson" ohne Ergebnis beendet. Der Krankenhausbetreiber Rhön Klinikum, bei dem Watson die Diagnose seltener Krankheiten verbessern sollte, zog schon 2017 die Reißleine. Auch die Onkologen der Großklinik Leighton in England kündigten Watson nach einer Erprobungsphase. Der Super-Computer soll mit seinen Empfehlungen für die Krebstherapie zu oft daneben gelegen haben. Außerdem handelte es sich bei den Diagnoseempfehlungen um onkologisches Allgemeinwissen, das den Spezialisten nicht reichte.

Künstliche Intelligenz

11. Roboter-Offensive auf die Arbeitsplätze

Informationen und Meinungen zur Arbeitsmarktentwicklung infolge KI werden begierig aufgenommen. Das wissen auch die um Quote kämpfenden Journalisten, die oftmals vorschnell und ungeprüft „Sensationen" verkünden, welche keine sind. Viele Meldungen sind auch nur „aufgewärmt". Sie stammen aus einer Erstquelle, laufen über verschiedene Schreibtische und werden, je nach Sichtweise und Leserkreis, modifiziert und moduliert. Das gilt insbesondere für Informationen, in denen es viele unberechenbare Variablen gibt und der Interpretationsspielraum groß ist, beispielsweise bei Wirtschaftsprognosen.

Der sich Philosoph nennende Publizist Richard David Precht meint dennoch die Zukunft zu kennen. Er schrieb in der ZEIT: „Etwa die Hälfte aller heutigen Arbeitsplätze in der westlichen Welt könnten schon 2030 nicht mehr existieren." Er will wissen, dass in nur 13 Jahren 50 Prozent aller Arbeitsplätze verschwunden sein werden. Manche Experten warnen vor solchen Prognosen, denn die KI sei noch weit davon entfernt, intelligent zu sein. Voraussagen dieser Art verschaffen Aufmerksamkeit und Bekanntheit, auch wenn sie unseriös sind. Im Silikon Valley werden derweil weitere Programme und Geschäftsmodelle zur KI entwickelt. „Wir sind vor allem Anderen ein Künstliches Intelligenz Unternehmen", sagt Google Chef Sundar Pichai.

Ähnliches ist vom Microsoft-Chef Satya Nadella zu hören: „KI ist der Kern von allem, was wir tun." Automatisierung und Digitalisierung machten die Industriearbeit schneller, leichter und vor allem profitabler. Vor allem die KI prägt die Arbeitswelt von morgen. Sie bewirkt das sogenannte Robosourcing von Arbeitsplätzen innerhalb des Unternehmens. Das bedeutet, dass eine von Menschen ausgeführte Arbeit auf eine Maschine übertragen wird. Hierbei übernimmt KI die Hauptrolle. Dank ihrer Analysefähigkeit wird sie Zusammenhänge und Möglichkeiten erkennen, die für den Menschen heute noch nicht erkennbar sind.

In den 1960er Jahren boten sich einfache Fertigungsroboter, sogenannte NC-Maschinen, für das Robosourcing an. Später erleichterten IT-Systeme die Auftragsabwicklung und Buchhaltung. Personal Computer waren ein Quantensprung bei der Textverarbeitung. Die Digitalisierung verbreitete sich schnell wie ein Lauffeuer. Aber noch immer saßen Menschen an den Bedienungsknöpfen von Maschinen und in den Messwarten von Fabrikhallen. Dieser Platz wird ihnen durch die KI streitig gemacht. Buchhalter, Sekretäre, Lagerarbeiter und Maschinenbediener werden von Robotern oder „intelligenten" Gerätschaften ersetzt, von solchen ohne Rückenschmerzen und Migräne, ohne Unlust und Unpünktlichkeit, die ständig bereit sind, dazuzulernen.

11.1 KI ersetzt Manager

KI ist in der Lage Entscheidungen zu treffen, die bisher von Fachleuten gefällt wurden, vorausgesetzt die verwendeten Daten und der Entscheidungsrahmen sind stimmig. Sie macht Anwälte, LKW-Fahrer, Personal-Manager, Banker, Bürokräfte und viele andere Berufstätige arbeitslos. Viele, ja fast alle Tätigkeiten werden von der Digitalisierung erfasst, selbst die des Managers, wie es das Beispiel des Weltkonzerns Hitachi (307.000 Mitarbeiter) zeigt. In ausgesuchten Warenhäusern dieses Unternehmens ist KI an die Stelle von Vorgesetzten getreten. Mitarbeiterführung ist hier von subjektiven Einflussgrößen, von den Urteilen und Vorurteilen des Vorgesetzten, befreit. Computer analysieren vor Ort die Arbeitsabläufe von Angestellten und sind gegenüber den leiblichen Mitarbeitern direkt weisungsbefugt. Algorithmen stellen die bestehende Hierarchie in Frage. Machtgefüge weichen auf, verschieben sich oder zerbröckeln. Angeblich soll sich die Produktivität um acht Prozent gesteigert haben. Hitachi spricht von einer „Kooperation" zwischen Menschen und KI.

Ein Investmentunternehmen in Honkong folgt diesem Beispiel. Dort wurde ein Softwareprogramm in den Rang eines gleichberechtigten Vorstandsmitglieds erhoben. Ohne das OK der Algorithmen wird keine Investition mehr entschieden. Neuester Trend aus Asien ist der Versuch, die Unternehmens- und Führungskultur zu automatisieren. Simon Schafheitle von der Universität St. Gallen erklärt hierzu: „Dabei werden die Hirnströme von CEOs analysiert, um herauszufinden, was einen guten Chef ausmacht, wie eine Entscheidung entsteht und ob ein Algorithmus nicht vielleicht eine ganze Firma ‚besser' steuern kann."

Die algorithmische Intelligenz ist eine Allzwecktechnologie. Sie wird viele Branchen umpflügen. Software frisst die Welt, meint Netscape-Gründer Marc Andreessen. Da Algorithmen in vielen Bereichen besser und schneller entscheiden als Menschen, ist ihr Siegeszug nicht zu stoppen. KI arbeitet vereint mit anderen Digitalakteuren im Internet der Dinge. Dieses sorgt dafür, dass das Ganze mehr als die Summe seiner Teile ist. Wir können uns auf unendlich viele neue Produkte und Dienstleistungen, auf andere Organisationsformen und fundamentale Veränderungen der Arbeitswelt einstellen. Es wird Irrwege im Prozess der digitalen Transformation geben, aber auch plötzliche Erfolge.

11.2 Optimisten und Pessimisten

Wie immer bei epochalen Umbrüchen melden sich Pessimisten und Optimisten. Da sind einerseits jene, die schlimme Folgen für Jobs und Einkommen befürchten und andererseits solche, die vom digitalen Gold geblendet, in der Goldgrube der KI schürfen wollen oder eine von Mühsal befreite Arbeitswelt besingen. Die Wissenschaft äußert sich vorsichtig, die Politik optimistisch. KI-Experten, so Tesla-Chef Elon Musk, warnen, andere, wie der Wissenschaftsphilosoph Max Tegmark, befürworten die KI. Wer behält Recht?

Der industrielle Fortschritt war stets von Klageliedern der Betroffenen begleitet. Aber heutzutage werden es keine Trauerchoräle von Einzelberufen wie Webern, Bergarbeitern oder Bankkassierern sein, denn „der menschliche Bediener verschwindet aus allem, was sich bewegt," sagt der KI-Pionier Frank Chen. Um gesellschaftliche Großprobleme zu vermeiden, gründeten die Großen der IT-Branche einen Ethikrat.

Apokalyptiker befürchten, dass die Machtübernahme der Roboter und damit das Ende der Menschheit droht. Euphoriker sehen in der KI das Rezept zur Lösung vieler Menschheitsprobleme. Pragmatiker arbeiten derweil an konkreten Problemen.

Es gibt ein Genre von Prognosen, die auf einzelnen Beispielen beruhen und die allzu leicht verallgemeinert werden. Beispiel: Bei Goldman Sachs wird die Arbeit von ehemals 600 Parketthändlern dank KI nun von zwei Mitarbeitern erledigt.

Durch KI-Systeme ersetzt lösen solche SOS-Meldungen Vermutungen und Ängste aus, insbesondere in der Finanzbranche, denn 99 Prozent der Bankenprodukte sind digital. Deutschlands Bundesbank geht davon aus, dass 80 bis 90 Prozent der Entscheidungen vollautomatisiert sekundenschnell vonstatten gehen. Beim vollautomatisierten Algo-Trading wertet der Computer Marktdaten aus und trifft darauf aufbauend Kauf- oder Verkaufsentscheidungen. Der Chef der Bundesanstalt für Finanzdienstleistungsaufsicht (BaFin) beklagt, dass Maschinen eigentlich nie die volle Verantwortung für wirtschaftlich relevante Entscheidungen tragen dürften, denn „wir müssen die Entscheidungen eines voll- oder teilautomatisierten Prozesses jederzeit nachvollziehen können." Nur so bestehe eine Chance, eingreifen zu können. Einige Kerninformationen genügen, um Gerüchte zu entfachen und Alarm auszulösen. Von überall her kommen Meldungen über Personalfreisetzungen infolge von Digitalisierung. Aber schon bevor sich die KI entfaltete, gingen Arbeitsplätze infolge von Produktivitätsfortschritt verloren. Doch dieser Fortschritt vollzog sich über lange Zeiträume. Es blieb genügend Zeit, sich anzupassen. Heute verläuft der Fortschritt im Formel1-Tempo. Wir müssen schnellstens das wieder verlernen, was wir uns gerade erlernten. Doch die Digitalisierung ist nicht die allein Schuldige für den Verlust von Jobs. Auch die Mess-, Steuer- und Regelungstechnik hatte Rationalisierungseffekte. Wenn das Rechnungswesen eines Unternehmens nach Polen oder Teile der Fertigung in die Türkei ausgelagert wurden, dünnten sich in Deutschland die entsprechenden Abteilungen aus.

Die Wirtschaftsgeschichte zeigt, dass Arbeitsplätze verschwinden, aber neue treten immer wieder an ihre Stelle, meinen die Optimisten. Sie machen darauf aufmerksam, dass Länder mit der höchsten Roboterdichte, Japan, Süd-Korea und Deutschland, relativ wenig Arbeitslosigkeit haben. Wie lange wird es so bleiben? Die Pessimisten entgegnen, dass neue Technologien eine gewisse Zeit benötigen, bis sie ihre volle Wirksamkeit entfalten. Inzwischen kann es auf dem Arbeitsmarkt ungemütlich werden. Wen wundert es, dass in letzter Zeit die Themen Grundeinkommen und Maschinensteuer erneut diskutiert werden (s. Kap. 12: Wird ein Grundeinkommen notwendig?).

11.3 KI im Handel und Büro

Der sorgenvolle Blick der Menschen richtet sich auf Fabriken, dort auf menschenleere Hallen, auf Roboter und selbstfahrende Transportsysteme. Aber auch Krankenhäuser, Banken und Versicherungen, Stadtverwaltungen und Logistik sind von informationstechnologischen Umbrüchen betroffen. Mehr als in der Industrie schlagen bei Dienstleistern die Personalkosten zu Buche. Sie bieten Anreiz zu Rationalisierungen mittels KI. SAP und Novell, IBM und viele Softwareschmieden offerieren die passende Software.

Verstärkt wird der Rationalisierungsschub durch die „Selbstbedienungswirtschaft". Der Kunde nimmt der Wirtschaft die Arbeit ab, sei es an den Tanksäulen, bei Online-Überweisungen, beim Bezahlen an den neuen Self-Scannerkassen, beim Fahrkartenverkauf oder an den DHL-Abholboxen. Er erbringt Dienstleistungen für den Dienstleister. Die Weiterverarbeitung seiner Eingaben erfolgt ohne menschliches Zutun.

Auch die Arbeitsplätze im klassischen Einzelhandel sind durch die Digitalisierung betroffen. Der Onlinehandel tritt an die Stelle der Ladentheke. In den Versandzentren von Amazon bestücken Roboter die bestellten Waren. Onlinehandel reduziert Arbeitskosten und Mieten. Einkaufsentscheidungen für Lebensmittel basieren auf KI. LIDL und EDEKA wissen dank ihrer Big-Data Bestände, wie viele Tonnen Bananen sie an einem bestimmten Tag in irgendeinem Monat benötigen. Der Einkauf in den Anbauländern und die dazugehörige Logistik werden entsprechend geplant.

Auch der stationäre Handel wird digital hochgerüstet. Amazon testet seit 2020 in Los Angeles neue Einkaufswagen. Die im „Dash Cart" eingelegte Ware wird automatisch erfasst und vom Bankkonto des Kunden abgebucht. Überwachungskameras und Sensoren werden überflüssig. Ladendiebstahl funktioniert nicht mehr.

11.4 Algorithmen statt Akademiker

Natürlich sind es die Geringqualifizierten, auf die es Produktionsroboter abgesehen haben. Doch auch Höherqualifizierte kommen auf die schwarze Liste, wenn die Softwareautomatisierung mit der bisherigen Geschwindigkeit zunimmt. Neue und bessere Algorithmen warten auf ihre Chance. Selbst für Apotheker, Juristen und Journalisten trüben sich die Zukunftsaussichten ein. Wer glaubte, nur einfache Tätigkeiten seien durch Roboter ersetzbar, wurde von einer Software der 2010 gegründeten Narrative Science eines Besseren belehrt. Es handelt sich um ein Programm, das die Presseberichterstattung, vor allem über Sportereignisse, automatisiert. Die Programmalgorithmen nehmen Rohdaten auf, ermitteln ihre Bedeutung und erzeugen daraus leicht verständliche Beschreibungen und Erklärungen in natürlicher Sprache. Es geht nicht nur um die Wiedergabe von Fakten. Das Programm schreibt in Fließtext eine möglichst interessante Geschichte mit Informationen zu den Ereignissen, den Spielern und wichtigsten Spielzügen. Überwiegend geht es aber darum, strukturierte Informationen, beispielsweise aus Tabellen, in normalsprachlichen Text zu übertragen (s. Kap. 13: Schreiben und übersetzen mit KI). Ein Trost bleibt: Für Glossen, Reportagen, Recherchen und Kommentare benötigen wir wohl auch noch in 100 Jahren versierte Journalisten. Kaum war die Software der „Narrative Science" eingeführt, folgte eine bessere, eine die Buchmanuskripte liest und bewertet. „Der Verlag kann sich den Lektor sparen", schrieb die „Welt". Die Software LiSA ermittelt innerhalb von 60 Sekunden die Bedeutung eines belletristischen Werkes, visualisiert den Inhalt und bewertet den wirtschaftlichen Erfolg eines Buches.

Ähnliches soll eine Software der Firma Cinelytics leisten, die Warner Bros. einsetzt, um den Erfolg von Filmen vorherzusagen. Auf der Grundlage entsprechender Daten erfährt der Medienkonzern, wie gut ein bestimmter Schauspieler in einem beliebigen Land der Welt ankommt und wie hoch die voraussichtlichen Umsätze sein werden. Filmkritik war gestern, Algorithmen sind heute. Wenn diese Maßstab werden, könnte man auch den Erfolg von Anna Jurjewna Netrebko und Jonas Kaufmann im Vergleich zu Udo Lindenberg und Helene Fischer algorithmisch errechnen. Aber Qualität und Erfolg sind zweierlei Dinge.

Annähernd so wie die Software für Lektoren funktioniert ein Programm, das Google schon vor Jahren zum Patent anmeldete. Die darin enthaltenen Algorithmen erstellen personalisierte E-Mails, Tweets und Antworttexte für soziale Medien. Vorgeschaltet ist eine Analyse der verfügbaren E-Mails und schriftlicher Kommunikationstexte eines Absenders. Der Text basiert auf dessen üblichem Schreibstil und seiner Tonalität.

IBM steht nicht abseits. Sein KI-Universalwerkzeug Watson (s. Kap. 10: Das

Superhirn Watson) kann auch Kundenkorrespondenz beantworten, versteht Umgangssprache, Redewendungen, Stimmungswörter und erkennt sogar das, was zwischen den Zeilen steht. Kunden bekommen ein vom System automatisch individuell zugeschnittenes Antwortschreiben, so beispielsweise bei der Versicherungskammer Bayern. Kris Hammond, Gründer von Narrative Science, ist sich sicher: „2025 werden Roboter 90 Prozent aller Informationen für das breite Publikum erstellen."

Im Bereich der Systemgastronomie ist mit der Computerisierung der Zubereitung von Burgern zu rechnen. Den 1,8 Millionen beschäftigten Mitarbeitern in 37.000 McDonalds Grillstationen (Stundenlohn Deutschland 2020: 9,35 €) droht der soziale Abstieg um eine weitere Stufe nach unten, obwohl der Stundenkohn bis zum Juni 2024 auf 11,80 Euro angehoben werden soll.

In der japanischen Restaurantkette Kura werden Sushi-Happen von Robotern hergestellt, serviert und automatisiert berechnet. Der Kunde bestellt sie per Mausklick. Auch alle weiteren Arbeitsgänge, wie Geschirr abräumen und spülen, vollziehen sich digital gesteuert. Dank dieses schlanken Geschäftsmodells kosten Sushi-Rollen nur etwa 0,80 Euro, weit unter dem Marktpreis.

11.5 KI als Lohndrücker

Die amerikanische Textilindustrie hat in den Jahren von 1990 bis 2012 etwa1,2 Millionen Arbeitsplätze in Billiglohnländer verlagert. Nun ist ein Reshoring- Prozess im Gange, denn inzwischen ist der Automatisierungsprozess in den USA so hoch, dass selbst die Billiglöhne in China und Indien keinen Wettbewerbsvorteil mehr bieten, da die Durchschnittslöhne dort ständig steigen. Siemens stellt wieder Mobiltelefone in Deutschland her. Bosch errichtet sein neues Chipwerk nicht irgendwo in Asien, sondern in Dresden. Selbst Adidas hat einen Teil seiner Produktion ins Frankenland rückverlagert. 3-D-Drucker stellen individuell an den Fuß angepasste Sohlen her. Da die Niedriglohnländer ihre Möglichkeiten der Kostensenkung fast ausgeschöpft haben, ist „Reshoring" angezeigt, so der neue Fachbegriff.

Dass der technische Fortschritt vielfältige Wirkungen auf das Einkommens- und Sozialgefüge hat, ist ein Allgemeinplatz. Heutzutage offenbart sich der technische Fortschritt durch KI im Verbund mit Robotern. Mit dem Zeitalter der Digitalisierung begann die Epoche der Lohnschrumpfung. Das bestätigte sogar der Internationale Währungsfonds (IWF) in seinem weltwirtschaftlichen Lagebericht 2017. Die neoliberalen Gralshüter kamen nicht umhin, das Ungleichgewicht von Einkommen und Vermögen zu konstatieren. Ihr jahrelanges Credo „Wachstum nützt den Benachteiligten und motiviert die Leistungsträger" erwies sich als Trugschluss.

Viele Studien belegten das Gegenteil. Der IWF konnte den Abwärtstrend der Lohnquote nicht mehr leugnen. Wie von anderen Wirtschaftsforschern zuvor, wurden zwei Ursachen benannt:

1. Technologische Sprünge infolge der Digitalisierung und
2. die wachsende Arbeitsteilung auf dem globalen Spielfeld.

Digitale Technologien haben die größere Auswirkung. Sie bewirken einen steilen Preisverfall bei Investitionsgütern, so auch bei Industrierobotern. Deren Leistung steigt, aber die Preise fallen. Es werden einarmige Fertigungsroboter schon unter 10.000 Dollar angeboten. 3-D-Drucker sind für schon für 2.000 Euro zu bekommen. Es ist ein Preisverfall zu erwarten, der an die PC- Entwicklung in den 1980er Jahren erinnert.

Leider wurde auch der Kuchen des Produktivitätsfortschritts sehr ungleich mäßig beziehungsweise fast nicht geteilt. Früher galt das ungeschriebene „Gesetz der konstanten Lohnquote" von John Maynard Keynes, nach dem sich Löhne und Produktivitätsfortschritt im Gleichschritt bewegen müssen. Mitte der 1970er Jahre galt das Gesetz nicht mehr. Heute fallen die Früchte des Produktivitätszuwachses allein den Unternehmen zu.

Ein genauer Blick auf die hinkende Lohnentwicklung von 2000 bis 2018 zeigt, dass es sich vorwiegend um ein Problem von atypisch Beschäftigten und Niedrigverdienern handelt. Das sind diejenigen, die auf Platz 1 der Abschussliste roboterisierter Produktion stehen. Sie sind am ehesten bereit, Lohnkürzungen in Kauf zu nehmen, nur um ihren Arbeitsplatz zu erhalten. Bei den ärmsten zehn Prozent der Haushalte schlagen Lohneinbußen am stärksten zu Buche, so dass sogar die Deutsche Bundesbank wiederholt höhere Tarifabschlüsse empfahl. Während die Normalverdiener ein Jahreseinkommen von 32.500 Euro erzielen, sind es bei einem Fünftel der Berufstätigen nur 16.000 Euro, weniger als der EU-Durchschnitt. MIT-Starökonom Erik Brynjolfsson meinte in einem SPIEGEL- Interview im Februar 2020, dass die durch Digitalisierung bewirkten Wohlstandsgewinne künftig nur noch von wenigen eingestrichen und die Ungleichheit tendenziell zunehmen werde. „In den vergangenen 20 Jahren hat die untere Hälfte der Einkommen kaum von der technologischen Entwicklung profitiert, den Gutverdienern ging es immer besser." Man kann also von einer Verarmung der Armen und vom Reicherwerden der Reichen sprechen.

Wer wenig verdient, kann wenig sparen. Einkommens- und Vermögensungleichheit bedingen sich wechselseitig. Die vermögensärmsten 40 Prozent der Deutschen konnten kaum Vermögen aufbauen, während sich knapp ein Drittel des Nettovermögens auf den Konten von nur einem Prozent der Superreichen befindet. Das ist der treffende Beweis für den Befund des vieldiskutierten Wirtschaftswissenschaftlers Thomas Piketty, wonach die Rendite auf Kapital in diesem und im vergangenen Jahrhundert höher war als der Anstieg von Löhnen und Gehältern, ja gar höher als das gesamte Wirtschaftswachstum. Er drückt das kurz mit der Formel $r > g$ aus (return on capital > growth). Der Investmentmilliardär Warren Buffet übersetzt das so: „Wenn es einen Klassenkampf gibt, dann ist meine Klasse der Gewinner."

Was die Vermögensmobilität angeht, so gilt: Arm bleibt arm und reich wird reicher. Zumeist sind es fette Erbschaften, die niedrige Steuern und ein fi- nanziell sorgenfreies Leben garantieren. Es scheint, dass die amerikanische Krankheit der Unterschichtenexklusion die Ära des sozial regulierten Kapi- talismus beendet. Statt Wohlstand für alle (Ludwig Erhardt) gilt jetzt Reich- tum für einige wenige.

11.6 KI als Juristenkiller

Eine Industrienation verfügt im Gegensatz zu einem Entwicklungsland über eine bedeutsame Mittelschicht. Seit Beginn von Globalisierung und Digitalisierung erodiert diese Schicht. Sie wird Opfer des digitalen Kahlschlags. Viele aus dieser Sozialschicht arbeiten in Banken oder Versicherungen, in der Buchhaltung, im Ein- oder Verkauf, in der Personalverwaltung, in der Kon- struktion oder der Qualitätssicherung. Sie tragen Daten zusammen, bereiten diese auf, speichern sie oder reichen sie an andere Abteilungen weiter. Von der Grundform her sind sie Informationsverarbeiter. Sie machen das, was moderne Bürosoftware inzwischen genauso gut erledigt. Die Spracheingabe in MS-Word macht auch noch die letzte Sekretärin überflüssig. Wirtschaft und Gesellschaft müssen sich darauf einstellen, dass sich das „Robosourcing" auf die Beschäftigten im Dienstleistungsbereich stärker auswirkt als in der Industrie.

Hunderttausende Juristen (Deutschland: 165.000) quälen sich weltweit durch Gesetzestexte, Urteile, Kommentare, Fachartikel und ähnliches, um Argumente für Rechtsstreitigkeiten oder Antworten auf juristische Fragen zu finden. In der globalen Welt reicht es nicht mehr, nur das deutsche Rechtssystem zu kennen. Auch ausländische Dokumente sind relevant. Die Recherche kostet Zeit und Geld. In Großkanzleien, besonders in den USA, verrichten Jura Frischlinge juristische Kuli Arbeit. Deren Aufstiegswünsche zum „Senior Advokaten" werden immer mehr durch sogenannte E-Discovery Software zunichte gemacht. Deren Algorithmen durchkämmen sekundenschnell Millionen elektronischer Dokumente und picken jene die relevanten heraus. Das Ergebnis ist mehr als die simple Schlagwortsuche bei Google, denn entscheidende Stellen werden selbst dann gefunden, wenn die Eingabeinformationen unvollständig sind. Ein spezieller Algorithmus erkennt Muster in Gerichtsurteilen und leitet daraus Prognosen über Gerichtsurteile ab. Auch in Shanghai erledigen Algorithmen die mühevolle Suche nach Urteilen und Gutachten, um Richtern Vorschläge zum Strafmaß zu unterbreiten. Die Arbeit eines Juristen kann zukünftig von einer Rechtsanwaltsgehilfin geleistet werden.

Legionen frischgebackener Jura-Absolventen finden keine Arbeit als Anwalt und starten mit gewaltigen Schulden ins Berufsleben. Sie sind gezwungen, als Prüfer von Online-Dokumenten zu arbeiten. Es droht eine „Industrialisierung" der Juristerei, bei der rechtliche Standardleistungen automatisiert und preiswerter als bisher erbracht werden. Fachanwälte konzentrieren sich auf teure Boutique-Lösungen für Spezialfälle. Die Juristenblase droht zu platzen.

Auch in Europa laufen Tests, die Urteilsfindung durch Roboter zu ersetzen. KI soll das Risiko von Wiederholungstaten einschätzen und das Strafmaß bestimmen. Hierbei stellen sich aber Fragen der Ethik und des Datenschutzes. Eine aktuelle britische Studie fand heraus, dass Computer lediglich 79 Prozent von Urteilen genau vorhersagen konnten. Das ist für viele Fachleute zu wenig.

Da Herkunft und Bildung eines Straffälligen in die Strafmaßbestimmung mit einfließen droht die Gefahr, dass sich die KI von Klischees leiten lässt. Entscheiden Richter anders als es die für jeden Rechtsanwalt zugängliche Software empfiehlt, hätten die Gerichte ein schwerwiegendes Legitimitätsproblem.

11.7 KI ersetzt Wissensarbeit

Viele der Softwareangebote für Dienstleister tragen dazu bei, den Bedarf an Wissensarbeitern zu senken und Hierarchien auszudünnen. Heerscharen der white-collar-Berufstätigen und des mittleren Managements werden sich in Luft auflösen. Das sind Menschen, die weder der Ober- noch der Unterschicht angehören, weder reich noch arm, weder privilegiert noch unterprivilegiert sind. Sie verfügen über eine gute Bildung, ein gutes Einkommen und sind frei von körperlicher Arbeit.

Wer sich der Mittelschicht zuordnet, sagt damit indirekt „ich bin gut genug". Aber die gesellschaftliche Mitte muss um ihren Platz fürchten. Sie wird mehr und mehr an den Rand hin zur Schattenseite gedrückt. Wer oben ist, bleibt oben, wer unten ist, bleibt unten, aber die Mitte erodiert. Noch nie war die Gefahr des Absturzes und des Prestigeverlustes so groß wie heute. Abwärts geht es schneller als aufwärts. Statuspanik entsteht. Niemand muss sich vor Hunger und Kälte fürchten, wohl aber vor Ausgrenzung. Deutschland ist auf dem Wege zur „Republik der Mitte(l)-Losen".

„Decision Making" nennt sich eine Methode der Entscheidungsfindung mit Hilfe von KI, die bei strategischen Entscheidungen zum Einsatz kommt. Hier errechnet eine Software, welche Entscheidungsalternativen die größten Erfolgschancen haben. Das war früher der Job von Managern. KI ersetzt deren Sachverstand. Hierzu bedient sie sich verschiedener Methoden, u.a. der Simulation, der Szenario Analyse oder der Trendextrapolation. In letzter Konsequenz folgt daraus, dass das Denken von Managern durch Denkprogramme ersetzt wird. So könnten Fondsmanager von Investmentgesellschaften durch passende KI-Programme ausgetauscht werden. Software dieser Art ist in der Lage 100 000 Faktoren zu berücksichtigen.

„Achtung, Achtung! Millionen Arbeitsplätze sind bedroht." Das ist der gängige Tenor der Berichterstattung zum Thema Roboter in der Arbeitswelt.

Doch die Wissenschaft ist sich nicht einig, ob der Alarmismus angebracht ist. Verschiedene Studien kommen immer wieder zu unterschiedlichen Ergebnissen.

Seit der nachstehend vorgestellten Studie der Professoren Osborne und Frey aus dem Jahr 2013, bei der es um den Einfluss der Digitalisierung auf die Beschäftigungssituation ging, erschienen weitere, solche, die sie bestätigten, aber auch andere, die ihr widersprachen. Ohne den in diesem Kapitel vorgestellten Studien widersprechen zu wollen, handelt es sich um Studien, die einen hohen prognostischen Anteil haben. Das kann auch nicht anders sein, da die Datenmenge relativ gering war, so dass kritisch nach der Validität gefragt werden darf. Das gilt auch für die Untersuchungszeiträume, denn das Thema KI ist sehr jung. Sind viele Aussagen zur Arbeitsmarktentwicklung nicht einfach verfrüht? Zu bedenken ist auch, dass Veränderungen der Beschäftigtenzahlen nicht allein auf KI beruhen. Andere Faktoren, beispielsweise die Marktsituation, Innovationen und organisatorische Veränderungen wirken mit. Es ist schwer, in einem Unternehmen den Beschäftigtenabbau tätigkeits- oder bereichsbezogen sauber abzugrenzen. Was und wie viel Prozent entfallen auf die KI, wie viel auf das Normaldigitale, wie viel auf organisatorische Umstellungen, wie viel auf Produktionsverlagerungen u.ä.m.? Die hier folgende Übersicht zum Stand der Expertendiskussion entspricht den Stand 1919/1920. Sie soll bei der persönlichen Urteilsbildung helfen.

11.8 Expertendiskussion

Osborne und Frey (Universität Oxford)
Die Professoren Osborne und Frey (Universität Oxford) waren die ersten, die schon 2013 vor den gravierenden Folgen der digitalen Roboterisierung warnten. Ihre Studie, die erst 2017 veröffentlicht wurde, hatte große Leuchtkraft. Die Herkunftsuniversität wirkte wie ein Gütesiegel. Wenn der TV-Philosoph Richard David Precht sie dann zitiert, verleiht ihr das zusätzlichen Glanz.

Die Autoren meinen, dass 18 Millionen der US-Arbeitnehmer in Berufen arbeiten, die in den nächsten 10 bis 20 Jahren digitalisiert beziehungsweise „informatisiert" werden könnten. Insgesamt seien 47 Prozent aller Jobs in den USA bedroht.

Dieses Diskussionspapier, mehr wollte und sollte es nicht sein, ist für die Wochenzeitung DIE ZEIT eine „Pi mal Daumen-Studie". Dieser Einschätzung haben sich viele renommierte Arbeitsmarktforscher angeschlossen. Doch trotz dieses Negativurteils wurden die Autoren berühmt und von maßgeblichen Institutionen wie Weltbank, EU-Kommission und Glanzkonzernen wie AUDI und Vodafone zum Vortrag geladen. Das Oxford-Diskussionspapier mutierte zur Glaskugel, in die alle hineinschauen wollten.

McKinsey Global Institute

Ähnlich pessimistisch äußern sich die McKinseyaner. Im Dezember 2017 schockten sie mit der Aussage, dass bis 2030 fast 25 Prozent aller Arbeitsstunden in Deutschland und den USA durch Automatisierung wegfallen. Bis 2055 könnte die Hälfte aller Arbeitsstunden infolge Automatisierung abgebaut sein. Deutschland sei besonders betroffen. Die hohen Löhne sind ein Anreiz, Menschenarbeit durch roboterisierte Arbeit zu ersetzen. Drei bis zwölf Millionen Arbeitnehmer müssten sich neue Qualifikationen aneignen oder einen Branchenwechsel vornehmen. Die sich aus der Situation ergebenden Probleme sind aber beherrschbar, da als Folge des demografischen Wandels 2030 drei Millionen weniger Arbeitskräfte verfügbar seien.

2018 wurde eine Studie nachgereicht, nach der weltweit bis zu 30 Prozent der Arbeitnehmer, das sind etwa 800 Millionen Menschen, ersetzt werden könnten. Weitere solcher Zukunftswarnungen werden sicherlich folgen, denn diese sind die beste Werbung für McKinseys Beratungsangebote.

Manpower-Group

Wer weltweit 30.000 Personaldienstleister beschäftigt, muss seine Expertise zur Arbeitsmarktentwicklung nachweisen. 2018 legte Manpower die Ergebnisse einer bei 20.000 Arbeitgebern in 42 Ländern durchgeführte Studie über den Zusammenhang von Digitalisierung und Arbeitsplatzsicherheit vor. Demnach planen weltweit 86 Prozent der Arbeitgeber, die Zahl ihrer Arbeitsplätze trotz Digitalisierung stabil zu halten oder sogar zu erhöhen. In Deutschland sind es sogar 91 Prozent. Hierzu Deutschlands Manpower Chef Herwarth Brune: „Viele Unternehmer gehen davon aus, dass eine Stelle wegfällt, aber ein, zwei entstehen können, wenn sie kreativ sind und sich neue Dinge überlegen" (NRZ, 28.3. 2018).

Institut für Arbeitsmarkt- und Berufsforschung/Bundesinstitut für Berufsbildung

Zu ähnlichen Befunden kamen deutsche Wissenschaftler. In einer gemeinsamen Studie, die auf Befragung von 12.000 Unternehmen basiert, kommen die Forscher der in der Überschrift genannten Institute 2017 zu dem Ergebnis, dass uns die Arbeit nicht ausgehe. Gewinne und Verluste halten sich die Waage. „Hinsichtlich der Gesamtzahl der Beschäftigten verläuft Digitalisierung ... neutral. Die vorgelegten Ergebnisse bestätigen weder die Hypothese eines digitalgetriebenen Beschäftigungswachstums noch die These von Beschäftigungsverdrängung." Infolge der Digitalisierung werden zwar 1,5 Millionen Arbeitsplätze wegfallen, aber genauso viele entstehen neu.

Zentrum für Europäische Wirtschaftsforschung

Auch die in Mannheim ansässige Denkfabrik widerspricht den angelsächsischen Horrormeldungen. Dort errechnete man 2017, dass sich die Arbeitsplätze von fünf Millionen Erwerbstätigen automatisieren lassen. Das bedeutet aber nicht, dass sie wegfallen. Etwa ein Viertel der Hochschulabsolventen sei betroffen, aber 80 Prozent der Geringqualifizierten müssen sich ernsthaft sorgen. Es werden sich auch neue Aufgaben ergeben, die aber nichts mit den alten gemein haben.

Ein Jahr später präsentierte das Zentrum für Europäische Wirtschaftsforschung die Ergebnisse einer groß angelegten Studie zum Thema Arbeitsplätze und Digitalisierung. 2000 Unternehmen ließen sich befragen. Ergebnis: Die Verbreitung digitaler Technologien in deutschen Unternehmen sorgt geringfügig für mehr Beschäftigung. Von 2016 bis 2021 sind es pro Jahr 0,4 Prozent. „Veränderungen zeichnen sich vor allem in der Beschäftigungsstruktur ab. Berufe mit Routinetätigkeiten verlieren an Bedeutung. Hochlohnberufe profitieren. Infolgedessen nimmt die soziale Ungleichheit zu."[16]

Weltwirtschaftsforum Davos 2017

Vom Weltwirtschaftsforum kam im September 2017 der Bericht „The Future of Jobs". Die darin enthaltene Prognose lautet, dass bis 2025 nur noch 48 Prozent der Arbeitsstunden von Menschen verrichtet werden (2019: 71 Prozent). Den Rest besorgen Roboter beziehungsweise Algorithmen. Schon bis 2022 könnten rund 75 Millionen Arbeitsplätze wegfallen. Aber es gibt auch frohe Kunde: Bis 2023 entstehen 133 Millionen neue Stellen. Für diese würden aber gänzlich neue Fachkenntnisse nötig sein.

Frauen seien besonders betroffen, heißt es in diesem Bericht. Das hohe Lohngefüge befördere den Arbeitsplatzabbau, und das selbst in China, wo die Löhne für Fabrikarbeiter jährlich um 20 Prozent steigen. Von dort kehren die abgewanderten 1,2 Millionen Jobs der amerikanischen Textilindustrie zurück. China und Indien bieten infolge roboterisierter Fertigung in den USA keinen Kostenvorteil mehr.

Die Globalisierung hat vielen asiatischen Ländern Wohlstand gebracht. Genau deshalb aber verliert sie nun an Schwung. In Shanghai oder Guangdong bewegen sich die Löhne inzwischen auf osteuropäischem Niveau. Güter auf dem Seeweg zu transportieren rechnet sich nicht mehr. Nach einer aktuellen Umfrage der Deutschen Handelskammer in China sind die gestiegenen Löhne inzwischen der Hauptgrund, warum viele deutsche Unternehmen dort weniger investieren wollen.

Weltwirtschaftsforum 2018

2018 tagte das normalerweise in Davos stattfindende Weltwirtschaftsforum erstmals in der 14 Millionen Einwohner zählenden Stadt Tianjin in China. Dort wurde die Studie „Die Zukunft der Arbeitsplätze 2018" veröffentlicht. Darin prognostizieren die Autoren, dass bis zum Jahr 2025 mehr als die Hälfte aller laufenden Aufgaben am Arbeitsplatz von Maschinen erledigt werden (2018: 29 Prozent). Dieser Wandel wird tiefgreifende Auswirkungen auf die globale Erwerbsbevölkerung haben, doch in Bezug auf die Gesamtzahl der neuen Arbeitsplätze sind die Aussichten positiv: Bis 2022 sollen 133 Millionen neue Arbeitsplätze den 75 Millionen verdrängten gegenüberstehen.

Während fast die Hälfte der befragten Unternehmen erwarten, dass die Zahl ihrer Vollzeitbeschäftigten bis 2022 aufgrund der Automatisierung zurückgehen werde, rechnen knapp 40 Prozent damit, dass ihre Belegschaft generell wachsen wird. Mehr als ein Viertel geht davon aus, dass die Automatisierung neue Funktionen in ihrem Unternehmen entstehen läßt. Es wurden Personalchefs aus 12 Branchen und 20 Industrie- und Schwellenländern befragt, die 70 Prozent des globalen Bruttoinlandsprodukts ausmachen.

Der Bericht präsentiert eine Vision einer zukünftigen globalen Arbeitnehmerschaft, die sowohl Anlass zu Optimismus als auch zu Vorsicht gibt. Im Vergleich zu einer ähnlichen Studie des Forums aus dem Jahr 2016 sind die Aussichten für die Schaffung von Arbeitsplätzen im Report 2018 viel positiver.

Jack Ma (Alibaba)

Der Gründer des chinesischen Amazons-Konkurrenten Alibaba, Jack Ma, warnte vor den sozialen Auswirkungen der KI Revolution: KI sei eine Bedrohung für die Menschheit und würde „viele Arbeitsplätze ersetzen", prognostizierte er 2017 auf dem Davoser Wirtschaftsgipfel. In den nächsten drei Jahrzehnten gehen weltweit 800 Millionen Arbeitsplätze infolge Digitalisierung verloren, aber neue Jobs würden entstehen. Er wünsche sich, dass KI die Fähigkeiten der Menschen erweitere, anstatt diese zu ersetzen. Alibaba verfügt über den größten Big-Data-Schatz und investiert Unsummen in die Erforschung der Künstlichen Intelligenz. China ist der am schnellsten wachsenden Absatzmarkt für Robotik. Der Kauf des deutschen Herstellers KUKA zeigt wohin die Reise geht.

Jack Mas Landsmann, der KI-Guru Kai-Fu Lee, spricht von 40 Prozent wegfallenden Jobs. Zwar entstehen neue Arbeitsfelder, die, weil sehr anspruchsvoll, kaum von den freigesetzten Arbeitnehmern ersetzt werden können.

Bitkom

Die Interessensvertretung der deutschen IKT Branche „bitkom" gab 2018 das Ergebnis einer Befragung von 500 Unternehmen bekannt, nach der bis 2020 etwa 3,4 Millionen Stellen der Digitalisierung zum Opfer fallen. Bei insgesamt 33 Millionen sozialversicherungspflichtigen Beschäftigten wäre jeder zehnte Arbeitsplatz betroffen.

Bitkom-Präsident Achim Berg informierte, dass es in der deutschen Kommunikationsbranche Mitte der Neunziger Jahre noch 200.000 Arbeitsplätze gab. 2018 waren es nur noch 20.000. „Wir haben in nur 15 Jahren 90 Prozent der Arbeitsplätze in diesem Bereich verloren, durch Digitalisierung."[17] Er warnte, dass Banken und Versicherungen, Chemie und Pharma Ähnliches drohe. In den nächsten 20 Jahren würde die Hälfte der Berufsbilder wegfallen. Diese Studie hatte Erregungspotenzial, denn sie kam von kompetenter Stelle. Aber ebenso kompetente Personen und Institutionen meldeten Zweifel an ihrer Gültigkeit an.

ING-Bank

Die deutsche Sektion der ING-Bank will auf methodischer Grundlage der oben beschriebenen Oxford-Studie herausgefunden haben, dass 59 Prozent beziehungsweise 18 Millionen Arbeitsplätze gefährdet seien. Der Bereich Economic Research beziffert das Bedrohungspotenzial mit diesen Zahlen:

o Post- und Zustelldienste nebst Lagerwirtschaft: 1,5 Millionen
o Verkäufer: 1,2 Millionen
o Reinigungskräfte: 1,1 Millionen
o Gastronomie: 0,66 Millionen

In Summe sind 6,3 Millionen Arbeitsplätze bedroht, aber nicht alle Arbeitsplätze sind gefährdet. Akademische Berufe bilden eine Ausnahme. Beispiele: Von 241.500 Ärzten sind nur 3.100, von 46.100 Chemikern und Physikern nur 2.800 gefährdet. Ähnlich anderen Forschungseinrichtungen meinen auch die ING Forscher, dass es nicht abrupt zu menschenleeren Fabriken und Büros kommt. So werden viele neue Arbeitsplätze entstehen, „die sich an die veränderten Umstände anpassen."[18] Sie sehen einen schleichenden Übergang in die Robotwirtschaft und meinen, dass der technische Fortschritt Raum für neue Tätigkeiten und Berufe schaffe.

Bundesarbeitsministerium
Die deutsche Arbeitsministerin des Jahres 2017, Andrea Nahles, schließt sich der ING-Bank an: Jeder achte Job sei bedroht, schrieb sie in einem Gastbeitrag für die Frankfurter Rundschau. Alles halb so schlimm, meinen wiederum andere. Als Folge neuer Technologien entstehen neue Jobs. So war es früher und so werde es auch heute sein. Amtsnachfolger Hubertus Heil teilt diese Meinung. Er prognostiziert, dass durch Automatisierung und KI bis 2025 etwa 1,6 Millionen Arbeitsplätze verloren gehen, jedoch 2,3 Millionen neue entstehen. Das ist zu hoffen, doch bei den neu hinzukommenden Stellen handelt es sich um gänzlich andere Arbeitsplätze.

Deutscher Industrie- und Handelskammertag (DIHK)
Martin Wansleben, Hauptgeschäftsführer des Deutschen Industrie- und Handelskammertags (DIHK), pflichtet ihm bei. Zwar bringe es der technische Fortschritt mit sich, dass manche Tätigkeiten wegfallen, aber neue entstehen. Unterm Strich sind keine Beschäftigungsverluste erkennbar. Darauf weisen DIHK-Umfragen hin.

Martin Ford (Autor von „Aufstieg der Roboter")
Martin Ford, Autor des Buchs „Aufstieg der Roboter" und Gewinner des „Financial Times and McKinsey Business Book Awards" 2015, ist anderer Meinung. Computer würden schon sehr bald routinemäßige und berechenbare Aufgaben besser erfüllen als die derzeit dafür beschäftigten Menschen. Die minder qualifizierten Jobs werden verdrängt.

Organisation für wirtschaftliche Zusammenarbeit und Entwicklung (OECD)
Die OECD schreibt in ihrem Bericht 2019, dass mit massiver technologischer Arbeitslosigkeit kaum zu rechnen sei. In den kommenden Jahren sind 14 Prozent aller Arbeitsplätze in der OECD stark von Automatisierung bedroht, deutlich weniger, als in einigen Studien behauptet wurde. Aber es ist nicht sicher, ob ein Arbeitsplatz, der automatisiert werden kann, tatsächlich automatisiert wird: Eine Automatisierung muss nicht immer kosteneffizient oder erstrebenswert sein, sie kann rechtliche oder ethische Fragen aufwerfen und sie hängt auch von den Präferenzen der Menschen und den Entscheidungen der Politik ab.

Andrew McAfee und Erik Brynjolfsson (MIT)
Fast zeitgleich mit dem Beginn der Diskussion um das Thema Industrie 4.0 gaben zwei renommierte Arbeitsmarktforscher des Massachusetts Institute of Technology (MIT), Andrew McAfee und Erik Brynjolfsson, ihre Untersuchungsergebnisse über den Zusammenhang von Digitalisierung und Beschäftigungsabbau bekannt. Sie kamen zu dem Ergebnis, dass die digitale Revolution mehr Jobs vernichtet, als neue zu schaffen. Die Forscher sehen einen Sprung nach vorne, sprechen von einem „zweiten Maschinenzeitalter" und warnen vor tektonischen Verschiebungen in der Arbeitswelt.

Natürlich wissen die beiden MIT-Forscher, dass die digitale Revolution auch neue Arbeitsplätze schafft. Aber was ist, wenn auch die neugeschaffene Arbeit größtenteils informatisiert und automatisiert verrichtet wird? Viele IT-basierte Tätigkeiten basieren im Endeffekt auf Algorithmen. Je nach dem Grad ihrer Strukturierung können solche Jobs auch von Maschinen erledigt werden. Das gilt insbesondere für die Industrie. Man kann die Herstellung eines Gegenstandes als Kette von binärem Nullen und Einsen darstellen. Die Liste der Tätigkeiten, in denen Maschinen leistungsfähiger sind als Menschen wird immer länger.

Universität Wien, Prof. Markus Reitzig
Prof. Markus Reitzig von der Universität Wien wollte 2018/19 wissen, ob die Prognosen von Osborne und Frey am amerikanischen Arbeitsmarkt nachweisbar sind. Um das festzustellen, untersuchte er, ob und inwieweit der gestiegene Einsatz digitaler Technologie zwischen 2012 und 2017 auf die Gehälter gewirkt hat.

Sein Ergebnis: Er stellte fest, dass in dieser Zeit zwar die Löhne in allen Industrien gestiegen waren, aber der Gehaltsanstieg umso geringerausfiel, je stärker die Jobs durch Technik ersetzbar waren. Er nennt eine Größe von bis zu zehn Prozent. Doch den größten Effekt stellte das Forscherteam im Hochlohn- und im Hochrisikobereich fest. Gemeint sind US-Spitzenverdiener mit einem Stundenlohn von 33 bis 55 Dollar und solche Mitarbeiter, deren Arbeitsplätze durch Digitalisierung bedroht werden. Zwar stiegen die Löhne, aber geringer als erwartet. „Jede Erhöhung des Computerrisikos um zehn Prozent geht einher damit, dass das Gehalt im Vergleich zur Erwartung für 2017 in der Industrie in diesem Beruf um etwa einen Dollar fällt", berichtet Prof. Reitzig.[25]

Wenig erfreulich klingt seine Zukunftsprognose. Berufe, die analytische Fähigkeiten und früher ein Studium erforderten, werden von der KI verdrängt. Am stärksten sind Arbeitnehmer über vierzig mit guter Ausbildung, hohem Gehalt und Lebensstandard nebst finanziellen Verbindlichkeiten betroffen. Sie könnten von der Entwicklung regelrecht überrollt werden. Umschulungen und Bildung sind für sich allein keine Garantie, um soziale Abstürze zu vermeiden, meint der Professor. Es muss mehr geschehen, am besten eine Beteiligung am Unternehmen.

11.9 Zukunft im Nebel

Die vorstehenden Aussagen relevanter Institutionen zur Zukunft des Arbeitsmarktes klingen zunächst beruhigend. Wie aber passen sie zum exorbitanten Anstieg des Angebots an Robotern und KI-Software? Der internationale Verband der Robotikindustrie meldet eine jährlich steigende Nachfrage nach Robotern, vor allem in China. Die Hersteller KUKA und ABB investieren stark im chinesischen Markt und bauen dort Werke, die in naher Zukunft jährlich Tausende Roboter fertigen sollen. Der weltgrößte Kontrakt-Hersteller Fox- conn (1,3 Mio. Mitarbeiter) hat 60.000 Arbeiter entlassen und sie durch Ro- boter ersetzt. 40.000 Industrieroboter montieren hier für Apple, Microsoft und andere Größen der IT-Branche.

Es ist zu bedenken, dass Unternehmen, die in die Informationstechnik investieren, beispielsweise in Industrie 4.0, nicht zwangsläufig produktiver werden.

Roboter bewirken wenig, wenn das Gefüge aus Technik, Prozessen und Organisation unverändert bleibt. Auch bei der Industrie 4.0 kommt es letztendlich auf den Menschen an. Auch rechtliche oder ethische Hürden könnten einem Personalabbau entgegenstehen. Denkbar wäre auch, dass durch die Digitalisierung neue Produkte und Dienstleistungen auf dem Markt angeboten werden oder Innovationen und Produktivitätswachstum zu Preissenkungen führen, die insgesamt Beschäftigung schaffen, statt sie abzubauen. Dennoch: Je intelligenter und somit leistungsfähiger eine Maschine ist, desto geringer ist die an ihr arbeitende Person qualifiziert und umso niedriger die Lohnkosten.

Noch kann niemand voraussagen, wie viele Jobs zur Disposition stehen oder ob in einer zweiten Automatisierungswelle mehrArbeitsplätze geschaffen werden als in der ersten. Das war zum Beginn des Industriezeitalters der Fall. Es dauerte Jahrzehnte, bis die zweite Welle ihre Automatisierungsrendite an die arbeitslosen Weber und Spinner weitergab. Eine ganze Generation war um ihre Lebenschancen gebracht. Die Lohnstagnation von 1790 bis 1840 ging anlehnend an Friedrich Engels als „Engels Pause" in die Literatur ein. Auch wir werden uns auf eine Anpassungspause einstellen müssen, denn es wird zwei bis drei Jahrzehnte dauern, bis sich die Unternehmen der neuen, durch KI geprägten Situation angepasst haben.

„Jedes Angebot schafft sich seine Nachfrage selbst", lautet das klassische Theorem des bekannten Wirtschaftstheoretikers Jean-Baptiste Say aus dem Jahre 1803. Im Falle der PCs der früheren Jahre, der Tablets, Smartphones, Navigationsgeräte und vieler anderer IT-Gerätschaften traf das zu. Es wird auch auf die Robotik zutreffen. Kleine Roboter werden zu einem Alltagsgegenstand und große zur wichtigsten Fabrikmaschine.

Wie die Prognosen auch immer ausfallen, die Einflüsse der Robotik auf die Arbeitswelt sind schwer einschätzbar. Die KI kann bestimmte Aufgaben übernehmen, wird aber nur langsam ganze Berufe ersetzen. Der Strukturwandel von der Industriegesellschaft in die Digitalwelt hat alte Jobs vernichtet, aber auch neue geschaffen. Es ist aber schwer zu sagen, welche neuen Jobs entstehen. Sicher ist nur, dass aus vielen gut gebildeten und bezahlten Spezialisten schlecht bezahlte Maschinenbetreuer werden. Nette Sprüche wie „Für das Leben lernen" oder „Life Long Learning" verlieren ihre Gültigkeit.

Die Frage ist nicht nur, ob und wie viele Arbeitsplätze verloren gehen, sondern auch, wie viele nicht neu geschaffen oder besetzt werden. Nichts Genaues weiß man nicht, lautet eine geläufige Redewendung. SPIEGEL-Kolumnist Sascha Lobo will der These des drohenden Verlustes der Hälfte der Arbeitsplätze nicht folgen. Das tatsächliche Problem sei nicht das Ende der Arbeit, sondern die Aufspreizung der Arbeit in wenige hochbezahlte Jobs und viele schlecht entlohnte. Er belegt das mit der Gehaltssituation der IT-Branche. Der mittlere Verdienst im Silikon Valley betrug 240.000 Dollar pro Jahr (2019). Bei Amazon sind es nur 28.466 Dollar. Dort arbeiten kaum Softwareentwickler, aber viele Lagerarbeiter. Viele werden arbeitslos, aber noch mehr werden ärmer.

Die Digitalisierung zwingt viele Menschen in Jobs, bei denen nicht nur Können und Wissen wichtig sind, sondern auch das Akzeptieren von Niedriglöhnen. „In der Fläche schwindet nicht die Arbeit, sondern die gut bezahlte Arbeit.“[19] Selbst im Silikon Valley gibt es jetzt Suppenküchen mit langen Warteschlangen. Daran wird deutlich, dass es bei der Digitalisierung nicht mehr nur um Technik geht. Die Frage nach den gesellschaftlichen Folgen und Konsequenzen drängt sich auf. Wird es der Gesellschaft gelingen, die Möglichkeiten künstlich intelligenter Robotik zum Vorteil der Menschen zu nutzen oder führen uns die Roboter zur Schlachtbank? Das wäre zugleich das Ende von Demokratie und Kapitalismus.

Künstliche Intelligenz

12. Bürgergeld oder Grundeinkommen?

Die möglichen Wirkungen KI auf die Beschäftigung und den Arbeitsmarkt und damit auf das Volkseinkommen und die Kaufkraft zwingen zum Nachdenken über Alternativen zur Einkommensverteilung und zum Beschäftigungssystem. Das bedingungslose Grundeinkommen beziehungsweise Bürgergeld ist einer der Vorschläge. In der Schweiz stimmten bei einer Volksabstimmung 2017 mehr als drei Viertel der Wahlbürger gegen die Einführung eines Grundeinkommens von 2.500 Franken. In Finnland wurde von 2017 bis 2019 testweise ein Grundeinkommen gezahlt. Ein Wohlfühleffekt trat ein, ein Beschäftigungseffekt nicht. Kaum einer der Geldempfänger hatte nach dem Experiment einen festen Job. Fast alle Teilnehmer sind inzwischen wieder im schwerfälligen System der finnischen Sozialhilfe.

12.1 Für und Wider das Grundeinkommen

Viele Köpfe haben sich mit Gestaltungsvorschlägen zu Wort gemeldet, ebenso Parteien, Gewerkschaften, Wissenschaftsinstitute oder auch Unternehmer, wie der Drogeriemarkt-Eigner Götz Werner. Die einen plädieren für ein bedingungsloses Grundeinkommen, für das keine Gegenleistung zu erbringen ist. Die anderen, so die CDU, wollen ein Bürgergeld für alle, für Arme und Reiche, im Gegenzug aber die Streichung aller Sozialleistungen wie Kindergeld, Mietzuschuss, Arbeitslosengeld, Hartz IV, Kilometer-Pauschale oder Krankengeld.

Je nach Modell sind Zahlungen bis maximal 1.500 Euro monatlich angedacht. Hiervon versprechen sich die Befürworter einen Abbau der wuchernden Sozialbürokratie mit ihren über 100 Transferformen sowie eine Vereinfachung des Steuersystems mit seinen diversen Freibeträgen. Zugleich würden diejenigen eine Vergütung erhalten, die gesellschaftlich wertvolle Beiträge leisten, zum Beispiel in der Kindererziehung oder der Pflege der Eltern. Die Gewerkschaften hingegen befürchten, dass der Sozialstaat geschliffen werden soll und die Mittelschicht letztendlich für das Grundeinkommen zahlt. Von einer „Stilllegungsprämie" spricht die SPD. Menschen würden „mit Geld abgefunden." Andere befürchten eine Flucht aus der Arbeit und Eigenverantwortung. Sie warnen vor den nicht absehbaren Folgen bei geringfügigen Veränderungen der Sozialarchitektur und vor der Sogwirkung auf Migranten. Die Grünen halten das bedingungslose Bürgergeld für nicht finanzierbar. Von links wird das Fehlen des Sozialaspekts bemängelt, da Arme wie Reiche in den Genuss der Staatsrente kämen und Unternehmen mit Hinweis auf das gesicherte Existenzminimum Lohndumping praktizieren könnten. Statt eines staatlichen Basisgelds werden Vollbeschäftigung oder höhere Mindestlöhne verlangt. Vereinzelt wird die Verknüpfung von gemeinnütziger Arbeit und Bürgergeld gefordert. Das Thema ist im öffentlichen Bewusstsein.

12.2 Arbeit muss neu gedacht werden

Unlängst preschte der ehemalige Direktor des Hamburgischen Weltwirtschaftsinstituts, Thomas Straubhaar, mit einem Vorschlag vor. Er begründete ihn mit den Veränderungen in der Gesellschaft und Arbeitswelt. Denn: Niemand arbeitet mehr 45 Jahre am Stück. Die klassische Familie ist immer weniger der Normalfall. Arbeit muss neu gedacht werden. Das aber kostet Geld. Die Globalisierung sei für die Menschen kein wirklicher Fortschritt gewesen, bei der Digitalisierung dürfe das nicht nochmals passieren. Das aber droht, wenn menschliche Arbeit durch Roboter ersetzt wird, so Straubhaar in einem SPIEGEL-Interview.[20]

Zur Finanzierung des Bürgergeldes werden u.a. diese Vorschläge gemacht: Besteuerung des Einkommens (Lohnsteuer) und des Konsums (Umsatzsteuer), der Nutzung natürlicher Ressourcen und des Geldverkehrs (Finanztransaktionssteuer). Straubhaar schwebt ein Betrag von ungefähr 1.000 Euro monatlich pro Person vor, mit dem alle staatlichen Zuwendungen abgegolten sind. In Sonderfällen sind Zuschläge notwendig. Zugleich plädiert er dafür, alle Sozialversicherungen, den Kündigungsschutz und den Mindestlohn abzuschaffen.

12. Bürgergeld oder Grundeinkommen?

Seit etwa 2018 intensivierte sich die Diskussion um das Grundeinkommen. Alle Parteien meldeten sich mit ergänzenden oder neuen Vorschlägen. Im Falle der SPD geht es darum, das sozialpolitische Profil zu intensivieren, um die weitere Abkehr ihrer bisherigen Wählerklientel abzuwenden. Sozialhilfe nach Hartz 4 war gestern, Grundeinkommen ist heute. Darüber hinaus erkennen die Parteien immer mehr, dass die alten arbeitsmarktpolitischen Instrumente im Zeitalter von Industrie 4.0 und KI nicht mehr greifen. Wie das Modell im Endeffekt aussieht, hängt von den gesellschaftlichen und arbeitsmarktpolitischen Gegebenheiten, vom Produktivitätsfortschritt und dem politischen Kräfteverhältnis zum Zeitpunkt seiner Einführung ab. Da aber die Industriegesellschaft ein Auslaufmodell ist und Vollbeschäftigung eine Begleiterscheinung des Wirtschaftswunders war, muss sich die Gesellschaft neu organisieren. Bürgergeld wird ein Element dieser Neuorganisation sein.

Künstliche Intelligenz

13. Schreiben und übersetzen mit KI

„Alexa, lasse einen Furz", und schon bietet „Echo", die Sprachbox von Amazon, eine Auswahl an Hörproben, sehr zur Freude der mithörenden Partygäste. Alexa, Cortana und Siri sind Geräte, die uns mit der Spracheingabe und -ausgabe in Berührung bringen. Aber auch ohne Alexa oder Siri werden wir mitten in die Welt der künstlichen Sprache hineingestoßen. So kennt jeder, der ein Online Bankkonto hat, diese gesprochene Aufforderung: „Bitte nennen Sie die Ziffern Ihrer Kontonummer." Sprechen Sie undeutlich, müssen Sie wiederholen. Große Online-Händler setzen sprachgesteuerte Systeme ein, sogenannte Chatbots, um Kunden nach ihren Wünschen zu fragen, beispielsweise nach der Farbe oder der Größe von Kleidungsstücken. Wer heutzutage irgendetwas über das Web bestellt und mit der „Telefonistin" spricht, kann nicht mehr sicher sein, ob ein Mensch oder ein Chatbot antwortet. Dahinter steckt eine Technologie, die sich Natural Language Processing nennt. Sie wandelt die menschliche Spracheingabe in maschinenverständliche Darstellungen um. Das betrifft die gesprochene Sprache, Textgenerierung (Natural Language Generation), automatisiertes Schreiben von Texten in stark formalisierten Bereichen wie Sport- oder Finanznachrichten, Analyse von Tonalität und Gemütszustand in Texten, maschinelle Übersetzung und die dialogische Gesprächsführung. Trotz aller Fortschritte gibt es bei der semantischen Interpretation noch viele Probleme.

Viele Menschen nutzen ihr Handy als sprachgebundenes Notizbuch oder Diktiergerät, denn das gesprochene Wort erscheint sekundenschnell als Text auf dem Display und ist auf den Drucker übertragbar. Auch am PC ist die Spracheingabe und -ausgabe mit MS-Word möglich. Millionen PC-Besitzer nutzen das Angebot des maschinellen Google-Übersetzers. Seit Ende 2016 bietet der Konzern eine optimierte Version seines Übersetzers, die in 108 Sprachen übersetzt (Stand 2020). Ohne die Ausgangssprache genannt zu bekommen, identifiziert Google diese automatisch und übersetzt den Text. In Zukunft werden Fahrzeuge mit Sprachsteuerung bedient. Der Fahrer ruft dem Auto zu, was gemacht werden soll. Und das schafft nur KI: nämlich wirklich nur auf den Fahrer zu hören und nicht auf die danebensitzende Ehefrau und den 18-jährigen Sohn mit einer ähnlichen Stimme.

13.1 Der lange Weg zur maschinellen Übersetzung

50 Jahre vergingen bis es möglich wurde, Sprache und Text maschinell auf dem gegenwärtigen Niveau zu verarbeiten. In den frühen fünfziger Jahren des vorigen Jahrhunderts gelang es US-Forschern erstmals, sechzig Sätze aus dem Russischen ins Englische zu übersetzen. Doch deren Auftraggeber im Kriegsministerium wollten mehr. Die Forschung vollzog sich aufgrund eingeschränkter technischer Möglichkeiten im Kriechtempo. Hard- und Software ließen nicht zu, was die Militärs wünschten. Man verlor den Glauben an die Möglichkeiten der computerisierten Sprachverarbeitung. 1971 gab es einen erneuten, aber wenig erfolgreichen Anlauf. Man musste bis in die 1980er Jahre warten. Endlich war die Hardware so weit entwickelt, dass maschinelles Übersetzen in den Bereich des Möglichen gelangte.

Es begann damit, dass man Wort für Wort aus der einen in eine andere Sprache übersetzte. Worthäufigkeit und Kontext wurden analysiert. Was aber macht man mit mehrdeutigen Wörtern, beispielsweise „Schloss" oder „Eselsohr"? Allzu oft gab es nur missverständliches Kauderwelsch, so wie in den Bedienungsanleitungen ausländischer Produkte in früheren Jahren. Zwar ist es wichtig, einzelne Wörter und Sätze zu verstehen, aber wesentlicher ist es, den Sinnzusammenhang kompletter Sätze zu erfassen. Hier scheitert die KI-basierte Spracherkennung noch. Sie weiß nicht, was sie tun soll. Was Menschen vom Kindesalter an lernen, muss der Computer mit Hilfe von Algorithmen leisten. Ihm steht keine Lebenserfahrung zur Verfügung. Er muss sich mit künstlich erzeugtem Wissen begnügen. So entstand um 2016 herum die Idee, es mit einem gänzlich anderen Ansatz zu versuchen. Statt Wort für Wort hintereinander zu übersetzen, wurde der Blick nunmehr auf ganze Sätze, Absätze und Textkörper gelenkt. Im Zeitalter großer Datenmengen hatte es sich als praktikabel und exakter erwiesen, Formulierungen einer Ursprungssprache ganzheitlich auf ihren Inhalt hin zu untersuchen und dann in die Zielsprache zu überführen. Um das zu leisten, werden im Vorfeld große Datenmengen erfasst und erkannte Sprachmuster für eine Sinnanalyse nutzbar gemacht. Solche „Korpora", wie Sprachwissenschaftler sie nennen, wurden immer umfangreicher. Sie sind im hohen Big Data-Berg verfügbar, da sie irgendwann und irgendwo in computerlesbarer Form geschrieben oder gesprochen worden waren.

13.2 Ganze Sätze statt einzelner Wörter

Die bis etwa 2016 genutzten Übersetzungssysteme verloren ihre Bedeutung. An ihre Stelle trat die auf Deep Learning beruhende Neural Machine Translation (NMT), auch als Neural Natural Language Processing (NLP) bezeichnet. Der Verbraucher kennt die gängigen Angebote. Es handelt sich um die Übersetzungssysteme von Google, Amazon undMicrosoft.

Zu diesem Zeitpunkt entwickelte Google seinen Onlinedolmetscher zur selbstlernenden „Google Neural Machine Translation" weiter. Dieses Übersetzungssystem basiert auf neuronalen Netzen und Machine Learning (vgl. Kap. 3. Und 5). Nicht mehr einzelne Wörter, sondern der gesamte Satz wird an einem Stück übersetzt. Der neue Übersetzer kann zwischen zwei Sprachen übersetzen, ohne dass das System vorher irgendwelche Übersetzungen zwischen diesen Sprachen gesehen hat. Wissenschaftler sprechen von einer „Zero Shot Translation". Sie vermuten eine Art „Universalsprache", die auch unbekannte Sprachen miteinander verbindet. Hier findet das statt, was im Kap. 5.12 unter „Mysterium in der Blackbox" beschrieben wurde.

Im Dezember 2018 stellte die von Elon Musk (Tesla) und Peter Thiel (Paypal) gegründete Non Profit Organisation „OpenAI" einen Algorithmus mit der Bezeichnung GPT2 vor, der das nächste Wort in einem vorgegeben Text vorhersagt und so zusammenhängende sinnvolle Sätze erzeugt. Im Kleinen funktioniert das wie die Vervollständigungs-Funktion im Mobiltelefon: Man tippt ein, zwei oder drei Worte in das Gerät ein und schon wird empfohlen, wie der Satz weitergehen könnte. Wenn der Satz „Viel Hunger haben" lautet, dann ist die Wahrscheinlichkeit sehr hoch, dass er automatisch mit „Ich werde..." fortgesetzt wird.

Die Ergebnisse des GPT2-Algorithmus sind beeindruckend, soweit man es beurteilen kann. Der Wissenschaft wird der offene Zugang zum Tool verweigert, obwohl es großen Medienhäusern vorgeführt wurde. OpenAI begründet dieses mit den Gefahren, denn mit dem neuen Algorithmus lassen sich automatisch Fake-News-Artikel sekundenschnell produzieren.

Microsoft ist schon seit 2011 mit seiner Translator App für IOS, Android und Windows Mobil auf dem Markt präsent. Das System ist in Web- oder Client- Anwendungen auf jeder Hardware-Plattform und mit jedem Betrieb- ssystem nutzbar. Es ist in die bekannten Microsoft-Produkte wie Edge, Office, Bing und Share integriert. War es bisher nur möglich, Texte zu übersetzen, kann nunmehr sogar das gesprochene Wort übertragen werden. Man spricht in das Mikrofon und heraus kommt eine flüssig und menschlich ver- ständliche Übersetzung. Ähnlich funktioniert Microsofts Videotelefonie Skype, die beim Telefonieren in zehn gesprochene und 60 geschriebene Sprachen übersetzt (Stand 2020).

Auch Amazon betrat mit seinem „Amazon Translate" die Bühne der maschinellen Übersetzung. Zwei Millionen Zeichen können pro Monat kostenlos heruntergeladen werden.

DeepL, ein deutsches Übersetzungsprogramm (deepl.com/de), ist erwähnenswert. Es soll denen von Google, Microsoft und Amazon ebenbürtig und laut SPIEGEL sogar besser sein. Das Angebot ist bis zu einer gewissen Textmenge kostenlos. Die Leistung wird mit einer Million Wörter pro Minute angegeben.

13.3 Höhepunkte

In den letzten Jahren gab es diese Höhepunkte in der künstlichen Sprachverarbeitung:

o 2017 wurde Humanparity bei der Spracherkennung erreicht. Der Computer kann gesprochene Sprache mit der gleichen Word-Error-Rate (WER) verstehen wie ein Mensch.

O 2018 liest ein Computer beim SquAD Reading Test genauso gut wie ein Mensch.

O 2019 wird im Bereich von Übersetzungen Mensch-Maschine-Gleichheit erreicht. Das System kann einen Text von einer Sprache in eine andere so gut wie ein Dolmetscher übersetzen. Microsoft präsentierte ein Programm, das von Chinesisch in Englisch übersetzt und das in der Qualität eines Berufsdolmetschers. Eine solche Übersetzung gilt als extrem schwierig, so die Meinung der Experten. Microsoft sprach von einem historischen Durchbruch, den man so früh nicht erwartet hatte. Damit seien die bisherigen Schwachpunkte in der Textübertragung beseitigt.

○ Im Mai stellte Google-Chef Sundar Pichai auf einer Großkonferenz das Projekt Duplex mit einem simulierten Telefongespräch zwischen einem Kunden und seinem Friseur vor. Die Teilnehmer hatten Probleme, den „echten" Menschen vom Sprachsystem zu unterscheiden. Der anwesende SPIEGEL Redakteur schrieb: „Google Duplex, als derzeit beste Umsetzung dieser Idee, ist faszinierend und verstörend zugleich."[22] Verstörend, weil die Stimme so natürlich klang, dass niemand glaubte, ein Computer stecke dahinter. Statt einer mechanischen und regelmäßigen Computerstimme hörte man ein gemurmeltes Hhmm und vernahm plötzliche Sprechpausen. Menschliche Gesprächspartner hatten das Gefühl, Duplex höre ihnen zu. Inzwischen wird das System in den USA getestet. Experten gehen davon aus, dass in maximal fünf Jahren jedermann seine oder fremde Stimmen digitalisieren kann. Start-Ups arbeiten bereits daran.

○ Zur Internationalen Funk-Ausstellung 2018 meldete Google, dass seine sprechende Assistenzsoftware nunmehr zwei Sprachen gleichzeitig versteht. Ein Chinese und ein Deutscher können sich bilingual unterhalten. Das Smartphone dient als Dolmetscher. Der eine Partner fragt, der andere hört die Übersetzung aus dem Lautsprecher. Viele Sprachen sind möglich, demnächst sogar drei gleichzeitig.

13.4 Die neue Technologie: Neural Machine Translation

An maschinellen Übersetzungen wirken diese Spitzentechnologien zusammen: Deep Learning, Big Data, Linguistik, Cloud Computing und Web-APS.

Die in der Vergangenheit eingesetzten Übersetzungssysteme wurden seit 2016 durch die Neural Machine Translation (NMT) verdrängt. Diese Technologie ermöglicht es, geschriebenen Text in Sprache umzuwandeln (Sprachsynthese) oder gesprochene Inhalte zu verschriftlichen (Spracherkennung), und das von einer Sprache in eine andere. Das betrifft nicht nur den Schriftverkehr, sondern ebenso Maschinen, Geräte und Anwendungen, die durch Sprache bedient werden. Bis etwa 2013 wurde noch nach der Methode Wort für Wort übersetzt. Mit Neural Machine Translation werden nunmehr ganze Sätze in einen Zusammenhang gebracht und übersetzt. Das geschieht auf der Grundlage neuronaler Netze. Mit Deep Learning werden diese darauf trainiert, die Zusammenhänge zwischen Ausgangs- und Zielsprache zu erfassen.

Der NMT-Prozess vollzieht sich in diesen drei Schritten:

1. Sprache-zu-Text-Prozess: Ein Computer empfängt und versteht ein Sprachpaket. Er verwendet dazu ein eingebautes statistisches Modell, das die natürliche Sprache in eine Programmiersprache umwandelt. Der Text wird dann in winzige Einheiten zerlegt, die mit Einheiten einer früheren Fassung verglichen werden. Aus dem Ergebnis ergibt sich eine Statistik der am wahrscheinlichsten gesagten Worte und Sätze.

2. Wort-zu-Wort-Kennzeichnung: Hier werden Wörter in ihren grammatikalischen Formen als Substantive, Verben, Adjektive usw. identifiziert. Der Computer nutzt hierzu einen Satz von Regeln, die in ihm codiert sind. Mit großer Wahrscheinlichkeit versteht er jetzt die Bedeutung des Textes.

3. Text-zu-Sprache-Konvertierung: Jetzt wird die Computerprogrammiersprache in ein Text- oder Audioformat für den Benutzer umgewandelt. Fragt man Siri oder Alexa „Wie steht es heute um Daimler?", werden diese Systeme wohl zunächst ein Finanzinteresse vermuten und Börsenkurs, Verkaufsmenge und vielleicht noch den prozentualen Tagegewinn oder -verlust nennen.

NMT-Systeme steigern ihr Können mit jeder neuen Anfrage. Dabei orientieren sie sich an dem, was andere menschliche Übersetzer bereits geleistet haben und was als Daten im Internet verfügbar ist. Kommt ein Wort nur selten in Texten vor, wird es schlecht übersetzt.

Die Neural Machine Translation ist ein weiteres Anwendungsfeld für Big Data. Ohne Big Data kein NMT. Es müssen genügend Daten verfügbar sein, damit ein Übersetzungssystem Muster erkennen kann. NMT versucht, den richtigen Weg durch ein neuronales Netz zu finden. Es probiert verschiedene Lösungswege aus. Sind diese erfolgreich, wird eine starke Verknüpfung angelegt. Wir wissen nicht, wie das Neural Machine Translation-System lernt und seine Aufgabe erfüllt. Hier gilt das, was an anderer Stelle als das Mysterium des Deep Learning beschrieben wurde (s. Kap. 5.12: Mysterium in der Black-Box).

13.5 Probleme der Sprachverarbeitung

Der Bedarf an maschineller Übersetzung ist groß. Je mehr Unternehmen den globalen Markt betreten, umso notwendiger wird die Möglichkeit fremdsprachiger Kommunikation, insbesondere im Bereich der geschäftlichen Korrespondenz. Es kommt aber darauf an, worüber korrespondiert wird, denn die Übersetzungssysteme haben ihre Grenzen. Unsere heutige Technologie ist nicht imstande, bedeutungstragende Informationen irgendwelcher Art zu verarbeiten, da sie kein Gespür für die Semantik hat.

Französisch, Englisch und Spanisch sind problemarme Sprachen, soweit es sich nicht um Fachtexte oder schöngeistige Literatur handelt. Bei Deutsch, Finnisch oder Japanisch sieht es schon anders aus. Außerdem nützt bei komplizierten Texten, langen und verschachtelten Sätzen, bei Ironie und Humor auch keine Künstliche Sprachintelligenz. So manche Redewendung macht in der Zielsprache keinen Sinn mehr. Beispiel: „Ich verstehe nur Bahnhof". Hier muss ein sogenannter Human Übersetzer nacharbeiten.

Zum besseren Verständnis ein Beispiel aus dem Bereich der Übersetzungen. Es geht um das doppeldeutige Wort Bank. Angenommen, irgendwo im Text steht vor dem Begriff Bank das Wort Baum und danach Park, dann wird im Bruchteil einer Sekunde Klarheit geschaffen, dass es sich wohl um eine Parkbank handelt. Statt sich an diesem Begriff und der ihn umgebenden Rechtschreibung und Grammatik abzumühen, wird der Blick auf diverse Textkörper, die sich im Datenvorrat befinden, gelenkt und mit dem vorliegenden Text verglichen. Den Rest, die eigentliche Übersetzung, erledigt die maschinelle Intelligenz. Das klingt verblüffend einfach, aber der Neural Machine Translation liegt ein hochkomplexer Vorgang zugrunde. Nicht umsonst gilt sie als der komplizierteste Bereich der Informatik. Das waren und sind noch die Probleme:

o Hintergrundgeräusche sind auszuschalten.
o Dialekte und die Sprechweise des Nutzers müssen verstanden werden.
o Anders als im Text gibt es keine scharfe Trennung zwischen einzelnen Wörtern.
o Intonation und Satzmelodie, Groß- und Kleinschreibung, sind zu erfassen.

○ Wörter, die sich gleich anhören, aber eine andere Bedeutung haben, Beispiel: Was ist eine Birne? Eine Obstsorte oder ein Beleuchtungsmittel?
○ Wie soll Neural Machine Translation (NMT) diese Aussprüche übersetzen: „Er führt uns an der Nase herum" oder „Ich habe die Arschkarte gezogen"?

Im Laufe der Zeit konnte die Fehlerrate immens gesenkt werden. Wer die gesprochene Texteingabe auf Android-Smartphones und deren schriftliche Ausgabe auf dem Display noch vor einem Jahr mit der von heute vergleicht, freut sich über den enormen Fortschritt. Dank noch leistungsstärkerer Computer und überbordender Datenhalden gab es nach 2010 einen starken Forschungsschub. Die Fehlerrate der Spracherkennung in Smartphones konnte um beachtliche 30 Prozent gesenkt werden.

Wie jede maschinelle Übersetzungsmethode hat auch die Neural Machine Translation ihre Grenzen. Da Sprache ein sich ständig veränderndes Feld ist, hat die KI-Probleme mit Übersetzungen. Einige Sprachen werden besser übersetzt als andere. Selbst in geschlossenen Kulturen haben Individuen ein unterschiedliches Verständnis von Begriffen und Redewendungen. Da die Technik auf einer statistischen Übersetzungsmethode beruht, können mitunter seltsame Resultate entstehen. Man wird nicht ganz auf einen Übersetzer verzichten können. Wenn es auf Genauigkeit ankommt, müssen die Rohübersetzungen von Google, Microsoft&Co nachgearbeitet werden. Die Zukunft des Übersetzers liegt im Post-Editing. Dennoch: Bei IBM träumt man von einem gesamten KI-Ökosystem nützlicher Anwendungen, die für gesprochene Sprache geeignet sind und die alle das Label „Powered by Watson" tragen.

In den kommenden Jahren rechnen Experten mit diesen Fortschritten bei der Sprachverarbeitung einschließlich Übersetzung:

○ Echtzeitübersetzungen für die meisten Alltagssprachen
○ Automatisches Zusammenfassen umfangreicher Schriftstücke, Bücher
○ Automatisiertes Schreiben von Texten auf Basis strukturierter Daten und Texte
○ Natürlichsprachige Beantwortung von Wissensanfragen für jedermann
○ Erkennen von Stimmung, Ironie und Sarkasmus

o Maschinensteuerung von Maschinen und Geräten
o Ausführung von NMT-Anwendungen auf Smartphones oder anderen Wearables

Die Geschichte der Computertechnik ist reich an Innovationen und Höhepunkten. Mit dem Thema Neural Machine Translation erklimmt die digitale Gesellschaft einen neuerlichen Gipfel, von dem aus sich ungeahnte Perspektiven ergeben. Man stelle sich vor, statt eines Dolmetschers übersetzt eine Smartphone-App eine Verhandlung mit chinesischen Gesprächspartnern, und das auch nicht viel schlechter als in der Abiturprüfung. Bislang galt die Robotik als Königsdisziplin der Künstlichen Intelligenz. Die Neural Machine Translation könnte sie vom Thron stoßen.

13.6 GPT-3, der Magier autonomer Texterzeugung

Zwei der reichsten und wichtigsten Akteure des Silikon Valley sind irgendwie immer beteiligt oder wirken als Auslöser, wenn ein Donnerknall in der KI-Digitalsphäre ertönt. Die von Elon Musk und Thiel mitgegründete KI-Schmiede Open AI hat es dreimal donnern lassen, zuletzt im März 2020 mit dem „Generativ Pretrained Transformer 3 (GPT-3), der dritten Version eines algorithmischen Zauberkastens. Open AI ist dafür bekannt, eine dem Menschen sehr nahe Künstliche Intelligenz zu entwickeln. GPT-3 ist ein großer Schritt auf diesem Wege. GPT-3 verarbeitet 175 Milliarden Parameter, der Vorläufer GPT-2 dagegen nur 1,5 Milliarden. Der Text der gesamten englischsprachigen Wikipedia wurde in das Programm gegossen. Dennoch, GPT-3 ist noch meilenweit von einer menschähnlichen Intelligenz entfernt. In der Fachwelt gibt es Zweifel, ob eine Künstliche Intelligenz durch mehr Datenmengen erreichbar ist. Experten sind gespannt, was GPK-4 bringt.

GPT-3 ist eine wortmächtige Sprachsoftware. Sie generiert Texte fast jeder Art, Gedichte, Horoskope, Klatschgeschichten für die Regenbogenpresse, Kommentare, Sachartikel, Interviews, studentische Hausarbeiten, Lieder, Pressemitteilungen, Kurzgeschichten, Briefe, um nur die wichtigsten zu nennen. Ohne vordefinierte Textblöcke zu nutzen, kann sie zu jeglichem Text passende Sätze erzeugen. Dabei stützt sie sich auf 45 Millionen Seiten gespeicherten Internettext. Auch Noten, Programmiercodes und Tabellen gehören zu ihrem Arbeitsprogramm. Der Anwender gibt vor, welcher Verpackungsart der Text sein soll, aufwiegelnd, liebevoll, sachlich, rechts- oder linksradikal.

Die Intelligenz des sprachlichen Zauberkünstlers ist statistischer Natur. Von Sprache, gar von Semantik, hat er keine Ahnung. Das Programm schaut sich einen Text an und bestimmt, welches Wort oder welcher Text als nächstes passend wäre usw. Der folgende Begriff, beziehungsweise der Folgetext basiert auf statistischer Wahrscheinlichkeit. Es funktioniert wie bei einem Textverarbeitungsprogramm, bei dem nach der Eingabe „Sehr geehrte" die Angesprochenen, also die „Damen und Herren", automatisch eingefügt werden. Zwar kann sich GPT-3 gut ausdrücken, aber ihm fehlt echtes Sprachverständnis.

Man könnte meinen, daß ein solches Programm Textinhalte neutralisiert oder objektiviert, was aber nicht der Fall ist. GPT-3 schlüpft willig in Rollenvorgaben und schwadroniert viel Unsinn. Es genügt, dem System Sätze einer gewünschten Machart vorzugeben. Experten beklagen rassistische, sexistische, frauenfeindliche und antisemitische Inhalte. Diese ergeben sich aus der Reproduktion des Inputs von 45 Millionen Textseiten, die sehr viel Falsches und Inhumanes beinhalten. Auch der Mangel an Wissen über die Welt und gesundem Menschenverstand macht sich bemerkbar. Der kanadische KI-Spezialist Gary Marcus spricht von einer „sprudelnden Quelle von Bullshit." Die Problemstellung für GPT-4 lautet: Wie stellen wir sicher, daß KI keine voreingenommenen Aussagen macht.

Die Öffentlichkeit klagt über die mißbräuchliche Nutzung der sozialen Medien, vor allem Facebook. Diese Gefahr besteht in noch stärkerem Maße für GPT-3. Bots, Leserbriefe oder Protestschreiben an die Politik könnten industriell erzeugt werden. Digitalstrolche, Cyberkriminelle, Datendiebe und international agierende Digitalbanden werden versuchen, das Programm für ihre Zwecke zu mißbrauchen. Zwei amerikanische Experten wollten wissen, wie gut das möglich ist. Ergebnis: „Es ist leichter als gedacht."

Eigentlich sollte das Programm nur in versierte Hände integrerer User gelangen. Nachdem Microsoft nunmehr eine Lizenz für GPK-3 und damit Zugang zum Quellcode erworben hat, bietet sich der interessierten Öffentlichkeit die Möglichkeit, das Programm zu nutzen. OpenAI versichert zwar, dass das der Zugang zum Programm streng begrenzt werde, aber dort sollte man den Einfallsreichtum von digital orientierten Missetätern kennen.

14. Das neoliberale Evangelium der KI-Ideologen

Enthusiastisch wurde die Botschaft vom „guten" Internet um 1990 herum in die Welt getragen. Das elektronische Netz entstand im Milieu des gesellschaftlichen Aufbruchs nach 1968. Apple Legende Steve Wozniak hierzu: „Unsere Idee war: Wir können die Menschheit von vielen Einschränkungen befreien." Als Folge globaler Vernetzung und digitaler Kontrollmöglichkeiten erwartete man eine weltweite Demokratisierungswelle.

Das Ehrenwort der Gründerväter des Internets, an einer dezentralen, egalitären und libertären Gesellschaft mitzuarbeiten, wurde gebrochen. Henry Kissinger neigt zum Pessimismus. Er befürchtet das „Ende der Aufklärung". Selbst einige KI-Pioniere warnen vor ihren Schöpfungen, so die früheren Google-Manager Tristan Harris und James Williams. Sie sehen das Heraufziehen einer „gelenkten Demokratie", die vor allem den Interessen einer „globalen Plutokratie" dient. Das im Massachusetts Institute of Technology erscheinende „Zentralorgan" des technologischen Fortschritts, „Technology Review", stellt fest und fragt: „Technologie bedroht die Demokratie. Wie können wir sie retten?"

14.1 Angriff auf den Staat

Insidern ist bekannt, dass die aktuellen Digitalakteure im Silicon Valley die Demokratie für eine „veraltete Technologie" halten. Sie ist ihnen zu langsam. Eric Schmidt, Ex-Vorstandsvorsitzender von Google, erklärt in seinem Buch „Die Vernetzung der Welt", seinen Konzern ohne den Einfluss staatlicher Macht entfalten und staatliche Strukturen mit den Mitteln der Digitalisierung beseitigen zu wollen. In bester neoliberaler Manier beschränkt er den Neoliberalismus nicht auf die Wirtschaft, sondern proklamiert ihn als ein ordnungs- und gesellschaftspolitisches Modell für alle gesellschaftlichen Bereiche. Für den Internet-Pionier Tim O'Reilly, besteht die Zukunft der Politik in „algorithmischer Regulation" gesellschaftlicher Prozesse, anders ausgedrückt, in Automatisierung von Politik und Gesellschaft.

Staaten, insbesondere in der EU, seien hierbei ein Hemmnis. Außerdem haben Ergebnisse von Suchmaschinen nichts mit Datenverarbeitung zu tun. Deswegen sei auch die Frage der Verantwortlichkeit für Inhalt und Wirkung gegenstandslos, zumal Entscheidungen von einer automatisierten KI getroffen würden.

Sehr aktiv agiert auch der neue Vorstandsvorsitzende von Google gegen jedwede Regulierung der KI. Er sieht ein Zuviel an staatlicher Regulierung und fordert einen freien Markt, den er und Seinesgleichen mit ihrer gewaltigen Wirtschaftsmacht immer stärker einengen.

Sein Engagement ist verständlich, denn in weiser Voraussicht wirken er und seine neoliberalen Gesinnungsgenossen für einen Haftungsausschluss von KI- Produkten. Wenn überhaupt, muss weltweit kalifornisches Digitalrecht gelten, denn Googles Server stehen in Kalifornien und amerikanische Richter stehen der heimischen Digitalindustrie wohlwollender gegenüber als europäische.

Auch Peter Thiel, Mitgründer von Paypal und deren zeitweiliger Geschäftsführer, gehört zu den Anhängern des Libertarismus, einer politphilosophischen Strömung, die eine Beschränkung des Staates bei weitgehender wirtschaftlicher Freiheit fordert. Auf dem Nominierungsparteitag der republikanischen Partei der USA warb er lautstark für den Kandidaten Donald Trump und spendete 1,25 Milliarden US-Dollar. Obwohl man aus dem Munde der amerikanischen KI-Giganten immer wieder hört, dass die KI-Wirtschaft und Gesellschaft tiefgehend verändern werde, operieren sie nach wie vor unter den Bedingungen rechtlicher Freiheit. Eine Regulierung ihres Tuns ist nicht in Sicht. Das würde die technologische Entwicklung behindern, behaupten die Platzhalter im Silicon Valley. Die neoliberalen Gralshüter proklamieren die vereinnahmten Daten aus Social Media und anderen Quellen als ihr Eigentum, mit dem sie nach ihrem Ermessen schalten und walten können. Sie haben einen beispiellosen Zugang zu Meinungen, Kauf- und Lebensgewohnheiten, ja selbst zur Gefühlswelt von Milliarden Menschen. Dieser Wissensschatz ermöglicht ihnen eine Einflussnahme, ohne dass es den Betroffenen bewusst wäre oder diese ihre Zustimmung gegeben hätten. Insofern geht es bei der Diskussion über Nutzerrechte und den Schutz persönlicher Daten um mehr als nur um individuelle Rechte. Die Menge an Daten und die daraus resultierenden Einwirkungsmöglichkeiten auf die Gesellschaft machen diesen

Fundus zu einem öffentlichen Gut, das allen zur Verfügung stehen muss. Als Gemeingut sind sie eigentlich demokratischer Kontrolle zu unterwerfen.

Steuervermeidung gehört zur Praxis des Neoliberalismus, insbesondere der amerikanischen Digitalkonzerne. Dort, wo sie ihre Profite machen, fordern eine gute Infrastruktur bis hin zu guten Schulen und Universitäten für die Kinder ihrer Mitarbeiter fordern. Sie fordern *ohne* zu geben, denn auf ihre weltweiten Milliardengewinne zahlen sie kaum Steuern, und das erst recht in der EU, obwohl sie dort einen beträchtlichen Teil ihrer Umsätze erzielen. Ihr Europageschäft betreiben sie aus Steueroasen wie Irland und Luxemburg, die ihnen viele Möglichkeiten zur Steuervermeidung gewähren.

Shoshana Zuboff, Harvard Professorin und Amerikas renommierteste Expertin in Sachen Google & Co schreibt, dass „Google wie Facebook sich nachträglich dafür ein(setzen), die Regulierung zurückzufahren, Gesetze zur Förderung der Privatsphäre im Web abzuschaffen, zu verwässern oder gleich zu blockieren und jeden Versuch, ihre Praktiken einzuschränken, im Keim ersticken, weil derlei Gesetze existenzielle Bedrohungen" für ihr Geschäfts- modell sind.

Die neoliberalen Gralshüter stellen den Unternehmer als gesellschaftliche Leitfigur heraus. Der Digitalbereich ist empfänglich für diese Art neoliberalen Gedankengutes. Viele IT-Start-Ups fühlen sich als ihres Glückes Schmied. Sie hingen und hängen an den Lippen von Steve Jobs und anderen Branchenchampions, um deren Marketingrezepte zu imitieren. Trotz der Start-up- Misserfolgsstatistik hoffen viele von ihnen, vom IT-Tellerwäscher zum Digitalmillionär aufzusteigen. Dafür passen sie ihren Körper und ihre Seele den Anforderungen des Marktes an, bis hin zur Selbstausbeutung. Sie befinden sich in einem niemals endenden Prozess der Selbst-Optimierung.

14.2 Kryptogeld statt staatlicher Währung

Die Nadelstiche von Kryptowährungen sind ein neoliberales Husarenstück gegen nationale Währungssysteme. Mit Bitcoins und demnächst der Libra wird die Währungspolitik von Staaten ausgehebelt. Kryptogeld kennt keine Anbindung an eine demokratisch legitimierte Instanz. Das sei auch nicht nötig, meinen die Anhänger von Kryptowährungen, da Staat und Wirtschaft durch ein System von Algorithmen und den Marktmechanismus reguliert werden sollen. Im Falle von Bitcoins ähnelt der Marktmechanismus einem Glücksrad, an dem Drogen- und Schwarzgeldkriminelle drehen. Besonders mit der Libra droht die Gefahr, dass Staaten und Staatsbündnissen die Gestaltungs- und Regulierungsmacht zugunsten von Facebook genommen wird. Facebook kann sich auf seinen gewaltigen Aktivposten von 2,7 Milliarden Nutzern stützen. Die Europäische Zentralbank würde zum zahnlosen Tiger. Wir bekämen ein rein privates und damit unreguliertes Bankensystem von Zuckerbergs Gnaden.

Der Libra wird kommen. Das ist so sicher wie das Amen in der Kirche. Obwohl einige der neoliberalen Glaubensbrüder aus der Digitalwirtschaft ihr zunächst zugesagtes Mitwirken wegen zunehmender Kritik widerriefen, solle man aus dem Abgang der Partner keine Schlüsse über das Schicksal der Digi- talwährung ziehen, meint Libra-Manager David Marcus. „Natürlich sind das keine großartigen Nachrichten auf kurze Sicht, aber auf eine gewisse Weise ist das auch befreiend. Wandel in diesem Maßstab ist hart."[22] Bei so viel Druck von außen sei klar, dass es sich um ein interessantes Projekt handelt.

14.3 Kosmetisch geschönte Ethik

Es scheint, als wolle die Digitalwirtschaft das Damoklesschwert gesetzlicher Regelungen mit selbstverpflichtenden Erklärungen abwenden. Mindestens ein Dutzend ethischer Empfehlungen werden allein in Deutschland angeboten. Wie fragwürdig diese Angebote sind, zeigen die Gütekriterien des Bundesverbandes KI e.V. Hier reicht es, eine Selbstverpflichtungserklärung zu unterschreiben, um in den Besitz eines Gütesiegels zu kommen.

Die Angebotsschwemme an Ethik-Empfehlungen erinnert an die Praxis von Unternehmen, die mit Führungsgrundsätzen, Unternehmens-Leitbildern oder Quality Guidelines in Hochglanzbroschüren ihre Ethik be(mein)eiden. Es darf vermutet werden, dass unter der Überschrift ‚Wertekodex' kritische Fragen zu moralisch fragwürdigem Verhalten abgewehrt werden sollen. In diesem Zusammenhang sei an die wohlklingenden Gelübde von Kundenorientierung und Gesetzestreue in den zahlreichen Policies von Unternehmen erinnert:

„Mit ernst zunehmenden firmenspezifischen Verhaltenskodizes sind nur etwa 20 Prozent der deutschen Gesellschaften ausgestattet."[23]

Man hat den Eindruck, als verhielte sich die Wertediskussion der deutschen Wirtschaft reziprok proportional zum Werteverfall. Man darf mit gutem Grund annehmen, dass Unternehmen eine Art ethische Kosmetik betreiben, um gesetzliche Regelungen zur KI aufzuschieben oder gar zu verhindern. Die Politik tut ein Übriges, indem sie ihre gesetzgeberische Abstinenz zur KI mit dem Hinweis auf die proklamierte Eigenverantwortung der Wirtschaft begründet. Was also nützt eine KI-Ethik? Sie wäre nichts anders als eine freundliche Bitte an Facebook, Google & Co sowie an die Chinesen, doch bitte die Moral zu beachten. Vielleicht nimmt man sie dort zur Kenntnis, aber verbindliche Regeln und Gesetze, die den Verbraucher schützen, wären wirksamer. Da Internet und KI alle Bereiche unseres Lebens durchdringen, muss das Recht vor der Ethik stehen, denn sonst drohen der freiheitlichen Gesellschaft unabsehbare Folgen und Gefahren.

14.4 Der 11. September 2001 als „Glücksfall"

Der Anschlag auf das World Trade Center am 11. September 2001 war, so zynisch es klingen mag, für die nach Rechtsfreiheit strebenden Digitalunternehmen ein Glücksfall. Überwachungspraktiken, die vor diesem Datum als indiskutabel galten, wurden über Nacht für notwendig erklärt. Das Thema Sicherheit wurde dem Schutz der Privatsphäre vorgelagert. Der US Kongress verabschiedete den „Patriot Act," der eine weitreichende Überwachung und Kontrolle der Zivilbevölkerung ermöglichte. Fortan war es möglich, ohne Richtererlaubnis Telefonate mitzuhören und E-Mails mitzulesen. Hausdurchsuchungen und Kontoüberprüfungen finden nunmehr ohne Wissen des Betroffenen statt. Ein vager Terrorismusverdacht allein reicht aus, um diese und andere grundrechtsbeschränkende Maßnahmen zu praktizieren.

Die Liste neoliberaler Forderungen prominenter KI-Akteure nach einer rechtsfreien KI ist lang. Technologie vor Recht, lautet das Credo. Begründung: Es liege im Wesen der künstlichen Intelligenz, dass sie ein nicht mehr kontrollierbares Eigenleben entfalte, denn schließlich sei sie intelligent und neutral. Dem ist zu entgegnen: Natürlich ist die Technologie hinsichtlich ihrer Anwendung neutral. Sie fragt nicht, wofür sie genutzt wird. Das aber entbindet kein KI-Unternehmen und politisches Entscheidungsorgan von seiner Verantwortlichkeit. In China ist die Politik für die Totalüberwachung verantwortlich, nicht aber die hervorragende Technik von Huawei oder kreative Start-Ups. Viele Staaten der Welt nutzen mittlerweile chinesische Überwachungstechnologie. Die Sicherheit der 40.000 gut betuchten Einwohner Monacos wird von 520 Videokameras gewährleistet, die sehr aktuell mit G5-Technologie von Huawei nachgerüstet wurden.

China ist ein mahnendes Beispiel für eine KI-Praxis, die den Big Brother aus George Orwells Roman „1984" real machte. Laut CNBC (Consumer News and Business Channel), einer NBC-Tochter), überwachen 200 Millionen Überwachungskameras das beobachtbare Leben der Menschen. 1,4 Millionen Staatsbürger sind in einer Gesichtserkennungs-Datenbank gespeichert (CNBC 16. Mai 2019). Im „Reich der Mitte" kann es keinen KI basierten Angriff auf die Demokratie geben, da es keine Demokratie gibt. Außerdem scheinen die Chinesen im Einklang mit ihrer Überwachung zu leben. Sie entspricht ihrem Bedürfnis nach Sicherheit und Ordnung.

Neoliberale Forderungen nach Entstaatlichung des Internets und die Praxis der sogenannten „Frightful Five" (Apple, Google, Amazon, Microsoft, Facebook) zwingen zum Nachdenken über das Verhältnis von KI und Demokratie. Ist es einem Rechtsstaat förderlich, wenn, so wie im US-Wahlkampf 2017, über eine Milliarde Dollar für KI-basierte Wählerbeeinflussung ausgegeben wird? Sind Googles Aufwendungen für Lobbyismus in Höhe von 18 Millionen Dollar demokratiekonform? Die Washington Post attestiert Google eine Meisterschaft in der politischen Einflussnahme und in Sachen Raffinesse. Die New York Times zitiert Barry Lynn, einen der renommiertesten Wissenschaftler im Bereich digitaler Monopole: „Google wirft sowohl in Washington wie auch in Brüssel aggressivst mit Geld um sich, um an den Drähten zu ziehen". Obama war 2008 einer der Nutznießer. Googles CEO ließ ihm 250 Millionen Daten von Wahlberechtigten für sogenanntes Mikrotargeting zukommen. Das ist eine internetbasierte Kommunikationsstrategie, bei der Wählern personalisierte Werbebotschaften unterschwellig überbracht werden, ohne dass sie als Werbung erkannt werden. Diese Posts stärken oder schwächen Meinungen und Vorlieben von Menschen.

Googles Geldfluss in die Kassen der Demokratischen Partei war renditeträchtig. Nach Obamas Wahlsieg brachten 296 Personen ihr Wissen und ihre Kontakte aus dem Regierungsapparat in die Googlesphäre ein. 61 wechselten von Google in umgekehrte Richtung, davon 31 direkt ins Weiße Haus oder zu Institutionen, die für den Suchmaschinenriesen von unmittelbarer Relevanz waren.

14.5 KI-Manipulation statt Kommunikation

Die individuelle Passgenauigkeit basiert auf dem Profiling, dass über den Nutzer aufgrund seiner Internetnutzung erstellt wird. Ein Obama Berater hierzu: „Wir wussten schon, für wen... die Leute stimmen würden, bevor sie sich entschieden hatten."[24] Obamas Wahlkampfleitung kannte „Name, Anschrift, Rasse, Ge-schlecht und Einkommen jedes einzelnen unschlüssigen Wählers im Land, den es zu überreden galt, für Obama zu stimmen", schrieb die New York Times. So kann es sein, dass eine Facebookseite auf den männlichen Nutzer namens Miller abgestimmte Werbeinhalte enthält, aber andere Botschaften für die Nutzerin Müller. Obamas Wahlerfolg beweist dessen Wirkung. Filter Bubbles und Echokammern verstärken die Wirkung des Mikrotargetings. Hierbei wird die eigene politische Meinung immer wieder bestätigt und dadurch verstärkt, dass Algorithmen entgegengesetzte Meinungen herausfiltern. Allerdings bezweifeln Studien die Wirkung solcher Algorithmen.

Der jetzt in deutschen Diensten stehende MIT-Professor Iyad Rahwan sprach in einem Interview mit dem SPIEGEL von zahlreichen Formen algorithmengesteuerter subtiler Einflussnahme der Parteien auf Wähler. Ein Beispiel: In einer Studie wurden Wähler per Facebook am Wahltag an die Abgabe ihrer Stimme erinnert. Eine zweite Gruppe bekam zusätzlich die Information, welche ihrer Freunde bereits gewählt hatten. Aufgrund des sozialen Drucks ist diese Gruppe zuverlässiger zur Wahl gegangen. „Das Problem entsteht, sobald nur die potenziellen Wähler einer Partei eine derartige Information bekommen und damit die Chancen dieser Partei steigen."[25] Um Nutzer auf Internetseiten zu lenken und sie dort zu binden, nutzen vor allem Social Media- Anbieter das Reiz-Reaktionsmodell des Psychologen Frederic Skinner, wie es an Glücksspielautomaten angewendet wird. Ein „zufälliger" Gewinn reizt, Münzen nachzuwerfen. Auch das Scrollen mit den Fingern oder der Maus über reizstarke Informationen auf dem Bildschirm wirkt wie das unterschwellige Ködersystem der Glücksspielautomaten. Man nutzt unser angeborenes Bedürfnis nach sozialer Interaktion und Reziprozität. Positive Interaktionen zwischen Menschen und Maschine bewirken einen Dopaminausstoß im menschlichen Gehirn. Das steigert die Interaktionshäufigkeit und Verweildauer auf einer Social Media-Seite und die Wirkung der dort platzierten Werbebotschaften. Der Verstand wird zugunsten des Gefühls unterdrückt. Je länger sich Menschen ködern lassen, umso mehr persönliche Daten geben sie preis. Ein ehemaliger hochrangiger Facebook Manager warnt gar vor einer Zerstörung der „Funktionsweise der Gesellschaft" durch die „von uns geschaffenen kurzfristigen, dopamingetriebenen Feedbackschleifen." [26]

14.6. Meinungsfreiheit für Bots?

Wie weiter vorne beschrieben, existieren besonders kluge KI-Programme, die Presseartikel, Emails oder Social Media-Beiträge verfassen. Unter einem Bot versteht man ein Computerprogramm, das weitgehend automatisch wiederkehrende Aufgaben abarbeitet. Beispiele sind Chatbots, Social Bots und Gamebots. Sie erwecken den Eindruck, Menschen zu sein. Diese sogenannten Bots werden mehr und mehr eingesetzt, um die öffentliche Meinung zu beeinflussen. Die Narrative werden so lange und wiederholt verbreitet, bis sie aus ihrer Eigendynamik heraus wirken. Sie können menschliches Verhalten simulieren, indem sie Freundschaftsanfragen bei Facebook versenden, bei Twitter anderen Accounts folgen oder eigene Texte lancieren. Drei Botstypen sind maßgeblich:

Beim Überlastungs-Bot werden die Feeds einer bestimmten Social Media-Seite mit (Kontra)-Aussagen überflutet. Daraus folgt eine gegenseitige Beschleunigung. Eine Diskussion findet nicht statt.

Beim Trendsetter-Bot wird tausendfach dasselbe Hashtag („#") verwendet. Diese Markierung ist eine Art Schlagwort, mit dem zu anderen Statements und Beiträgen zum gleichen Thema hingeführt wird. Dieses erscheint plötzlich größer als es ist.

Auto-Trolle-Bots sollen einzelne Nutzer ablenken, damit diese möglichst viel Zeit mit nutzlosen Diskussionen verbringen. Unterhalten sich zwei

Nutzer auf einer Social Media-Plattform, klinken sich solche Programme mit unpassenden, extremen oder gar beleidigenden Inhalten automatisch ein. In den USA besteht ihr Zweck u.a. darin, der journalistischen Berichterstattung über Politik zu widersprechen. Ideologie schlägt Fakten. Sie gehören mittlerweile zum Standardrepertoire in Wahlkämpfen. Künstliche Intelligenz sorgt dafür, dass die Botschaften personalisiert herüberkommen. Nicht die besseren Argumente, sondern die Masse maschineller Nachrichten bei gekonnter Nutzung persönlicher Daten beeinflusst den Wahlausgang. Die Amerikaner erleben eine neue Art der Zensur. In der deutschen Politik haben die Parteien auf den Einsatz von Social-Bots verzichtet.

Im Dezember 2018 waren in Deutschland so viele Bots aktiv wie lange nicht mehr. Im Zusammenhang mit dem UNO-Migrationspakt wurde Stimmung gegen diese internationale Übereinkunft gemacht. Von 800.000 Tweets, die zwischen dem 24. November und dem 2. Dezember auf Twitter veröffentlicht wurden, entfielen 28 Prozent auf dieses Thema. Normalerweise sind es bei politischen Beiträgen 10 bis 15 Prozent, so die Ergebnisse des spezialisierten Unternehmens mit dem Namen „Botswatch". Das bedeutet aber nicht, dass Bots die Debatte um den Migrationspakt entscheidend beeinflusst haben, zumal auch andere Kanäle, etwa YouTube und Facebook, zur Meinungsbeeinflussung genutzt wurden.

Es stellt sich die Frage, ob diese Bots ein Recht auf Rede- und Meinungsfreiheit haben. Amerikanische Juristen meinen, dass ein Roboter genauso gute Argumente haben kann wie ein Mensch. Er kann wertige Beiträge in eine Diskussion einbringen. Insofern hat Künstliche Intelligenz den gleichen Anspruch auf Meinungsschutz wie ein Mensch. Die Anhänger dieser Meinung berufen sich auf die amerikanische Verfassung, die dieses Schutzrecht wesentlich weiter fasst als das deutsche Recht, das primär die sprechende Person schützt. Im amerikanischen Verfassungssystem genießt „speech", also die „Rede an sich", den Schutz des Gesetzes.

Kritiker dieser Auffassung machen geltend, dass das ein Feigenblatt für die KI-Vorreiter sei, die sich damit gegen Wettbewerbsklagen schützen und Maschinen über Menschen stellen wollen. „Wenn man Algorithmen die Definitionsmacht überlässt, wird das, was eigentlich Ergebnis einer gesellschaftlichen Debatte sein sollte, im Maschinenraum der Internetkonzerne erledigt... Die Maschinen würden dann...zu Schiedsrichtern der Meinungsfreiheit" werden. [27]

14.7 Das Ende der Freien Presse

Der durch die Digitalisierung bewirkte Aderlass der Presse minimiert die ausgleichende Wirkung der ,vierten Macht' im Staate. Der digitale Werbemarkt in den USA wird zu 60 Prozent von Facebook und Google getragen. Das unterminiert die Rolle der Presse als demokratisches Regulativ, zumal die unter 30-Jährigen Social Media als bevorzugte Informationsquelle nutzen. Laut einer bitkom-Umfrage informieren sich drei Viertel aller Internetnutzer in Deutschland online über das aktuelle Tagesgeschehen. Damit ist das Internet hierzulande die zweitwichtigste Nachrichtenquelle nach dem Fernsehen. In anderen europäischen Ländern steht das Internet sogar auf Platz 1. Das benachteiligt den klassischen Journalismus und führt zu einer Verlagerung des Anzeigengeschäfts weg von der Presse hin zu den Digitalmedien. 1991 wurden 27,3 Millionen Tageszeitungen verkauft. 2020 waren es nur noch 12,5 Millionen. Deutschlands Presselandschaft hat sich ausgedünnt. Die Überlebenschance liegt in der digitalen Verpackung von Presseorganen mit eingebetteter Werbung. Nicht viel besser als der Presse erging es Buchverlagen. Netflix ist an die Stelle des gedruckten Romans getreten.

Aufgrund der durch KI ausgelösten Situation fordert der ehemalige MIT-Professor Iyad Rahwan, jetzt Direktor des Max-Planck-Instituts für Bildungsforschung, einen neuen Gesellschaftsvertrag. Er macht darauf aufmerksam, dass in demokratischen Gesellschaften die Bürger einen Teil ihrer persönlichen Freiheiten an den Staat abgegeben haben, damit er im allgemeinen Interesse allgemeingültige Regeln durchsetzt. „Nun ist eine Situation entstanden, in der wir einen Teil unserer Freiheiten an Algorithmen abgeben, die unser politisches Handeln mitbestimmen, ohne dass wir sie mit den Mitteln unserer traditionellen Gewaltenteilung kontrollieren könnten."[28]

14.8 Wie wird sich Europa positionieren?

Noch immer gilt die Meinung, dass Demokratie und Marktwirtschaft die Stützpfeiler wirtschaftlicher Entwicklung seien. Das Beispiel der Digitalisierung Chinas relativiert dieses Dogma. Es beweist die Überlegenheit eines autoritären und zentralistischen Gesellschaftsmodells gegenüber dem Kapitalismus westlicher Prägung. Bei KI will China bis 2030 vor den USA die Weltführerschaft übernehmen. Experten schätzen, dass das schon 2025 der Fall sein wird.

Die weitere Entwicklung der KI-Technologie und ihre gesellschaftliche Einbettung werden durch den kalifornischen Neoliberalismus und den chinesischen Staatskapitalismus geprägt. Europa befindet sich mit seiner KI im Zangengriff zwischen diesen zwei Grundausrichtungen und muss sich mit der Rolle des Beobachters und Nachzüglers begnügen. Nur im Bereich der Einhaltung demokratischer Standards verbleibt für Europa die Möglichkeit einer Vorbild- und Führungsrolle. Da aber große Datenmengen Voraussetzung für die Güte von KI-Angeboten sind, findet die chinesische KI-Praxis auch in EU-Staaten Befürworter. Daran ändert selbst die Europäische Datenschutz-Grundverordnung nichts. Wenn das chinesische Modell oder eine Laisser-faire-Praxis à la Irland einen Vorteil versprechen, werden sich weitere europäische Staaten daran orientieren.

Die Bundesrepublik Deutschland definiert sich als republikanischer, demokratischer und sozialer Rechtsstaat. Daraus folgt: Das öffentliche Leben ist an Recht und Gesetz gebunden. Es stellt sich die Frage: Wie lange bleibt das so und welche Wirkungen haben Neoliberalismus und KI auf unsere Gesellschaftsordnung? Die gegebene Situation und vermeintliche Entwicklung verlangten nach Antworten. Wenn wir auch morgen noch in einem Staat leben wollen, bei dem „alle Staatsgewalt vom Volke ausgeht" (GG 1) müssen wir uns gegen alle Versuche der Internetgiganten (Google, Facebook, Apple, Amazon und Microsoft) wehren, die Staatsmacht mit der Finanzmacht von fünf Billionen Dollar und der Macht aus Trillionen von Daten zu unterminieren.

Künstliche Intelligenz

15. Überwachungskapitalismus

Unser Verhalten wird durch soziale Medien in Mathematik und Daten umgewandelt und somit lesbar. Wir machen uns berechenbar und manipulierbar. Unsere Gewohnheiten werden mit jedem Klick bei Google, Amazon und anderen Anbietern als Muster erkennbar. Das Wissen über die Bevölkerung war früher das Monopol des Staates. Es wurde infolge der Digitalisierung kommerzialisiert. KI-Unternehmen greifen in unsere Autonomie ein. Wir müssen um den engsten Lebensbereich fürchten, wenn Maschinen ständig mitlauschen. Alles, was wir dem Computer anvertrauen, landet als „Material" in der Datenbank eines Rechenzentrums. Unser Recht auf das Private geht verloren.

Harvard Professorin Shoshana Zuboff benennt dieses mit dem Begriff „Überwachsungskapitalismus". In einem SPIEGEL Interview 2018 erklärt sie: „Der Überwachungskapitalismus ist eine Mutation des modernen Kapitalismus. Sein Rohstoff sind Daten, die aus der Überwachung von menschlichem Verhalten gewonnen werden. Diese Daten, wie sich jemand verhält, verwandelt er in Prognosen, wie sich jemand verhalten wird, und diese Prognosen werden in neuen Märkten verkauft."[29]

In ihrem mehr als 700 Seiten umfassenden Bestseller „Überwachungskapitalismus" begründet sie diesen Begriff damit, dass KI ursprünglich eine Überwachungs- und Steuerungstechnologie des US-Militärs zur Luftraumüberwachung war. Mit präziser Radikalität beschreibt sie die Überwachungspraktiken des digitalen Kapitalismus, allen voran Google. Ihr Werk steht hinsichtlich des aufklärerischen Inhalts auf einer Stufe mit Pikettys „Das Kapital im 21. Jahrhundert" aus dem Jahre 2014.

15.1 Digitalisierung + Datafizierung = Überwachung

Der Kapitalismus präsentierte sich im Laufe seiner Geschichte in verschiedenen Spielarten. Am markantesten waren der Industriekapitalismus, der Industriekapitalismus, der Finanzkapitalismus und nach 1980 der Digitalkapitalismus, aus dem der Datenkapitalismus hervorging. Während der Industriekapitalismus Naturgewalten zähmte und dabei die Natur (ver)nutzte, verwertet der KI-getriebene Datenkapitalismus den Menschen und breitet fast unmerklich seine Herrschaft über ihn aus. Daten sind sein Produkt und Handelsgut.

Infolge dieses Prozesses geht eine Verlagerung und Neuverteilung von Wirtschaftsmacht einher. Der Datenkapitalismus wird immer mehr zum Platzhirsch der globalen Wirtschaft. Digitalisierung konkretisiert sich in der Datafizierung. Diese Umwandlung des lebenden Menschen in ein Datenkonstrukt setzt umfassendes Wissen über uns Menschen voraus, denn nur so kann man aus unserem Denken und Fühlen ein attraktives Handelsgut generieren. Das erklärt, warum Digitalisierung und Überwachung Hand in Hand gehen. Der „Überwachungskapitalismus" wurde mit Beginn unseres Jahrhunderts geboren.

Die Überwachung breitet sich leise und schleichend wie eine Grippewelle aus. Anders als bei George Orwells „Big Brother" wird auf Macht und Durchsetzung verzichtet. Viele der digitalen Angebote von Google und Facebook sind gratis nutzbar. Das kaschiert die Überwachung und verleiht ihr eine sympathische Fassade. Mit rhetorischen Kunstbegriffen, wie „Interoperabilität", „offenes Internet" oder „Konnektivität", wird der Inhalt koloriert.

Lange galt Apple als Musterschüler im Reigen der Netzschnüffler. Im November 2020 wurde die Mac-Szene mit einem neuen Betriebssystem, dem macOS Big Sur beglückt. Glück im Unglück? Der Berliner Profihacker Jeffrey Paul setze eine vielbeachtete Warnung ab: Big Sur verrate Apple „wann du zu Hause bist und wann bei der Arbeit. Welche Programme du öffnest und wie oft". Mehr noch: Auch die kompatiblen Internetanbieter bis hin zu Geheimdiensten eröffnet sich die Möglichkeit zur Innenschau. Das, was Apple als Sicherheitsmaßnahme proklamierte, erwies sich als unsicher. Bisher war es möglich, externe Abfragen mithilfe besonderer Programme von dritter Seite abzustellen. Bei dem neuen superschnellen MacBook Pro ist das nicht mehr möglich.

Wir können Bilder, Musik und Texte speichern, versenden und kostenlos telefonieren. Leider übersehen die meisten dabei: Bei Google & Co gibt es nichts gratis. Wir bezahlen mit unseren Daten, einer neuartigen Währung. In einem Interview 2018 klagte die Apple Legende Steve Wozniak: „Facebook verkauft, was ich like, verdient damit Millionen und gibt nichts zurück."[30]

15.2 Big Brother is watching you

Airbnb, weltumspannender Zimmervermittler, besitzt ein Patent, das Übernachtungssuchende vor der Buchung einem Onlinescreening unterzieht. Aus den Daten wird ein Vertrauenswürdigkeitsscore errechnet. Der Vermieter bekommt so eine Auskunft darüber, ob der Gast ein rechtschaffender Bürger ist. Airbnb seinerseits will sich damit absichern und die Versicherungssumme in Schadensfällen gering halten. Zwar betont Airbnb, dass dieses Patent nicht genutzt werde, aber Risikobewertungen und Hintergrundchecks von Gästen werden seit geraumer Zeit durchgeführt. Auf der Airbnb-Webseite ist zu erfahren: „Wir nutzen Vorhersagemethoden und maschinelles Lernen, um auf der Stelle Hunderte von Signalen auszuwerten, die uns dabei helfen, verdächtige Aktivitäten zu erkennen und zu unterbinden."

Weltweit gibt es Hunderte, wenn nicht gar Tausende geheime Scores, ähnlich dem Schufa-Score in Deutschland. Fluggesellschaften ranken ihre Passagiere. Häufige Beschwerden wirken sich ebenso negativ auf den Score aus, wie die gehäufte Rücksendung von Ware bei Amazon. Beschwerdemanagement und Retourenbearbeitung kosten Zeit und Geld. Der Kunde weiß nichts von subtilen Bevorzugungen und Benachteiligungen infolge seines Verhaltens. Diese Art von Gratifikation und Sanktion bewegt sich knapp unterhalb der Schwelle der Diskriminierung und ist in der Praxis kaum zu beweisen.

Gegen eine Überwachung von Wetterdaten, Verbrechersyndikaten, Epidemieverläufen, Verkehrsflüssen oder des Baum- und Insektensterbens ist nichts einzuwenden, wohl aber gegen die ungefragte Bespitzelung von Menschen, im Stillen. Überwacht wird fast jeder, auch solche mit absolut reiner Weste. Schuldig oder unschuldig ist hier eine irrelevante Frage. Es droht die Gefahr, dass sich die Überwachung verselbstständigt, so wie die 2001 beschlossene Möglichkeit des Kontenabrufs durch die Bundesanstalt für Finanzdienstleistungsaufsicht, die in den Folgejahren auf andere Behörden erweitert wurde. Ursprünglich geschaffen, um Geldwäsche und Terrorismusfinanzierung zu bekämpfen, ist daraus ein Arbeitsmittel der Finanzverwaltung entstanden. Das zeigt die Zahl der Anfragen, die von 72.000 im Jahr

2012 auf knapp eine Million in 2020 gestiegen ist. Es bedarf keiner Spitzel mehr mit Schlapphüten und Sonnenbrillen, keiner Denunzianten am Arbeitsplatz oder in der Nachbarschaft. KI überwacht wirksamer, schneller und findet zeitgleich Verbindungen im Big-Data-Meer. Das Private wird öffentlich, so wie heute schon in einem Café geführte Telefonate per Smartphone.

Den Vogel schießen wieder mal Stanford-Innovateure ab, diesmal mit der „smarten Toilette". Sie ermöglicht die Analyse von Kot und Urin und kann den jeweiligen Benutzer biometrisch identifizieren. Die Toilette erfasst beim Erledigen der Geschäfte die Durchflussrate und den Druck des Urinstahls sowie die Konsistenz des Stuhls. Die Kloschüssel ist so konstruiert, dass auch Biodaten zu Drogenkonsum oder zu einer Schwangerschaft verfügbar werden.

15.3 Die Schufa auf dem Wege zur Banken-Stasi

Im November 2020 wurde bekannt, dass sich die Schutzgemeinschaft für allgemeine Kreditsicherung (Schufa) um Informationen zur Lebensführung von Menschen bemüht. Das will sie durch Einblick in die Kontoauszüge von Bankkunden erreichen. Mit 65 Kategorien, darunter Miete, staatliche Leistungen, Unterhaltszahlungen, Arzt- und Restaurantbesuche, will sie im Auftrage von Unternehmen oder Banken die Bonität von deren Kunden ermitteln. Wurden Zahlungen an Inkassoinstitute oder Rücklastschriften identifiziert, handelt es sich um einen „Risikokunden".

Die Schufa hat Zugriff auf mehr als 50 Millionen deutschen Bankkonten. Sie verrät, dass der Konteneinblick ein „umfangreiches Potenzial in Hinblick auf Bonitätsbewertung, Affinitätsscores oder Ermittlung der Lebenssituation" eröffne. Mobilfunkanbieter Telefónica ist mit von der Partie. Das steigert den Wert der Schufa-Daten, die nunmehr mit Kontoauszügen und wahrscheinlich mit Mobilfunkdaten kombiniert und optimiert werden. Teilnehmern eines Sparkassentreffs, die ihre „Bauchschmerzen" kommunizierten, wurden von einer Schufa-Vertriebsleiterin beruhigt: „Datenschutzhürden" könne man überwinden, indem man Kunden die Ängste nehme. „Ihr Verbraucher wird sich da durchklicken, weil die Leute sind faul und bequem. Die haben keinen Bock auf sowas, und die wollen einfach den Service haben. Und sie klicken das durch."

15.4 Palantir, Big Brother for Big Date

Im August 2020 berichtete das Wall Street Journal von einer heimlichen Schnüffelsoftware, die in etwa 500 Smartphone-Apps eigeschleust wurde. Mit ihr erfasst das Unternehmen „Anomaly Six" mit Sitz in Virginia (USA) weltweit Standort- beziehungsweise Bewegungstasten. Zwar haben die Smartphonenutzer der Standorterfassung zugestimmt, nicht aber dem Verkauf ihrer Daten. In der EU käme das einem Verstoß gegen die DSGVO gleich. Das Unternehmen Anomaly Six teilte mit, dass die Daten genutzt würden, um Kunden Einblick in Verhalten und Nutzungsmuster zu geben. Dazu dürften laut Wall Street Journal auch die Nachrichtendienste der USA und Strafverfolgungsbehörden gehören. Welche Apps an dieser Art der Datenschieberei beteiligt sind und wer die Kunden sind, bleibt geheim.

App-Anbieter erheben von Drittanbietern eine Gebühr dafür, dass sie Tracking- Software in ihre Anwendung einfügen. Der Trackinglieferant verkauft dann die von der App abgegriffenen Daten, der App-Betreiber erhält einen Teil der Einnahmen. Nutzer wissen nicht, dass nach der Installation einer Wetter-App, eines Spiels oder Navigationsprogramms ihre Bewegungsprofile gesammelt oder verkauft würden. Wer möchte schon, dass der Besuch eines Bordells oder eines Spielkasinos aufgezeichnet werde? Damit ist aber zu rechnen, denn Mobilfunkdaten werden in den USA wenig geschützt.

Großes Erstaunen herrschte Ende August 2020 als das in der Digitalsphäre tätige Unternehmen Palantir das Börsenparkett betrat. Das Unternehmen ist dafür bekannt, dass Geheimdienste, Polizeibehörden, das Pentagon und etwa 100 namhafte Megaunternehmen zu seinen bevorzugten Kunden gehören. Das CIA ist mit ihrer Investmentgesellschaft „In-Q-Tel" aktiver Geburtshelfer und mit 15 Prozent Mitinhaber des Unternehmens. Pentagon und FBI, die US-Grenzbehörde Immigration and Customs Enforcement (ICE), europäische Nachrichtendienste und selbst die Polizei des Bundeslandes Hessen gehören zu den Käufern von Palantir Software. Der Kaufpreis ist im Falle Hessens ein Staatsgeheimnis. Einige Kunden, so die NSA und einige US-Polizeibehörden sind wegen Schwierigkeiten mit der Software wieder abgesprungen.

Palantir erfreut sich nicht nur an der Börse großer Wertschätzung. Das zeigt die Mitgliedschaft im 2019 initiierten EU-Projekt „Gaia-X", sozusagen einer EU-Cloud. Zweck und Ziel dieses Verbunds von etwa 200 Unternehmen und Organisationen ist der Aufbau einer leistungsstarken, wettbewerbsfähigen, sicheren und vertrauenswürdigen Dateninfrastruktur für Europa. Eigentlich handelt es sich hierbei um eine sinnvolle Idee, zumal „faire und transparente Geschäftsmodelle gefördert" und Standards entwickelt werden sollen „die auf gemeinsamen Werten und relevanten Regulierungen der EU und ihrer Mitgliedsstaaten beruhen". Ausgerechnet Palantir die „Schlüsselfirma der Überwachungsindustrie" bekennt sich zu diesen Werten. Palantir sei das genaue Gegenteil von Europas Interessen, twittert der Chef der belgischen Online- Werbefirma Actito, Benoit De Nayer. „Ei ist eines der verachtenswertesten Unternehmen der Welt, das autoritären Regierungen hilft, ihr Ziel der totalen Kontrolle zu erreichen" (auf Twitter). Andere Kritiker fragen sich, warum wir unsere Daten über den Umweg Palantir an die CIA weiterleiten statt den direkten Weg zu nehmen.

Palantir wurde 2004 von einem gewissen Alex Karp, dem deutschstämmigen Paypal-Gründer und dem Donald Trump-Unterstützer Peter Thiel sowie dem Hedgefonds-König Stephen Cohen als Big Brother for Big Date gegründet. 2.500 Mitarbeiter arbeiten an 25 weltweit verstreuten Standorten an der Aufgabe, die der CEO Alex Karp auf dem Weltwirtschaftsgipfel in Davos 2020 so beschrieb: „Die Kernaufgabe unseres Unternehmens ist es, den Westen, besonders Amerika, zur stärksten Macht der Welt zu machen, um Frieden und Wohlstand zu sichern." Alex Karp entstammt einer amerikanischen Familie. Er studierte unter anderem an der Johann-Wolfgang-Goethe-Universität in Frankfurt am Main, wo er auch promovierte. Sein besonderes Interesse galt der linksalternativen Kritischen Theorie. In diesem Zusammenhang sprach er von Kontakten zum soziologischen Übervater Jürgen Habermas. Laut Wikipedia bezeichnet er sich als Sozialist. Bis 2020 saß Karp im Aufsichtsrat der BASF AG. Seit 2018 gehört er dem Aufsichtsrat der Axel Springer AG an.

Es gibt viele Unternehmen, die Dienstleistungen zur Datenanalyse anbieten. Palandirs Know-how sticht hervor, denn es macht Big Data nutzbar, indem es aus überquellenden und unüberschaubaren Datenmassen relevante Erkenntnisse herausfiltert. Das Big-Data-Gebirge besteht aus Text, Ton, Bild, aus Zahlen, Sensorimpulsen und anderen Typen, die in Beziehung zu setzen sind, um die Nadel in vielen Heuhaufen zu finden, die bisher einzeln durchwühlt wurden. „Palantir Gotham integriert und transformiert Daten unabhängig von ihrem Typ oder Umfang in ein einziges zusammenhängendes Datenelement. Während die Daten in die Plattform fließen, werden sie angereichert und definierten Objekten – Personen, Orte, Dinge und Ereignisse zugeordnet und in eine verbindende Beziehung gesetzt", ist auf der Webseite von Palantir zu lesen. Was einstmals mühsame und zeitaufwendige Hand- und Kopfarbeit am Schreibtisch war, übernehmen leistungsstarke KI-Algorithmen.

Das Angebotsprofil von Palantir wäre interessant, wenn es nicht die Nähe zum Geheimdienstsumpf und zu dubiosen Unternehmen, wie beispielsweise Cambridge Analytica gäbe. Ein Whistleblower plauderte aus, dass Palantir den Manipulateuren von Cambridge Analytica bei der Verarbeitung der von Facebook erbeuteten Daten geholfen habe. Dieser Dienst zugunsten des Wahlsieges von Donald Trump diente dem gleichen Zweck wie die Wahlkampfspende von einer Million US-Dollar aus der Schatulle des Palantir-Mitgründers Peter Thiel. Dieses „Invest" hat sich rentiert, denn der seinerzeitige US-Präsident Trump bevorzugte Palantir zum Nachteil von Microsoft bei einem Milliardenauftrag des US-Militärs. Der Umfang der weltweiten Datensammlung und -analyse alarmierte mehrere US-Nichtregierungsorganisationen. Gerügt wurden Datenschutz, Gerechtigkeit und Wahrung der Bürgerrechte. Palantir-Software ist in den USA maßgeblich an den Abschiebungen von Immigranten beteiligt. Selbst Palantir-Mitarbeiter haben ihren Unwillen darüber ausgedrückt, allerdings ohne Wirkung auf die Unternehmensspitze. Auch die Bürgerrechtsorganisation American Civil Liberties Union warnt vor Palantir-Produkten und -Dienstleistungen.

Das Phantom Palantir musste wegen seines geplanten Börsenganges im August 2020 die Vorhänge ein wenig lüften. Amtlich vorgeschriebene Börsenprospekte passen nicht zur Verschwiegenheit des Unternehmens. Einen tieferen Einblick in das Geschäftsmodell wird es wohl nicht geben. Trotzdem erfreut sich die Aktie großer Nachfrage, wie aus dem Chart vom Dezember 2020 ersichtlich. Vom Wall Street Journal wird der Unternehmenswert mittlerweile auf 41 Milliarden US-Dollar geschätzt. Man kann

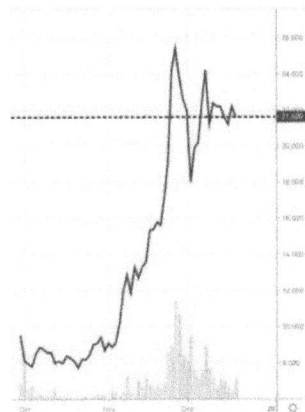

annehmen, dass die Zunahme von staatlichen Überwachungsaktivitäten im Voraus bewertet wurde.

15.5 Geschäftsbedingungen oder Knebelverträge?

Der Digitalkapitalismus zwingt die Menschen, ihrer Überwachung zuzustimmen, ansonsten drohen ihnen soziale Isolierung und Chancenlosigkeit. Ein Bewerber ohne Mail-Account ist chancenlos. Einem Kleinunternehmer ohne Homepage fehlt ein wichtiges Werbemittel. Wir sind gezwungen, Onlinekanäle zu nutzen. Wer sich ihnen entzieht, gerät ins gesellschaftliche Abseits. Wer sie nutzt, muss die Nutzungsbestimmungen und damit die Überwachungsmöglichkeiten akzeptieren. Die emeritierte Harvard-Professorin Shoshana Zuboff charakterisiert diese als Knebelverträge.[31] Wie es die Schwierigkeiten bei Kündigungsversuchen zeigen bleiben sie an einem haften.

Umgekehrt kann das IT-Unternehmen die Vertragsbedingungen jederzeit ändern. Amerikanische Juristen betrachten solche Verträge als „Beeinträchtigung der Rechtsstaatlichkeit" und als „Pervertierung". Seitenlange Geschäftsbedingungen führen den Betroffenen in ein Rechtsuniversum, das er nicht überblickt. Jon Leibowitz, Vorsitzender der US-Handelskommission, erklärte hierzu öffentlich: „Wir sind uns alle darüber im Klaren, dass Verbraucher keine Datenschutzrichtlinien lesen."[32] Zwei Professoren haben errechnet, dass die angemessene Durchsicht aller Datenschutzrichtlinien, die man im Laufe eines Jahres zur Kenntnis nehmen soll, sechsundsiebzig Arbeitstage bedürfe.

Sogenanntes Nudging ist das Vehikel, Menschen zum Ja-Klick für einen Knebelvertrag zu bewegen. Nudging ist ein vom Nobelpreisträger Richard Thaler konzipiertes Steuerungskonzept. Demnach folgen Menschen immer dem einfachsten Weg, wenn sie eine Entscheidung fällen müssen. Das Einfachste und Bequemste wird bei IT-Angeboten immer so aufbereitet, dass ein schneller Klick genügt, um in den Genuss eines Angebotes zu kommen. Kombiniert man Nudging mit einer Datenauswertungsmaschine, die Manipulationsimpulse auf den Monitor bringt, erleichtert das die Verführung zum Unterschriftenklick.

15.6 Trittbrettfahrer des Überwachungskapitalismus

Der „Überwachungskapitalismus" etablierte sich mit Beginn unseres Jahrhunderts. Zwar wurde er digital gezeugt, fand aber innerhalb kürzester Zeit Trittbrettfahrer außerhalb der Digitalwirtschaft. Ähnlich der Realwirtschaft, die ihr Glück mit Finanzprodukten versuchte, wollten andere Branchen, so etwa Kreditkartenorganisationen, Versicherungen, Versorgungsunternehmen, der ADAC und Dienstleister wie Bahn und Post an Erträgen aus dem Datengeschäft teilhaben. Dank hochintelligenter Algorithmen konnten sie interessierten Organisationen und Unternehmen mehr bieten als nur die Anschrift, das Alter und Einkommen, den Energieverbrauch u.ä.m. Algorithmen mit der Aufgabe, Kundendaten zu analysieren, ermöglichen in Verbindung mit weiteren Datenquellen einen Einblick in die Gefühlswelt und das Seelenleben von Menschen. Die Privatsphäre wurde zur marktfähigen Ware.

Auch Unternehmen außerhalb von Google, Facebook und Microsoft schürfen in den digitalen Datenminen, beispielsweise „Verizon", mit 91,2 Millionen Kunden der größte Mobilfunkbetreiber der USA, zu dem auch AOL (Alles OnLine) mit 30 Millionen E-Mail-Nutzern gehört.

Microsoft erwarb 2016 für 26,2 Milliarden Dollar das soziale Netzwerk der Businesswelt „LinkedIn" mit 660 Millionen Kunden. Die Anwender bestücken es freiwillig mit reichhaltigen Informationen über sich, denn schließlich will man auf sich aufmerksam machen. Datenjäger und Werbewirtschaft schätzen dieses Daten-Eldorado, denn es ist eine Plattform für kaufkräftige Gehaltsklassen.

Natürlich gehört der Telekommunikationsgigant AT&T mit einem Umsatz von 163 Milliarden Dollar und mehr als einer Million Mitarbeitern zu den Unternehmen, die aus dem Weiterverkauf ihrer Kundendaten Umsätze generieren. Selbst kleinere „Fachgeschäfte" bieten Datenprodukte an, beispielsweise zu Risikomitarbeitern. Im Auftrag von Unternehmen durchkämmen sie das Web nach Informationen über Mitarbeiter und Bewerber und ordnen diese auf einem Risikoindex ein.

15.7 Datennachschub via Tracking

Großmächte sichern ihre Versorgungswege zu Lande, zu Wasser und in der Luft. Amerikanische Kriegsschiffe kreuzen im Persischen Golf, um die Versorgung ihres Landes mit Erdöl aufrechtzuerhalten. Auch Internetgiganten wie Google und Facebook sichern ihre Nachschubrouten. Android ist so etwas wie die geplante Seidenstraße. Der Nachschub erfolgt mit sogenannten „Cookies" und durch „Tracking". Letzteres bedeutet „Verfolgung". Im Netz wird die Spur eines Nutzers verfolgt, sein Verhalten aufgezeichnet und ausgewertet.

Um Menschen passgenaue Werbung zukommen zu lassen oder mehr über sie zu erfahren, benötigen die Algorithmen viele personenbezogene Daten, beispielsweise die aufgerufenen Webseiten, Plattformfreundschaften, gepostete Inhalte oder Nachrichten an Freunde. Die sichtbar werdenden Verhaltensmuster gehen in die Analyse. Ein Persönlichkeitsprofil kommt dabei heraus. Vorab aber muss ein Cookie im Browser des Surfers installiert werden, für den ein einmaliger und eindeutiger Schlüssel errechnet wird. Dieser Schlüssel wird auf dem Tablet, Smartphone oder Rechner des Nutzers abgelegt. Gleichzeitig wird er an andere Webserver oder Datenhändler weitergereicht. Dank dieser Nummer kann ein Webseitenbetreiber, wer immer es ist, wiederkehrende Besucher bei deren nächsten Besuch identifizieren. Beispiel hierzu: Jemand gibt „amazon. De" im Browser ein und schon öffnet sich die gewünschte Webseite. Amazon oder der Webserver irgendeines anderen Onlinehändlers sendet zeitgleich ein Cookie, der i.d.R. im Browser des Webseitenbesuchers (Apple Safari, Google Chrome, Mozilla Firefox, Microsoft Internet Explorer u.a.) gespeichert wird.

Zum besseren Verständnis: Wer ein YouTube-Video aufruft, landet nicht beim Produzenten, sondern bei Google, denn YouTube ist deren Tochterfirma. Google fertigt mit einem Cookie einen digitalen Fingerabdruck des Besuchers an.

Android ist so etwas wie die geplante Seidenstraße. Der Nachschub erfolgt mit sogenannten „Cookies" und durch „Tracking". Letzteres bedeutet „Ver- folgung". Im Netz wird die Spur eines Nutzers verfolgt, sein Verhalten aufgezeichnet und ausgewertet.

E-Mail-Tracking wird auch vom Smartphone aus betrieben. Einfache Apps, so etwa die Taschenlampe oder die Uhr, nehmen Zugriff auf den Standort, das Telefonbuch oder den Terminkalender des Handynutzers, ohne dass er das weiß.

Google ist immer dabei. Das zeigen Untersuchungen vergangener Jahre. In den USA fand man „Googles Tracking Infrastruktur" auf 92 der Top 100 Sites. Neben Daten aus sozialen Netzwerken werden auch Inhalte des Google-Dienstes Gmail ausgewertet. Das Unternehmen schweigt sich darüber aus, was über Werbezwecke hinaus mit den Ergebnissen geschieht. Google-Forscherin Shoshana Zuboff resümiert: „Googles Fähigkeiten, Nutzer auf beliebten Websites zu verfolgen, sucht seinesgleichen; sie erreichen einen Level an Überwachung, den sonst nur ein Internet Service Provider erreichen kann."[24]

Insbesondere Einkäufe sind eine wertvolle Informationsquelle für Persönlichkeitsprofile. Laut New York Times wurden 2017 in den USA 200 Millionen mobile Endgeräte getrackt. Das zeigt, dass die von App-Anbietern behauptete Pseudonymisierung kein wirklicher Schutzschild gegen das Herumschnüffeln in der Persönlichkeit von Menschen ist.

Nach einem weiteren Bericht der New Times untersuchten IT-Wissenschaftler mehr als 22.000 Pornowebseiten auf Trackingspuren. Sie stießen dabei auch auf Google und Facebook, die solche intimen Daten angeblich nicht verwenden. Doch die Wahrheit ist, dass man den Internetnutzern über die Schulter schaut und deren Lust am Sex selbst dann registriert, wenn der Inkognito-Modus eingeschaltet ist. In 74 Prozent der Fälle war Google mit Trackern eingebunden, auf jeder zehnten Facebookseite. Angeblich sei Nacktheit für Zuckerberg & Co strikt tabu. Zur Beruhigung: Internetwerber interessieren sich i.d.R. nicht für einzelne Personen, sondern wollen große (Ziel-)Gruppen ansprechen, etwa 5.000 Junggesellen in norddeutschen Großstädten. Außerdem: In Deutschland dürfen sexuelle und politische Präferenzen laut Datenschutz nicht erfasst und weitergegeben werden, aber anhand intelligenter Merkmalskombinationen und Korrelationsanalysen lassen sie sich ermitteln. Ein ungenannter Fachmann aus der Branche: „Analytisch gesehen sind Homosexuelle eine Zielgruppe. Jede Zielgruppe lässt sich mit bestimmten Datenpunkten eingrenzen."

Der Betreiber einer Homepage erfährt mittels der hier beschriebenen KI-Methoden, auf welchem Wege ein Nutzer auf seine Seite gelangte und wie lange er dort verweilte. Ein Unternehmen kann auf Basis solcher Informationen bei Facebook oder einem anderen Anbieter eine Werbeanzeige für eine eng definierte Zielgruppe buchen, beispielsweise Akademiker mit Bart, Alter 40 bis 45 Jahre, mit Wohnsitz in Köln, die Motorräder der Marke Moto Guzzi fahren. Fast jeder Seitenaufruf wird heutzutage von Web-Dienstleistern mitgeschnitten und weiterverarbeitet. Diese oder der Onlineshop erfahren so, welche Art von Werbung Benutzer zum Kauf eines Angebots anregen. Mit den gewonnenen Informationen wird ein Nutzerprofil zum Zwecke passgenauer Werbung, im Fachjargon „targeted advertising", erstellt. Unser Recht auf das Private geht verloren. Diese Gefahr sieht selbst Microsoft-Präsident Brad Smith. Er fordert, darüber zu reden, wie die zukünftige Gesellschaft aussehen solle, und zwar „bevor wir aufwachen und feststellen, dass das Jahr 2024 wie die Welt in Orwels Buch mit dem Titel ‚1984' aussieht".

15.8 Ubiquitäre Überwachung

Googles langjähriger Konzernlenker, Eric Schmidt, verkündete auf dem Weltwirtschaftsforum in Davos 2017, dass das Internet verschwinden werde. „Statt des Internets wird es „so viele IP-Adressen… geben, so viele Geräte, Sensoren, Dinge, die Sie am Körper tragen, Dinge, mit denen Sie interagieren können. Sie werden das noch nicht einmal mehr spüren. Sie haben es immer um sich. Stellen Sie sich vor, Sie treten in einen Raum, und der Raum ist dynamisch." Damit hatte er nochmals das in Worte gefasst, was die Computerlegende Mark Weiser (1952 – 1999) in seinem 1991 erschienenen Buch „The Computer for the 21st Century" prognostizierte. Darin schrieb er, dass gewisse Technologien verschwinden, indem sie sich mit dem Gewebe un- seres Alltags verquicken. Computer verschwinden im Hintergrund, indem sie sich in die Umgebung des Menschen einfügen, anstatt den Menschen zum Eintritt in ihre zu nötigen. Er nannte dieses „ubiquitäres Computing". Die Welt werde mit einem Sensorennetz überzogen, das Bewegungsabläufe oder Veränderungen registriert oder dokumentiert, so wie die Black Box eines Flugzeuges. Wearables am Körper eines Menschen messen schon heute Temperatur, Schrittmenge, Herzfrequenz, Zuckerspiegel und anderes mehr, um die Werte an medizinische Überwachungsstellen zu melden, von wo aus sie an Krankenkassen und Lebensversicherungen weitergereicht werden.

In einigen Jahren wird die Informationstechnologie so allgegenwärtig sein wie heute die Elektrizität und Smartphones. In der KI-Welt ist man sich einig, dass infolge von Ubiquität schon bald alles vernetzt, wissbar und nutzbar ist. Das Internet der Dinge sorgt dafür, dass „ungenutzter Raum" in Erträge umgewandelt wird. Google denkt darüber nach, im sozialen Raum Daten zu schöpfen, beispielsweise mit Verkehrsleitsystemen, die darüber Auskunft geben, woher Menschen kommen und wohin sie gehen. Uber will dabei sein, um seine Fahrzeuge in Richtung überlasteter Bushaltestellen zu dirigieren.

Mehrere hundert Stadtplaner, Bauexperten, Soziologen, Ökonomen und Technogen aus dem Hause Alphabet/Google arbeiten an der Frage wie die Stadt der Zukunft auszusehen habe. Unverblümt gibt Alphabet/Google zu: „Wir finanzieren alles… über ein neues Werbemodell… Wir können dann tatsächlich gezielt die Werbung direkt an Leute in nächster Nähe richten – und sie dann ganz offensichtlich über Funkchips und GPS-Dienste und dergleichen aber auch über ihre Browseraktivitäten tracken."[33] Voraussetzung sei allerdings, dass die beteiligten Akteure von den zahlreichen städtischen Verordnungen ausgenommen seien, um ohne Einschränkungen bauen zu können. Toronto ist hierfür das Pilotprojekt.

Mit seinem vorstehend zitierten Diskussionsbeitrag meinte Eric Schmidt nicht das Ende des Internet als solches, sondern dessen Entkoppelung von PC, Smartphone oder Tablet. Als Datensammler und -verkäufer ist Google an gutem „Rohstoff" interessiert. Die erste Datengeneration ermöglichte eine zielgerichtete Online-Werbung. Doch die kommende Generation steigert die Qualität. Sie steht der direkten Beobachtung dann nicht mehr nach. Die Daten werden gleichsam autonom, also ohne das Wissen, Wollen und Zutun eines Menschen generiert.

So wie LKWs, die eine Toll-Collect-Autobahnbrücke unterqueren, können auch Menschen in ihren Bewegungsabläufen überwacht werden, ohne dass diese es merken oder wissen. Die Gesichtserkennung ist nur eine von mehreren Möglichkeiten. Daten werden gleichzeitig in der Tiefe unserer Persönlichkeit generiert. So liefert die psycho-algorithmische Stimmanalyse bei Alexa persönliche Informationen über unser Seelenleben. Wir laufen ähnlich Wildtieren ständig an „Fotofallen" vorbei, von denen wir nichts wissen. Die Werbewirtschaft kann dank dieser Schnappschüsse somit noch zielgenauer auf konkrete Menschen zielen.

Der heutige Mensch erlebt eine ständige, umfassende und allgegenwärtige Verdatung, Instrumentierung und Berechnung von allem und jedem und jedweder Art von Prozessen. Von Gebäuden, Telefonen, Fahrzeugen, Menschen, Geschäften, Unternehmen, um nur einige Beispiele der realen Welt zu nennen, gehen unablässig Aktionen aus, die in der digitalen Welt in Daten umgewandelt werden. Daran zeigt sich der Wert des Internets der Dinge. Wer es beherrscht steuert den Verlauf der Dinge. Viele little Brothers sind an die Stelle von Big Brother getreten.

Nach Meinung der Tech-Pioniere in Kalifornien ist diese Entwicklung unumkehrbar. Die Technologie sei eine autonome Kraft, deren Verlauf dem menschlichen Einfluss entzogen sei. Wer an dieser Stelle die Frage nach gesellschaftlichen Werten stellt, gilt als rückschrittlich. Die deterministische Unvermeidlichkeitsdoktrin lässt keinen Raum für alternative Möglichkeiten menschlicher Handlungen, obwohl wir Menschen Schöpfer der digitalen Zukunft sind. Wir könnten die IT-Prozesse zwar kontrollieren, aber wollen wir das überhaupt?

Google, Facebook & Co treiben die Vision einer rechnergestützten Umwelt, in der das Datentracking reichlich Ausbeute verspricht und der Datenmarkt mit neuen Angeboten versorgt wird. Das Internet der Dinge wird über uns kommen so wie einst Personalcomputer und Handys. Die digitale Infrastruktur, entwickelt sich von einem Etwas, was wir haben, zu einem Etwas, was uns hat, schreibt Shoshana Zuboff.

16. Digitalriese und Datenkescher Google

Zwei Studenten der Stanford-Universität schufen 1998 eine Suchmaschine mit dem Namen Google. Ohne die Folgen zu erahnen, eröffneten sie damit eines der spannendsten Kapitel der Wirtschaftsgeschichte. Sie machten ein Angebot von großem Nutzen für Millionen Menschen, aber zugleich eines zu deren Nachteil. Kein Mensch ahnte, dass er zum Objekt groß angelegter Überwachung und ungefragter Vermarktung würde.

Google musste vielfältige Anfangsschwierigkeiten bewältigen, denn in die Gründungsphase hinein platzte im Jahre 2000 die Dotcom-Blase. Die Geldgeber im Hintergrund wurden nervös und wollten Gewinne sehen. Google war zunächst als reine Suchmaschine ohne Werbung gegründet worden. Die Nutzer hatten Fragen, Google gab Antworten. Das Prinzip lautete Geben und Nehmen. Erkenntnisse aus den Suchanfragen nutzte Google zur Verbesserung seiner Dienste, beispielsweise Tempo, Genauigkeit oder Relevanz. Ende 2000 dachten die Google-Schöpfer über eine profitable Neuausrichtung nach. Ergebnis: Man gab die bis zu diesem Zeitpunkt bestehende Abneigung gegen Werbung auf. Suchanfragen wurden nunmehr mit Werbung verknüpft, damals in Form kleiner Kästchen rechts oben neben der Suchliste. Wurden diese angeklickt, war es möglich, den „Klicker" zu identifizieren.

Für Klicks mussten die Anzeigenauftraggeber bezahlen. Auch war es nunmehr möglich, dem Nutzer eine auf seine Person zugeschnittene Werbung zu übermitteln. Das war die kopernikanische Wende im Google-Geschäftsmodell. Man hatte den in einer Suchanfrage befindlichen „Rohstoff" als wertig erkannt. Dieser steckt im „Beifang", denn mit jeder Suchanfrage erfährt Google, wer der Nutzer ist, wo er sich befindet, was ihn interessiert, wie intelligent er formuliert, wann er in der Regel anfragt, am Tage oder in der Nacht, welche Art von Rechner mit welchem Betriebssystem benutzt wird, sowie die IP-Adresse des Rechners, nur um die wichtigsten Dinge zu nennen. Aus dem Surfverhalten eines Internetnutzers lassen sich Wahrscheinlichkeitsaussagen über Hobbys und Interessen sowie Alter und Geschlecht ableiten.

16.1 Googles Entdeckung: Wert der Daten und des Beifangs

Der Beifang von Suchanfragen ist nicht nur zur Verbesserung von Diensten nützlich. Anders als beim Fischfang wird er nicht über Bord gekippt. Andere könnten sich für ihn interessieren. Man sollte ihn algorithmisch mit anderen Daten verknüpfen oder korrelieren und so weitere, sozusagen „synthetische" Informationen generieren. In den alchemistischen Laboren der Digitalwirtschaft werden sie zu „Vorhersageprodukten" verarbeitet, so der von der Harvardprofessorin Shoshana Zuboff geprägte Begriff für diesen Vorgang. Vorhersageprodukte sind eine Aussage darüber, wie wir zukünftig denken und handeln, was wir fühlen und kaufen werden. Um das zu leisten, sind große Datenmengen, selbst nebensächliche Daten erforderlich. Gibt jemand den Begriff „Grippe" in die Suchmaschine ein, zeigt er damit sein Interesse am Thema, offenbart seine IP-Nummer und Computermarke. Geben eine Million Chinesen den Begriff Grippe ein, kann auf eine herannahende Grippewelle und die Nachfrage nach Medikamenten und Impfstoff geschlussfolgert werden.

Auf ähnlicher Grundlage war es dem kanadischen Seuchenspezialisten Bluedot möglich, den Ausbruch der Corona-Epidemie in China schon im Dezember 2019 vorauszusagen. Der Algorithmus des Unternehmens durchsucht das Internet und diverse Datenbanken nach Meldungen zu Krankheiten, „durchforstet" regionale Nachrichten in 65 Sprachen, analysiert Gesundheitswarnungen, Foren und Blogs, aggregiert diese und gibt Prognosen ab. Beim Ausbruch des Ebola-Virus 2016 traten Bluedots Voraussagen sechs Monate später ein.

Für diese Art von Vorhersageprodukten interessiert sich die Pharmaindustrie. Die Informationen sind für die global agierende Pharmaindustrie Gold wert. Sie wird die Produktionsmaschinen hochfahren und den Vertrieb aktivieren. Die Planung wird bis auf den einzelnen Menschen heruntergebrochen. Aus dessen Netzverhalten lassen sich vielfältige Rückschlüsse auf seine Persönlichkeit, seinen Wohnort, seine Kaufkraft, seine Interessen und Vorlieben, seine Lebensgewohnheiten und vieles mehr ziehen. Er kann gezielt mit Waren, Wahlpropaganda und Angeboten mannigfaltiger Art beworben und manipulativ beeinflusst werden, wie es 2018 der Skandal Cambridge Analytica zeigte. Wir werden kartografiert wie einst ganze Kontinente von den Kolonialmächten. Die Analyse des Beifangs von Suchanfragen und das Herumschnüffeln in den E-Mails von Gmail-Nutzern sind das eine, die Standortüberwachung das andere. Im August 2018 veröffentlichte die Vanderbilt University Tennessee eine empirische Studie, nach der ein nicht bewegtes Android-Smartphone innerhalb eines Tages 340 Mal den Standort an Google sendet. Wird das Handy bewegt, steigert sich die Übermittlungsquote. Die empfangenen Signale können mit persönlichen Nutzerdaten verknüpft werden. In einer am Bundesgericht San Francisco eingereichten Sammelklage wird dem Unternehmen die Verletzung der Privatsphäre von Nutzern gegen deren Willen vorgeworfen.

16.2 YouTube, Skype und MasterCard als Datenquellen

In Googles Jugendjahren wurden alle aus Suchanfragen generierten Daten genutzt, um das Produkt Suchmaschine zu optimieren. Dann aber erkannten die Macher, dass sie infolge von Suchanfragen Beifang im Netz hatten. Das galt in noch stärkerem Maße für YouTube, von Google 2006 aufgekauft. Ein fünf Minuten angeschautes Video verrät mehr über den Menschen als die Eingabe eines Begriffs in die Suchmaschine. Schaut sich jemand einige Clips über die Insel Ibiza an, kann man sein angedachtes Urlaubsziel erahnen. Geschieht das einige zehntausendmal, interessiert das Reiseanbieter, Fluggesellschaften und die Touristikplaner der Balearen. 2019 musste YouTube 170 Millionen Dollar Strafe zahlen, weil entgegen gesetzlichen Vorschriften persönliche Informationen von Kindern gesammelt wurden. Ein Gesetz aus dem Jahr 1998 verbietet es, Daten von Kindern unter 13 Jahren zu sammeln. Mit diesen Daten sollten gezielte Werbeanzeigen verbreitet werden.

Skype, seit 2011 ein weiteres Google-Tochter, hilft bei der Emotionsanalytik. Anhand der Videos analysieren Algorithmen, bei welchen Themen Menschen, beziehungsweise Konsumenten glücklich oder traurig dreinblicken. Bekanntlich lassen sich Angebote mit emotionaler Verpackung besser verkaufen als solche in Packpapier. Noch mehr verrät das verbotene, aber dennoch praktizierte Herumschnüffeln in den E-Mails von Googles Mail-Nutzern.

Digitale Überwachung wird allen Beschwichtigungen zum Trotz raffinierter, umfassender und gesellschaftsfähiger. Im Sommer 2014 war weltweit nachzulesen, dass Google ein psychologisches Experiment an 690 000 Anwendern durchgeführt hatte, mit dem die Manipulierbarkeit ihrer Gefühle getestet wurde. Mittels angenehm wirkender Worte wurden die Testanden zu ausgesuchten Werbelinks geführt. Diese wussten nichts von ihrer Testrolle. Normalerweise hätten sie ihre Zustimmung dazu geben müssen. Im Grunde sind wir, insbesondere jüngere Menschen, Teilnehmer des ersten weltweiten Experiments in Sachen Menschenschwarm. Social Media lautet der Projekttitel. Wir werden auch nicht gefragt, wenn die Datenkescher Google oder Facebook mittels ausgefeilter Algorithmen auf der Basis der gespeicherten Daten unseren digitalen Doppelgänger kreieren. Als algorithmische Laborratten werden wir Versuchen ausgesetzt, beispielsweise wie wir auf Kaufanreize reagieren. Googlenomics will zukünftiges Verbraucherverhalten voraussagen, um mehr Anzeigen zu verkaufen.

Je tiefer die Algorithmen in die Psyche eines Menschen eindringen, umso größer die Gefahr, dass Homepagebesucher, ähnlich Haustürgeschäften, überrumpelt werden. Hierzu Gerd Billen, Staatssekretär im Justizministerium: „Überrumpelung geschieht ja nicht nur beim Haustürgeschäft: Sie kann auch geschehen, indem ein Unternehmen ein psychologisches Profil von mir kennt und mir Dinge im richtigen Moment anbieten oder sogar unterjubeln kann."[42] Denkbar ist aber auch ein fehlerhaftes Profiling, das dem Nutzer Nachteile bereitet.

Wenn der Datenhunger von Google & Co noch nicht gestillt ist, besteht die Möglichkeit, Daten von Unternehmen hinzuzukaufen, deren Tätigkeit mit Datenschöpfung verbunden ist. 2018 überschritt Google mit seinem Zugriff auf die Daten von Mastercard-Kunden eine rote Linie. Wenn jemand online eine Anzeige anklickte, um mehr über das beworbene Produkt zu er- fahren, es aber nicht bestellte, sondern es später im Ladengeschäft erwarb und mit MasterCard bezahlte, wurde Google hierüber informiert. Es ging Google darum, festzustellen, ob Klicks auf eine Werbeanzeige später zu einem Kauf beim inserierenden Unternehmen führten. Master Card gab bereitwillig Auskunft und ließ sich das mit vielen Millionen Dollar bezahlen. Damit wollte Google sein Werbegeschäft gegen Konkurrenten wie Amazon stärken. Der Konzern glich die Daten aus diesem Vorgang mit vorhandenen Daten über den Käufer ab und gab sie an seine Werbekunden weiter, die starkes Interesse am Offline-Kaufverhalten hatten und haben. Hatte der Kunde das Produkt erworben, galt die Werbeanzeige als Erfolg. Google beanspruchte vom Händler und von MasterCard einen Anteil der Kaufsumme, was aber strittig war. Diese Art der Datenschöpfung wurde in den USA als rechtswidrig zunächst unterbunden. Wie lange hält der Richterspruch?

16.3 Aus Beifang Vorhersageprodukte machen

Von 2002 an wurden die aus Beifang generierten Daten und gespeicherten Persönlichkeitsprofile immer umfangreicher und damit aussagekräftiger. Aber als „Lagerware" hatten sie keinen Wert. Darum wurden sie zur Handelsware, die man werbeaktiven Unternehmen anbot. Ihr Wert besteht darin, Streuverluste der Werbung zu vermeiden. Die Suchmaschine Google entwickelte sich so zu einer Werbe-, Überwachungs-, Vorhersage- und Einflussnahme- Maschine. Google-Forscherin Zuboff verwendet in diesem Zusammenhang den Begriff „Vorhersageprodukte". Mit streng geheimen Algorithmen, die unter dem Titel „Generierung von Nutzerinformationen zur Nutzung in der zielgerichteten Werbung" zum Patent angemeldet wurden, nahm Google nunmehr auf das Verhalten von Nutzern Einfluss, indem diese passgenaue Werbung erhielten. Statistik und Mathematik verdrängten das „gute Näschen" und das Bauchgefühl von Art-Directoren in Werbeagenturen.

Ähnliches gilt für Facebook oder Amazon. Ohne Wissen der Betroffenen wurden und werden Persönlichkeitsprofile erstellt, für die sich Wirtschaft, Politik und selbst Geheimdienste interessieren. Diese Daten erlauben recht präzise Vorhersagen über Kaufgewohnheiten und zukünftiges Verhalten klickfreudiger Datenproduzenten, die nichts von ihrer Rolle wissen.

Solche „user profile informations" sind für das Marketing der Social Media Anbieter das Ei des Kolumbus. Das beweist der exorbitante Anstieg der Google-Erfolgszahlen. So stieg der Umsatz der Googlenomic von 2002 bis 2004 um sagenhafte 3950 Prozent. Auf den Werbeumsatz entfielen 116 Milliarden Dollar. Die Aktie entwickelte sich von 85 Dollar 2004 auf 1165 US-Dollar 2019. Der 2018er Nettogewinn belief sich auf 30 Milliarden Dollar.

Shoshana Zuboff belegt den Beifang von Daten mit dem wenig glücklichen Ausdruck „Verhaltensüberschuss". Mittels KI werden daraus, so ein weiterer Begriff von ihr, „Vorhersageprodukte" für die Wirtschaft geschaffen. Großindustrie und Handelsketten, Banken und Versicherungen, Politik und Großorganisationen wissen nun, was in den Köpfen von Konsumenten vorgeht, was sie kaufen oder wählen und wie sie berechenbar und manipulierbar werden. Aus diesem Wissen ergeben sich gänzlich neue Geschäftsfelder. Sogenannte User sind nur noch die Rohstoffquelle, die es anzuzapfen gilt. Dem Datenkapitalismus geht es nicht mehr um die Beherrschung der Natur sowie dem Industriekapitalismus, sondern um die Beherrschung des menschlichen Wesens. MIT-Expertin Zuboff schreibt: „Der Brennpunkt hat sich verschoben: von Maschinen, die die Grenzen des Körpers überwinden sollten, hin zu Maschinen, die das ubiquitäre Wissen dazu einsetzen, im Dienste von Marktzielen das Verhalten von Einzelnen, Gruppen und Populationen zu verändern." Der Wert des Datenbeifangs wird mit 10 Milliarden Dollar bezif- fert. Auf dem Markt der Vorhersageprodukte ist der Mensch als Lieferant von Verhaltensdaten nur noch eine kostenlose, aber profitable Rohstof- fquelle. Und er liefert ununterbrochen Daten, nicht nur durch Eingaben in die Suchmaschine. Dafür sorgen das Internet der Dinge und die Umge- bungsintelligenz.

16.4 Umgebungsintelligenz fischt Daten

Der Überwachungskapitalismus durchdringt alle Lebensbereiche, stülpt sie um und liefert selbst Daten aus der natürlichen Umgebung. In Zukunft kann „jeder physische Raum und jede Spur von Verhalten in diesem Raum – summende Bienen, Ihr Lächeln, die Temperaturschwankungen in meinem Kleiderschrank, der Wind in den Bäumen, eine Unterhaltung – informatisiert werden."[34] Das Internet entwickelt sich immer mehr zu einer Stätte kommerzieller Überwachung in Echtzeit, die alle Online-Aktivitäten in Big Data erfasst.

Der Zugang zum Web ist heutzutage notwendig, um am sozialen Leben teilzunehmen. Wir sind von KI-Systemen abhängig, die wir nicht verstehen und nachvollziehen können. Andererseits benötigen wir das Netz, einschließlich KI, zur Alltagsbewältigung. Doch diese droht die Gesellschaft in einer gefährlichen Weise zu verändern. Das gilt insbesondere für den Global-Player Google, von der renommierten Harvard Professorin Shoshana Zuboff mit dem Ausdruck „absolut" charakterisiert. Absolutismus ist ein System, in dem die herrschende Macht keinerlei Kontrolle unterworfen ist und keinen Konsens sucht. Von der Professorin darauf angesprochen, antwortete Google Chef Schmidt: „Vertraut mir. Ich weiß es am besten." Demokratische Kontrolle lehnt er als plumpe Regulierung ab. Er macht keinen Hehl daraus, noch tiefer in den Alltag von Menschen, in deren Emotionen eindringen zu wollen, um künftiges Verhalten vorhersagen zu können. Dabei hilft eine omnipräsente digitale Umgebungsintelligenz, so der Ausdruck für die Allgegenwart einer digitalen Umwelt, die uns auf Schritt und Tritt begleitet. Dazu gehören Gesichtserkennungskameras, Mobiltelefone, Sensoren, Temperaturfühler, Körperscanner, Bewegungsmelder, Fitness-Tracker, und diverse andere Datenerfassungsgeräte. Prof. Alex Portland vom renommierten Massachusetts Institute of Technology spricht von den „Augen und Ohren" eines „weltumspannenden lebenden Organismus". Eine rechnergestützte Architektur intelligenter und vernetzter Geräte, Dinge und Räume tragen dazu bei, uns Menschen zwecks Datengewinnung selbst zuautomatisieren.

16.5 Daten als Zahlungsmittel für digitale Gratisleistungen

Googles Siegeszug begann mit der allen PC-Nutzern bekannten Suchmaschine, wurde dann aber ausgedehnt. Daten ließen sich nicht nur aus dem Beifang von Suchanfragen gewinnen, sondern gleichfalls aus Text- und Bildbearbeitung, Speicherung, Übersetzungen, E-Mails, Standortbestimmungen, Gesichtern usw. usf. Wenn Google nur eine Suchmaschine wäre, warum investiert der Konzern dann in Smart Home, in fahrerloses Fahren, YouTube, Landkarten oder Überwachungsbrillen, um nur einige aus 150 Angeboten zu nennen. Warum schenkt Google der Smartphonewelt sein Betriebssys- tem Android? Warum wurden für Street View 5000 Straßenmeilen abgefahren? 2010 gab der Bundesbeauftragte für den Datenschutz bekannt, dass es sich bei Street View um eine verkappte Datenerfassung handelt, zumal auch Daten aus privaten WLAN-Netzwerken erfasst wurden. Auch beim fahrerlosen Auto geht es nicht um die Bequemlichkeit, sondern um die Nutzungsdaten. Mobilitätsdaten sind ein Premiumprodukt auf dem Datenmarkt.

In den Algorithmen steckt die Kopfarbeit gut bezahlter Informatiker. Die Forschung und Rechenzentren verschlingen Hunderte Millionen Dollar. Es macht stutzig, dass Google die meisten seiner Dienste gratis anbietet. Woher also kommt der enorme Return on Investment (ROI)? Die Antwort: Er fließt aus Milliarden von Daten, die die Digitalwirtschaft weltweit schöpft und auf Datenmarktplätzen verkauft. Den Rohstoff hierzu liefern Millionen von Menschen, die sich der „Liebesgaben" von Google & Co bedienen. Das ist die Geschäftsgrundlage: Deine Daten gegen Gratisservice, gegen kostenloses Gmail, YouTube, Search, Maps und andere mehr.

KI-Forscher Iyad Rahwan berichtet im SPIEGEL-Interview, dass in Forschungslabors längst an Technologien gearbeitet wird, die einen Einblick in private Rohdaten verhindern könnten. Wir müssten dann allerdings bereit sein, für Suchmaschinen, Routenplaner und andere Dienste zu bezahlen. Aber ohne öffentlichen Druck wird es keine solchen Lösungen geben, denn kein Unternehmen wird freiwillig auf den eigentlichen Schatz im Onlinegeschäft, auf die Daten seiner Kunden, verzichten.[35]

16.6 Googles Geschäftsbereiche und Produkte

Die wenigsten wissen, dass Google ein deutlich größerer Konzern ist, als es die Suchmaschine, Gmail, Google Play, Google Drive, Android und Chrome vermuten lassen. Die Liste der Dienste ist lang und wird immer länger. Wir können uns auf selbstfahrende Autos, Sendeballons, Lieferdrohnen und vieles mehr einstellen. Alles, was hier geschieht, ist mit KI vielfältig verwoben und ohne KI nicht denk- und machbar.

Das Kerngeschäft ist und bleibt wohl noch lange die Suchmaschine. Sie beantwortet 90 v.H. aller Suchanfragen im Internet. Vieles steht und fällt mit ihrer Performance. Auf Platz zwei steht das Google Chrome-System, das mit Edge, Firefox und dem Internet Explorer um die Gunst von Web-Nutzern konkurriert. Viele Menschen tragen eine Smartwatch, die über Android Wear läuft.

Über Googles Play Store werden nicht nur Apps und Spiele angeboten, auch Bücher, Magazine, Filme und Musik. Mit jedem Klick klingelt es zugleich in der Google-Kasse. Das gilt ebenso für die über YouTube realisierten Werbeeinnahmen.

Die nachfolgende Liste gibt einen Überblick zu Google-Diensten und Produkten. Sie ist aber nur ein Teil der Wahrheit, denn Google ist dabei, sich vielfältig zu diversifizieren. Das mag einer der Gründe sein, warum sich Google 2015 restrukturierte und sich seitdem Alphabet Inc. nennt. Google selbst ist eines von 14 Tochterunternehmen. Breite und Tiefe des Angebots legitimieren die Titulierung „Digitalriese" in der Überschrift zu diesem Kapitel.

Google-Netzwerk

o 2019 übernahm Google für 2,1 Milliarden Dollar das Unternehmen Fitbit, einen Hersteller von Fitness-Trackern. Mit diesem Deal werden Apple und Huawei herausgefordert.

O Der Zukauf der Firma Nest, ein Hersteller von digitalen Thermostaten und Rauchmeldern, dient der Präsenz im Internet of Things und der Nutzung von geschäftlichen Möglichkeiten bei der Haushaltsvernetzung.

O Für Sicherheitstechnologien ist die Tochter Chronicle zuständig.

O Mehr als 780 Millionen Euro hat Google in erneuerbare Energien investiert, in Solarfirmen, Windparks, Batteriehersteller oder in die E-Mobilität.

O Seit 2011 verkauft Google unter dem Namen Nexus auch Smartphones und Tablets.

O Hinzu kommen jüngere Zukäufe von Unternehmen wie Titan Aerospace, einem Hersteller von Spezialdrohnen oder der Firma Skybox Imaging, die sich auf Satellitenaufnahmen aus dem All spezialisiert hat. Das deutet darauf hin, dass Google auch den Bereich der Raumfahrt und Satelliten anpeilt. Wohl darum hat Google 2014 das Moffett Federal Airfield im Silicon Valley von der NASA für die kommenden 60 Jahre angemietet.

O Unter dem Buchstaben X arbeiten die Tochterunternehmen Waymo und Wing an besonders visionären Projekten, etwa selbstfahrenden Autos oder Paketauslieferung per Drohnen und Ballons.

O Das X-Projekt Google Brain erforscht das menschliche Gehirn, indem es als Computer nachgebaut wird. So erforscht das 2013 gegründete Tochterunternehmen Calico die Zusammenhänge zwischen Genetik und Altersbeschwerden.

O Im Bereich der Life-Science-Sparte engagiert sich die Google-Tochter Verily Life Science im Bereich der Biowissenschaften und arbeitet an Krebstherapien und intelligenten Kontaktlinsen, die Blutzuckerwerte messen.

○ Über Google Ventures beteiligt sich der Konzern weltweit am Aufbau von Start-ups, beispielsweise am Fahrdienst Uber. Dieser Wagniskapitalgeber investiert in Start-ups der Bereiche Internet, Software, Hardware, Cleantech, Biotech und Gesundheit.

○ Zu den von Google Ventures ausgesuchten Unternehmen gehören unter anderem das Gentechnik-Start-up 23andme, die mobile Video-Software Periscope und die Internet-Business-Software Slack.

○ GoogleCapital kümmert sich seit seiner Gründung 2013 um Investments in reifere Technologie-Firmen, die sogenannte Later Stage. Es handelt sich um 12 Unternehmen, die unter anderem in den Bereichen Big Data, Fintech, IT-Sicherheit und E-Learning aktiv sind.

○ Google Capital bietet in Zusammenarbeit mit den Töchtern Access&-Energy, Loon und Google Fiber Kommunen und Regionen den Aufbau von Infrastrukturen für den Zugang zum Internet an. Ein halbes Dutzend US-Städte nutzen dieses Angebot eines extrem schnellen Zugangs zum Netz via Glasfaserleitungen.

○ Die Grenzen zwischen realen und virtuellen Räumen werden mehr und mehr aufgehoben und verschmelzen. Bei den Daten ging es nur um Anzeigenaufträge. In der realen Welt soll das Verhalten von Menschen geprägt werden, ebenfalls zwecks Umsatzgenerierung. Das Data Mining entwickelt sich zum „Reality Mining". Es ist das, was weiter vorne mit dem „Internet der Dinge" beschrieben wurde. Mit realen Dingen lässt sich noch mehr verdienen als mit Anzeigenflächen auf Plattformen und Web-Angeboten, denn jeder Gegenstand bietet vermarktbare Daten, am meisten wohl das autonom fahrende Google-Auto.

○ DeepMind spielt als Anwendungsspezialist für KI eine herausragende Rolle.

In den genannten Geschäftsbereichen werden vielfältige Produkte entwickelt und angeboten. Demnächst dürfte eine eigene Google-Reiseplattform hinzukommen, mit dem anderen Anbietern, etwa Dreamlines, Opodo oder Trivago, der Garaus droht. Die Branche beklagt sich öffentlich: „Das Unternehmen missbraucht seine Dominanz als Suchmaschine, indem es enorm viele Gebühren, Inhalte und Daten von seinen Werbepartnern erhebt. Diese Einblicke nutzt Google, um eigene Produkte zu entwickeln, mit denen das Unternehmen noch mehr Gebühren von seinen Partnern erheben kann. Die Vision von Google ist, dass es in fünf bis zehn Jahren nur noch eine Reiseplattform gibt – und die heißt Google."[36] Auch dieses Beispiel zeigt, wie wichtig und dringend der Schutz vor den kalifornischen Invasoren ist.

Die nachstehende Auflistung von Google Geschäftsfeldern und -aktivitäten erhebt nicht den Anspruch auf Vollständigkeit. Google tanzt auf vielen Hochzeiten, ohne dass man genau weiß, auf welchen. Längst ist es nicht mehr gerechtfertigt, von einem „Suchmaschinenanbieter" zu sprechen. Es wird spannend zu sehen, wie sich die weitere Entwicklung unter dem Dach von Alphabet, so der Name der steuernden Gesellschaft, vollzieht.

Wertentwicklung der Alphabet (Google)-Aktie

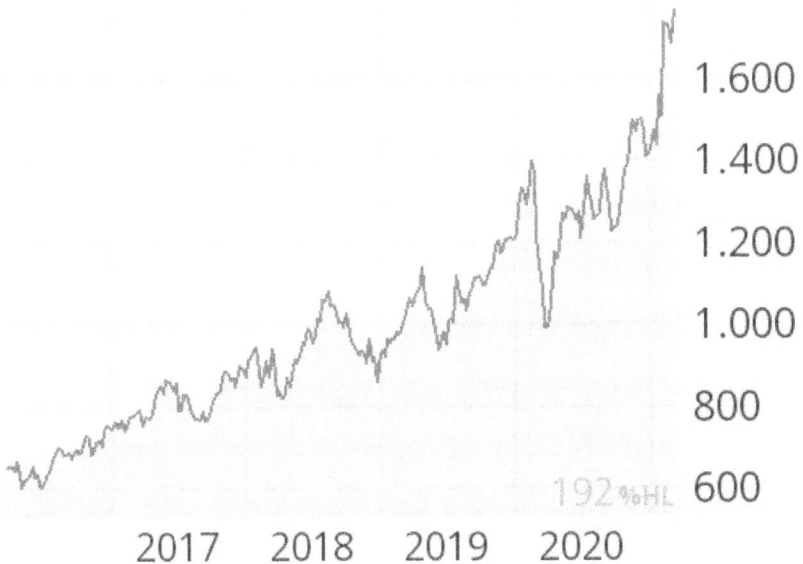

Google-Produkte und ihr Zweck

Name	Google-Dienst oder -Produkt
Ad Grants	Google ADS für gemeinnützige Organisationen
AdSense	Geld verdienen mit der eigenen Website
Ads	Online Werbung schalten und steuern
Ads App	Werbeanzeigen vom Mobil Gerät aus steuern
Ads Editor	Offline Verwaltungszentrale von Google
Alerts	Persönlicher Benachrichtigungsdienst
AdMob	Macht das App-Geschäft profitabel
Analytics	Kundeninformationen
Analytics App	Kennzahlen auch mobil im Blick behalten
Analytics 360°-Suite	Integration verschiedenster Datenquellen
Android	Handy Betriebssystem
Android Auto	Google auch im Pkw
Blogger	Bloggen leicht gemacht
Books	Digitale Bibliothek
Business View	Interaktive 360° Video Tour
Cardboard	Virtuelle Realität zum greifen nah
Chrome	Internet Browser mit diversen Funktionen
Chromebooks	Chrombooks von Google
Chromebox	Kleiner PC basierend auf Chrome
Chrome Music Lab	Musik komponieren
Chromecast	Streaming-Mediaplayer
Cloud Plattform	Google-Cloud für Entwickler
Cloud Print	Druckerzugang von überall und jedem Gerät
Data Studio	Visualisierte und interaktive Berichte erstellen
Daydream	Virtual Reality mit Google Daydream
Google Docs	Textverarbeitung 188urs Team
Drive	Daten in der Tasche
Duo	Video Messenger
Earth	Die Welt aus der Vogelperspektive
Finance	Datensammlung zur Preisentwicklung an Börsen
Flights	Urlaubsplanung
Gboard	Direkte Suche über die Tastatur
Gmail	E-Mail Account von Google
Glass	Tragbare Computerbrille
Google+	Googles Netzwerk
Google+ Create	Kreative Posts vom Google+-Profil
Google Fonts	Vorteile von Google Fonts
Google+Fotos	Fotos
Google Foto App	Speicherplatz für Fotos
Google Formulare	Umfragen erstellen und auswerten
Google G Suite	Office Suite für alle Anforderungen
Google Home	Eine Art Haushaltshilfe
Google Inbox	E-Mail Verwaltungstool
Google Keep	Neue Ideen festhalten
Google Lens	Die Welt entdecken mit Google Lens

Name	Google-Dienst oder -Produkt
Google My Maps	Eigene Karten anlegen
Google Tabellen	Tabellen erstellen
Google Tag Assistant	Prüfung ihrer Tags
Google Task	Aufgaben Planung
Google Web Designer	Eine Idee auf alle Bildschirme
Google web.dev (Beta)	Eigene Webseite bauen
Groups	Online-Gruppen Verteilerlisten erstellen
Hangouts	Mit Bekannten im Kontakt bleiben
Hangouts Meet	Videokonferenz durchführen
Kalender	Terminverwaltung
Kontakte	Kontakte online
Local Guides	Lieblingslocation mit anderen teilen
Maps	Routenplaner
Google Meet	Konferenzen
Merchant Center	Werkzeug für Händler
My Activity	Transparenz für Suchende
My Business	Business sichtbar und auffindbar machen
News	Nachrichten
Nik Collection	Alte Bilder neu entdecken
Google Notizen	Aufgaben und Ideen notieren
Optimizer	Kostenloses A/B Testing-Tool
Pixel	Google Smartphone
Play Music	Music Streaming-Dienst
Google Präsentation	Präsentationstool
Project FI	Schaltet auf das signalstärkste Netzwerk um
reCAPTCHA	Unterscheidet Menschen von Computern
Sammlungen	Ordnungstool für Google+-Beiträge
Search Appliance	Intranet-Optimierung
Search Console	Tool für Webseiten Betreiber
Shopping	Werbeplattform für Händler
Street View	Straßenansichten
Surveys	Marktforschungstool für online-Umfragen
Tag Manager	Website-Codeverwaltung
Test my Site	Schnelligkeit der eigenen Website
Google Cemetery	Liste der toten GoogleProdukte
Translate	Universalübersetzer
Trends	Trends der Suchanfragen
Page Speed	Ladegeschwindigkeit der eigenen Website
Trips	Reise-App für den Urlaub
PhotoScan	App zum Digitalisieren von analogen Bildern
URL Builder	URL-Builder für Kampagnen-Tracking
VirusTotal	Virenscanner von Google
Wallet	Online Brieftasche
Waze	Navigation
Wifi	WLAN mit Google

Künstliche Intelligenz

Name	Google-Dienst oder -Produkt
YouTube	YouTube-Videos
YouTube Live Events	Livestreaming
YouTube Music	YouTube Music als App

17. Digitalriese und Datenkescher Facebook

Google hat mit Facebook einen gleich starken Mitbewerber im Kampf um Fangrechte an Daten und die KI-Vorherrschaft. Als mit 2,7 Milliarden Nutzern größtes Medienunternehmen der Welt erzielte Marc Zuckerberg 2019 einen Gewinn von 15 Milliarden US-Dollar bei einem Umsatz von 71 Milliarden. Yann LeCun, seit 2013 KI-Kopf im Facebook-Konzern, sagte in einem Interview: „Ohne KI würden Facebooks Services zusammenbrechen." Wie wichtig KI sei, würde an der Erkennungsquote von Hassbeiträgen deutlich. Dank KI konnte diese bei Instagram vom ersten auf das zweite Quartal von 45 auf 84 Prozent gesteigert werden. 3,3 Millionen Hassbeiträge wurden im zweiten Quartal 2020 entfern. Im ersten Quartal waren es nur rund 800.000.

Für den Datennachschub sorgt nicht nur KI. Die Nutzer tragen aktiv dazu bei. Klickt jemand das Angebot eines Online-Händler an, wird dieses protokolliert. Der Kaufinteressent ist über seine Facebook-ID schnell identifizierbar. Dafür muss er nicht einmal bei Facebook eingeloggt sein. Das Benutzerkonto als solches reicht. Etwa 70 Facebook-Likes genügen, um die Persönlichkeitsmerkmale eines Nutzers zu bestimmen. Ob ein Mensch gewissenhaft oder schlampig arbeitet, ob er konservativ oder progressiv, eher links oder rechts eingestellt ist, ob er seinen Alltag schlecht oder gut bewältigt, lässt sich mit den zur Verfügung stehenden Algorithmen ermitteln.

Facebook speichert selbst die Daten von Menschen, die sich willentlich nicht bei Mark Zuckerberg angemeldet haben. In seiner unendlichen „Freundlichkeit" bietet Facebook Nutzern von Smartphones eine kostenlose App an, die Kontakte aus dem Telefonbuch mit Facebook synchronisiert. Damit werden auch die Daten von Nicht-Facebook-Kunden gespeichert und genutzt, ohne dass diese es wissen. Nachrichten werden bei Facebook nicht mehr in chronologischer Reihenfolge, sondern nach der Wahrscheinlichkeit, mit der ein Anwender am Inhalt interessiert ist, präsentiert. Nur 30 Prozent sind relevant. Diese gilt es zu filtern und mit passender Werbung zu begleiten, aus denen bezahlbare Klicks resultieren.

Losgröße 1, ohne Streuverlust, das ist die Vision der Internetgiganten. Facebook versteht es, die Aufmerksamkeitswecker seiner Nutzer zu erkennen und zielgenau an Werbekunden zu verkaufen.

17.1 Fragwürdige Praktiken

Seit 2016 nutzt Facebook ein Tool zwecks „racial affinity targeting", mit dem Menschen mittels ihrer Herkunft oder Vorlieben ethnischen Gruppen zugeordnet werden. Schon mehr als ein Jahrzehnt stellt der Konzern umfangreiche Daten von Nutzern zum Zwecke personalisierter Werbung zur Verfügung. Jemand, der aus Interesse ein Buch zum Thema „Was tun bei Aids?" im Netz bestellt, muss damit rechnen, dass er nicht nur als Kunde, sondern zugleich als Aidskranker klassifiziert wird, obwohl er das nicht ist. Ähnliches gilt für andere Themen und Produkte. Die New York Times bezifferte im Juni 2018 die Zahl betroffener Facebooknutzer mit zwei Milliarden.

Schon im Juli 2012 wurde bekannt, dass Facebook sogar die rein privaten Nachrichten seiner Nutzer überwacht. Angeblich will man mögliche Straftaten im Voraus erkennen. 2018 teilte Facebook mit, dass private Nachrichten von 14 Millionen Nutzern mehrere Tage lang öffentlich angezeigt wurden. Angeblich war das zu Testzwecken notwendig geworden. Der Konzern wurde deswegen vom amerikanischen Bundesamt für Sicherheitstechnik gerügt.

Ende 2018 musste Facebook erneut eine schwerwiegende Datenschutzpanne gestehen. Infolge eines Bugs, also eines Programm- oder Softwarefehlers, hatten Apps von Drittanbietern vom 13. bis 25. September 2018 Zugriff auf Bilder von 6,8 Millionen Nutzern, selbst auf solche, die von den Benutzern nicht freigegeben waren. Merkwürdig war, dass Facebook diesen Fehler erst Monate nach dem Vorfall bekannt gab. Die Frage, wann genau das Datenleck geschlossen wurde, blieb unbeantwortet.

Auch bei Amazon gab es zu diesem Zeitpunkt eine schwerwiegende technische Panne. Auf der Webseite des Onlinehändlers wurden die Namen von Kunden und deren E-Mail-Adresse angezeigt. Was genau passierte, wo die Daten wie lange einsehbar waren, blieb ebenso unbeantwortet wie die Frage, wie viele Kunden weltweit von dem Vorfall betroffen waren. Amazon erklärte dazu: „Wir haben das Problem behoben und die betroffenen Kunden informiert." Dieser und ähnliche Vorfälle tragen nicht dazu bei, Amazons Anspruch, das kundenfreundlichste Unternehmen der Welt zu sein, einzulösen.

17.2 Facebooks Rechtsverstöße en gros und non-stopp

Die Liste der Facebook-Rechtsverstöße ist lang. Mitte Dezember 2018 leitet die irische Datenschutzbehörde eine Untersuchung zu diversen Vorfällen bei Facebook ein. Das Schlimmste war wohl die Weitergabe von etwa 87 Millionen Profilen an den Wahlkampfmanipulateur Cambridge Analytica, mit der Donald Trumps Erfolge in den „Swing States" gesichert und damit dessen Wahlsieg herbeigeführt sein soll.

Dieser Rechtsverstoß könnte für Facebook teuer werden. Man rechnet mit einer Strafzahlung von bis zu fünf Milliarden Dollar an die US-Handelsbehörde FTC. Das wäre das höchste Bußgeld, das je an diese Behörde jemals gezahlt wurde. Bei einem Jahresumsatz von 15 Milliarden Dollar und Geldreserven von 45 Milliarden Dollar kann Facebook das leicht verkraften und seine „Taktik der Irreführung und Verschleierung", so Shoshana Zuboff vom MIT, fortführen.

Der Fall Cambridge Analytica ist nur ein Einzelfall unter vielen ähnlichen Fällen. Er zeigt, wie verantwortungslos Facebook mit seiner Datenmacht umgeht. Wir sollten uns durch die vielen Meldungen über russische, chinesische und nordkoreanische Hackerangriffe nicht vom Daten- und Digitalimperialismus der GAFAM-Krake (Google, Amazon, Facebook, Apple, Microsoft) ablenken lassen. Für interessierte Leser dieser Hinweis: Wikipedia beschreibt unter https://de.wikipedia.org/wiki/Kritik_an_Facebook die fragwürdigen und rechtswidrigen Praktiken des Facebook-Konzerns.

Im Rahmen einer juristischen Auseinandersetzung in Österreich musste Facebook offenlegen, welche Daten gesammelt und genutzt werden (s. Übersicht nächste Seite). Die Nennungen in der nachfolgenden Liste sind unvollständig. In den Datensätzen fehlen viele Informationen, beispielsweise die „Gefällt mir" Funktion,Tracking auf Webseiten, Gesichtserkennung, Videos, Postings auf den Seiten anderer User, Indikatoren, welche die Intensität von Beziehungen anzeigen, Markierungen, die entfernt wurden und anderes mehr. Doch schon die genannten Angaben belegen das, was

A. DATA CATEGORIES IN OUR DATA SETS

01 About Me
02 Account End Date
03 Account Status History
04 Address
05 Alternate Name
06 Applications
07 Chat
08 Checkins
09 Connections
10 Credit Cards
11 Currency
12 Current City
14 Education
13 Date of Birth
15 E-Mails
16 Events
17 Family
18 Favourite Quotes
19 Friend Requests
20 Friends
21 Gender
22 Groups
23 Hometown
24 Last Location
25 Linked Accounts
26 Locale
27 Logins
28 Machines
29 Messages
30 Minifeed
31 Name
32 Name Changes
33 Networks
35 Notification settings
36 Notifications
37 Password
38 Phone Numbers
39 Photos
40 Physical Tokens

41 Pokes
42 Political Views
43 Privacy Settings
44 Profile Blurb
45 Realtime Activities
46 Recent Activities
47 Registration Date
48 Relationship
49 Religious Views
50 Removed Friends
51 Screen Names
52 Shares
53 Status Updates
54 Vanity
55 Wallposts
56 Website
57 Work

B. DATA CATEGORIES FOUND IN THE REPORT AND COMPLAINT

01 Wall Posts on others' walls
02 Videos
03 Likes on Site
04 Cookie related information such a browser information
05 News Feed Settings
06 Pages views while logged in
07 Facial Recognition
08 Searches within Facebook while logged

C. DATA CATEGORIES FOUND IN COMPLAINT ONLY

01 Interaction with Advertisement
02 Conversation Tracking
03 Indication of Relationships
04 Removed Tags Like Button Tracking
05 Friend Finder Outcomes of Processes, Matching
06 Data from Syncronisation
07 Details on Relationships to Friends
08 Ractions and Interaction with Wall Posts

D. DATA CATEGORIES FOUND IN THE REPORT ONLY	E. UNKNOWN OTHER DATA CATEGORIES
01 Apps Admin 02 Friends' E-Mail address Likes off Site 03 Pages Admin 04 Profile Status 05 Change Subscribers Subscriptions 05 Unlike 06 Verified Mobile Numbers	There might be more data categories we don't know about so far. We got an internal list of additional categories which Facebook likely holds about every user.

der langjährige MIT- Forscher und jetzige Frauenhofer Direktor, Iyad Rahwan, so ausdrückte: „Manche Onlineplattformen wissen mehr über uns, als die Stasi jemals über ihre Bürger wusste."[41]

In der Übersicht auf der Folgeseite fehlen viele Informationen, beispielsweise die „Gefällt mir" Funktion, Tracking auf Webseiten, Gesichtserkennung, Videos, Postings auf den Seiten anderer User, Indikatoren, welche die Intensität von Beziehungen anzeigen, Markierungen, die entfernt wurden und andere mehr. Doch schon die gemachten Angaben belegen das, was der langjährige MIT- Forscher und jetzige Frauenhofer Direktor, Iyad Rahwan, so ausdrückte: „Manche Onlineplattformen wissen mehr über uns, als die Stasi jemals über ihre Bürger wusste." [37]

17.3 Ernüchterung statt Euphorie

Euphorisch wurde die Botschaft vom „guten Internet" um 1990 herum in die Welt getragen. Apple entstand im Milieu der Gegenkulturbewegung der späten 1960er Jahre. Firmengründer Steve Wozniak hierzu: „Unsere Idee war: Wir können die Menschheit von vielen Einschränkungen befreien."[38]

Dieser Mythos trug dazu bei, dass die großen Digitalkonzerne etwa 20 Jahre lang leichtes Spiel hatten. Von Tim Berners Lee, dem Erfinder des Internets, ist zu hören: „Das Internet hat die Menschheit enttäuscht, statt sie voranzubringen." Man könnte auch sagen, dass sie mental abgestumpft wurden. Was vor drei Jahrzehnten als völlig inakzeptabel galt, stößt heute kaum noch auf Widerstand. Der notwendige Diskurs über die Praktiken von Google, Facebook & Co findet nicht statt.

Selbst im Google-Konzern rumorte es. Ende 2018 gingen rund 20.000 Google-Mitarbeiter auf die Straße, um sexuelle Übergriffe gegen Frauen, Geschäfte mit dem Militär und China zu brandmarken. Die Unternehmensstrategie passte nicht in das Weltbild der Mitarbeiter. Viele der weltweit 100.000 Mitarbeiter sind bei Google eingestiegen, weil man ihnen hier versprach, „die Welt zu einem besseren Ort" zu machen.

Das ursprüngliche Ehrenwort des Internetzeitalters, an einer dezentralen, egalitären und libertären Gesellschaft mitzuarbeiten, hat sich überlebt. Der Zug bewegt sich im Rückwärtsgang. Gleichheit war gestern, Ungleichheit ist heute. Ein globales, weit verzweigtes Netzwerk zentralisiert sich. Erik Brynjolfsson, MIT-Vordenker und herausragender Digitalökonom, meint, dass man es hätte ahnen können. Das zutiefst neoliberale Dogma, Nutzer und Markt unreguliert sich selbst zu überlassen, begünstigte die Herausbildung einer Handvoll dominierender Konzerne.

Das im Massachusetts Institute of Technology erscheinende „Zentralorgan" des technologischen Fortschritts, „Technology Review", stellt fest und fragt: „Technologie bedroht die Demokratie. Wie können wir sie retten?" Henry Kissinger gesellt sich zu den KI-Pessimisten. Er sieht das „Ende der Aufklärung" am Horizont aufziehen. Selbst Insider, so Apple Chef Tim Cook, warnen vor einem „daten industriellen Komplex", dessen Datenvorräte der Bereicherung der Digitalkonzerne dienen. In einem SPIEGEL Interview 2018 meinte die Apple Legende Steve Wozniak: „Alles beginnt mit Idealismus, später zählt nur noch der Profit."[39]

Damit stellt sich auch die Frage, ob das Wohlstandsversprechen der 1990er Jahre eingelöst wurde. Demnach sollte das digitale Zeitalter enorme Produktivitätssprünge auslösen. Davon ist nicht viel zu spüren. In den Siebziger Jahren stieg die Produktivität noch um vier Prozent, heute nur noch um ein Prozent. Der große Sprung käme erst noch, meint Erik Brynjolfsson. Die Elektrifizierung hätte schließlich auch 30 Jahre gebraucht, um die Effizienz zu steigern, denn die Produktion kann man nicht schlagartig umorganisieren.

17.4 Was nun Social Media-Nutzer?

Dem Normalbürger fällt es schwer, ein klares Verhältnis zur KI zu finden. Während KI einerseits hilft, Komplexität zu reduzieren, nimmt sie für den Laien immer mehr zu. KI-Roboter erleichtern sowohl geistige als auch körperliche Arbeit, aber sie automatisieren und eliminieren Tätigkeiten und Arbeitsplätze. Als Verbraucher schätzen wir die Online-Einkaufsmöglichkeiten bei Otto, Amazon oder Zalando, beklagen aber das Aussterben des lokalen Handels. Gleich nach dem Milchfläschchen nehmen wir das Handy in die Hand und schließen es in unser Herz, aber wünschen keine Überwachung, wo wir gerade gehen und stehen. Leider bleibt diese Dauerkontrolle unerkannt. Shoshana Zuboff vergleicht unseren Umgang mit den Digitalmedien mit der Art, wie einst die amerikanischen Ureinwohner die spanischen Eroberer begrüßten. Sie ahnten nicht, was ihnen bevorsteht.

KI trägt ebenso wie die Atomenergie den Widerspruch in sich. Sie ist einerseits ein Triumph menschlichen Geistes, andererseits der Hebel zur Vernichtung der Menschheit. Der Industriekapitalismus bescherte uns Wohlstandszuwächse, indem er die Natur ausbeutete. Der Überwachungskapitalismus geht weiter. Er wirkt in die innere Natur des Menschen hinein und beutet diese aus. Wir können solche Widersprüche nicht abschalten, sondern müssen sie so handhaben, dass Goethes Zauberlehrling im Zaum gehalten wird.

„Hat der alte Hexenmeister
Sich doch einmal wegbegeben!
Und nun sollen seine Geister
Auch nach meinem Willen leben.
Seine Wort' und Werke
Merkt ich und den Brauch,
Und mit Geistesstärke
Tu ich Wunder auch."

Heutzutage wird Goethes Zauberlehrling bei Google, Amazon, Facebook, Apple, Microsoft oder anderen Digitalriesen ausgebildet. Eigentlich sind es diese Unternehmen und nicht die Algorithmen, die darüber entscheiden, wer bei Facebook beleidigt werden darf, welche Unternehmen Amazon leben oder sterben lässt, wen Google mit Killeralgorithmen versorgt oder wem im US Präsidentschaftswahlkampf Werbung verkauft wird. Man könnte Goethes Hexenmeister so umformulieren: „Und nun sollen ihre (seine) Geister auch nach unserem (meinem) Willen leben." Um das zu erreichen, fordern sie demokratische Freiheiten für sich selbst, aber wehren sich gegen jedwede demokratische Kontrolle.

Ursprünglich sollte das Internet machtfrei sein. „Wo wir uns versammeln, besitzt Ihr keine Macht mehr", hieß es in dem 1996 an die Politik gerichteten Internet Manifest „Für eine neue Heimat des Geistes". Cyberpionier John Perry Barlowwar der Initiator. Den damals freien Raum teilten die Digitalkonzerne schnell unter sich auf. Mark Zuckerberg erklärte später in einem Interview, sein Unternehmen gleiche eher einer Regierung als einem klassischen Unternehmen. Aus ihm, dem Regierten, wurde einer der drei großen Cyberspace- Herrscher. Shoshana Zuboff resümiert: „Wenn die digitale Zukunft uns ein Zuhause sein soll, dann ist es an uns, sie dazu zu machen. Wir müssen wissen. Wir müssen uns entscheiden, wer entscheiden soll. Es ist unser Kampf für eine menschliche Zukunft."[40]

18. Alltagsüberwachung auf Schritt und Tritt

China ist das Paradebeispiel für KI-basierte Überwachung im Alltag von Menschen. Wir erleben den Aufbau einer Gesellschaft, die mit überwachten Verhaltenswerten kybernetisch kontrolliert und gesteuert wird. Der Glaubenssatz „Gott sieht alles" wird in nichtgöttlicher Form real. Aber der Unterschied zwischen dem „lieben Gott" und dem auf Lebenszeit gewählten Generalsekretär der Kommunistischen Partei Xi Jinping ist nicht sehr groß. Westliche Staaten sollten ihre Kritik an China zügeln, denn auch hier ist die Videoüberwachung im öffentlichen Raum gängige Praxis. Wer in London genau hinschaut, dem dürften die vielen Video-Überwachungskameras an Häusern, Laternenmasten oder hoch angebrachten Verkehrszeichen auffallen. Mittlerweile soll es in der englischen Hauptstadt mehr als eine Million Überwachungskameras zwecks Gesichtserkennung geben. Interessanterweise wünschen sich 75 Prozent der Einwohner Berlin mehr Videoüberwachung. Vergleichbare Zahlen liegen aus EU-Staaten vor. Die Menschen hoffen, dass sich dadurch soziale Probleme minimieren oder lösen lassen. Wer mit einer Sonnenbrille von einer Überwachungskamera erfasst wird, gilt als verdächtig.

Aber nicht nur Videoüberwachung mit Gesichtserkennung gehört zum westlichen Überwachungsarsenal, auch Ansätze von Social Scoring. So wird in der belgischen Region Flandern das Klickverhalten von Arbeitslosen überwacht. Man will so herausfinden, ob sie aktiv auf Jobsuche sind und man ihnen gegebenenfalls die Unterstützung entziehen sollte. In Dänemark gab es massive Proteste gegen die Pläne der Regierung, Risiken für das Kindeswohl automatisiert zu berechnen. Für Besuche beim Kinderarzt sollte es Pluspunkte, für Ehescheidungen Negativpunkte geben. Das deutsche Social Scoring erledigt die seit 1927 bestehende Schufa, indem sie die Kreditwürdigkeit von Personen ermittelt. Die dabei eingesetzten Kriterien bleiben das Geschäftsgeheimnis des Unternehmens. Auf der Homepage von „Algorithmwatch" finden sich Dutzende Beispiele von Überwachungsprojekten in EU-Staaten.

Wenn das politische System westlicher Staaten könnte, wie es wollte, würde es sich am chinesischen Überwachungsmodell orientieren. Es scheitert nicht am Widerstand der Bevölkerung, sondern an der fehlenden oder unterentwickelten IT-Technik. Eine Mehrheit der Bevölkerung tauscht gern ein modernes Smartphone gegen demokratische Freiheiten.

18.1 Das Smartphone: Der Spitzel in der Hosentasche

Die Digitaltechnik schreitet extrem schnell voran. Zugleich erhöhen sich damit die Überwachsungsmöglichkeiten. Videokameras mit Gesichtserkennungssoftware sollen auch in Deutschland flächendeckend installiert werden. Am Berliner Südbahnhof lief ein Testprojekt. Trefferrate: 80 Prozent. Um diese zu steigern, sollen, so die politische Planung, zwei unterschiedliche Systeme auf „ausgewählten Berliner Bahnhöfen als Unterstützungsinstrument der polizeilichen Fahndung" installiert werden. Deutschlands oberste Datenschützerin, Andrea Voßhoff, erkannte hierin „einen erheblichen Grundrechtseingriff".

„Personenbezogene Daten können mit Hilfe KI basierter Datenverarbeitung sekundenschnell zu einem funktionsbezogenen Persönlichkeitsbild zusammengetragen werden", sagte der bayerische Datenschutzbeauftragte Thomas Petri. Unser Smartphone hilft dabei. Es ist, genau genommen, ein Bewegungsmelder, mit dem man auch telefonieren kann. Zugleich ist es der von uns akzeptierte Detektiv. Mit ihm sind wir an den Weltcomputer angekoppelt, sind überwachbar und ansprechbar. Das alles verdanken wir dem Apple iPhone, dem Vorkämpfer einer neuen Art der Telefonie.

Ein Smartphone liefert unaufgefordert Bewegungsprofile, die Rückschlüsse auf unsere Persönlichkeit zulassen. So ist feststellbar, dass sich jemand häufig nach 22 Uhr im Hamburger Rotlichtviertel St. Pauli aufhält. Es kann zwar sein, dass diese Person bei der Heilsarmee singt, aber dieser Stadtteil hat so sein Geschmäckle. Jetzt kommt es auf die Kreditkarte an. Wo auf St. Pauli wurde Geld ausgegeben? Bewegungsprofile und der auf dem Smartphone geführte Kalender helfen, den Handybesitzer zu deanonymisieren. Werfen wir auch diese Daten in den großen Datenbottich, würzen alles mit Schufa-Daten, beweisen unsere Beliebtheit mittels Facebook, finden noch diesen oder jenen Hinweis in den Zeitungsarchiven des Internets, dann erhellt sich unsere Persönlichkeit für Datenrechercheure.

Jetzt wird klar, warum der langjährige Google-Chef Eric Schmidt diesen Ausspruch tätigte: „Wir wissen, wo du bist. Wir wissen, wo du warst. Wir wissen mehr oder weniger, worüber du nachdenkst." Ich vermute, das Profiling mittels KI ist nicht minder ergiebig als das eines Psychologen. Das gilt besonders dann, wenn es Facebook eines Tages gelingt, Gedanken zu digitalisieren. Mark Zuckerberg spricht unumwunden von „Gedankenübertragung", an der der Konzern arbeitet.

Selbst im eigenen Heim, beim Fernsehen, ist man vor der Überwachung via Smartphone nicht sicher. Mit den Werbeeinblendungen werden für den Menschen nicht hörbare Signale ausgesendet, die der Werbewirtschaft Aufschluss darüber geben, wie lange er die Werbung anschaute.

Wenig erfreulich ist das, was Edward Snowden über den britischen Geheimdienst veröffentlichte. Dessen Spione zapfen das internationale Glasfaserkabel in Cornwall an, über das etwa ein Viertel des globalen Internetverkehrs läuft. So wissen sie, welche Webseiten jemand besucht und welche Dienste er nutzt. Etwa 100 Milliarden Metadaten werden Tag für Tag abgegriffen. Metadaten, das sind strukturierte Daten, die dazu dienen, Objekte oder Konzepte, aber auch Daten strukturiert zu beschreiben. Sie sind maschinell lesbar und auswertbar.

18.2 „Brotkrümmel" als Informationsquelle

Zu den Hohepriestern der US-Digitalszene gehört Alex Pentland (*1951), ein vom Massachusetts Institute of Technology, ein gefragter Berater vieler US-Großkonzerne bis hin zum UNO-Generalsekretär. Er erkannte schon nach der Jahrtausendwende die Überwachungsmöglichkeiten, die sich aus der weltweiten Infrastruktur des Mobiltelefons ergaben. Daten aus Mobiltelefonen sollten genutzt werden, um Regelmäßigkeiten und Strukturen im Verhalten von Menschen und Organisationen zu erkennen und zu steuern. „Reality-Mining" nannte sich fortan das Konzept, das Überwachung und Voraussage ermöglichte. In seinen Vorträgen und Publikationen pries er „die prädikative Macht digitaler Brotkrümel": *„Während wir unserem Alltagsleben nachgehen, hinterlassen wir virtuelle Brotkrümel, digitale Aufzeichnungen über die Leute, die wir anrufen, wo wir hingehen, was wir essen und die Produkte, die wir kaufen. Diese Brotkrümel erzählen unser*

Leben präziser als alles, was wir selbst über uns preisgeben. Digitale Brotkrümel...zeichnen unser Verhalten so auf, wie es tatsächlich passiert ist.[45] Der Begriff Brotkrümel meint das, was an anderer Stelle dieses Buches als digitaler Beifang tituliert wird (s. Kap. 16.1).

Pentland erkannte, dass die Brotkrümel ebenso werthaltig sind wie Gülle oder Sägespäne. Ihr Wert besteht in den darin enthaltenen Informationen. So lassen sich mit Spracherkennungstechnologie „Profile von Individuen auf der Basis des von ihnen benutzten Wortschatzes" generieren. Eine solche Spracherkennungstechnologie könne man in Unternehmen mit unauffällig angebrachten oder tragbaren Sensoren verknüpfen, so dass Arbeitsgruppen, je nach psychologischen Profilen, zum Zwecke des harmonischen Miteinanders und der Produktivität zusammengestellt werden könnten. 2013 war sein „Soziometer" auf dem Markt. Dieses pausenlos aktive Produkt misst 40 Verhaltensweisen, die in einem „Business Metric Dashboard" abrufbar sind. Sein 2015 eigens gegründetes Unternehmen „Humanyze" übernahm den Vertrieb. Die Kundenliste ist geheim. Im Jahr 2008 adelte die renommierte „MIT Technology Review" Reality-Mining als eine der „10 Technologien, die unsere Lebensweise am wahrscheinlichsten verändern"

Pentland beherzigte IBMs Kampfruf „think big". Ihm ging es darum, nach dem Industriezeitalter nunmehr digitale Systeme zu implementieren, die statt nur Menschen ganze Gesellschaften steuern. „Wir müssen ein Nervensystem für die Menschheit schaffen, das weltweit für die Stabilität aller gesellschaftlichen Systeme zu sorgen vermag."[46] Ihm schwebte eine rechnergestützte Gesellschaft vor. Er betonte, dass heute die Möglichkeit bestehe, Daten über den Menschen in einer Breite und Tiefe zu sammeln, die zuvor unvorstellbar war. Der Pekingkommunismus zeigt, wie das geht.

Es bedarf keiner großen Phantasie, sich vorzustellen, dass sich Nachrichtendienste in Ost und West der „People Analytics" von Pentland & Co bedienen. Man erfährt nicht nur Sachverhalte, sondern kann aus den psychologischen Brotkrümeln einen ganzen Brotlaib backen. So boten die abgehörten Telefonate der deutschen Bundeskanzlerin die Möglichkeit, ein Psychogramm mit Handlungsempfehlungen für ihre amerikanischen Verhandlungspartner zu erstellen. Mit allergrößter Wahrscheinlichkeit werden auch Amazons Kunden mittels Reality-Mining psychologisch klassifiziert. Das ermöglicht eine noch präzisere Präsentation von Kaufvorschlägen und Steigerung des individuellen Umsatzvolumens.

18.3 Das Telefon am Arbeitsplatz: Chef hört mit

Wer kennt das nicht? Man ruft bei einem Unternehmen an und bekommt gesagt: „Zu Trainingszwecken und um unseren Service zu verbessern, werden wir das Gespräch mit Ihnen aufzeichnen." Diese Ansage ist Teil einer großen Kontrollmaschinerie, und noch das harmloseste. Ergiebiger sind Systeme, mit denen die Telefonstimme eines Mitarbeiters hinsichtlich Stress und Depression analysiert wird. Auch das Kommunikationsverhalten am Telefon, zuhören, fragen, einfühlen und Dominanzgebaren, sind Teil der automatisierten Analyse.

Am Schreibtisch registrieren elektronische Geräte die Anzahl von Tippfehlern oder die Produktionsdauer von Texten. „Tattleware" nennt sich die Software, mit der auch das Homework überwacht wird. Sie registriert alles, was auf dem Computer passiert.

Mit dem Add-on „Workplace Analytics", einer Erweiterung von Office 365, können Unternehmen ihren Mitarbeitern auf die Finger schauen. Diese Programmerweiterung registriert das Verhalten und die Arbeitsweise von Mitarbeitern. Das Werkzeug liefert Daten zum Zeitaufwand für das Schreiben von Schriftstücken oder die Dauer von Besprechungen. Man will damit Führungskräften einen Hebel zur Effizienzsteigerung an die Hand geben. So könnten Verhaltensanalysen erfolgreicher Verkäufer als nachahmenswerte Beispiele präsentiert werden. „Datengestützte Entscheidungen" fließen in die Mitarbeiterbeurteilung und eventuell in das Gehaltssystem ein.

Microsoft ist sehr innovativ, wenn es darum geht, Mitarbeiter psychologisch auszuleuchten. Workplace Analytics wurde im 2020 durch das „Meeting Inside Computing System" ergänzt. Mit Gesichts- und Körpersprache-Sensoren werden hier Mitarbeiter auf ihr Konferenzverhalten hin kontrolliert. Im entsprechenden Patentantrag ist von „Qualitätssicherung" die Rede.

Smartphones ließen sich problemlos mit diesem System verknüpfen. So könnte man feststellen, ob jemand nebenher etwas anderes macht. Auch könnte man die Sprache daraufhin auswerten, ob jemand müde oder aktiv agiert. Der gläserne Mitarbeiter ist Teil des gläsernen Menschen.

Präsenzpflicht im Büro war gestern, Ergebnispflicht ist heute. Der Arbeitsrechtler Peter Wedde schreibt: „In den nächsten zehn Jahren werden die Arbeitgeber die Möglichkeiten des Data Minings massiv ausschöpfen, um noch mehr über ihre Mitarbeiter herauszufinden."[47]

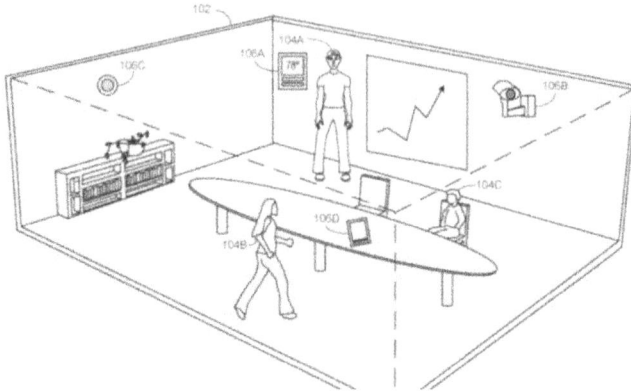

© aus dem Patentantrag von Google

Vertrauen ist gut, Kontrolle ist besser, schrieb Lenin. Soft facts (Menschen) statt hard facts (Systeme) lautete das Motto schlanker Produktion, das jetzt widerrufen wird. Im industriellen Frühkapitalismus wurde der Mensch an die Maschine angepasst. In den 1960/1970er Jahren erfolgte ein Umdenken in die entgegengesetzte Richtung. Jetzt geht es wieder rückwärts. Vorreiter ist Amazon. Mit Chips, Sensoren und Funkverbindungen wird jeder Schritt des Personals und die Dauer der Toilettennutzung überwacht. Zu diesem Zweck sind alle Mitarbeiter mit kleinen Navigationscomputern ausgestattet, die Bewegungsabläufe vorgeben. Abweichungen werden aufgezeichnet und bestraft.

18.4 Warenkorb und Smartphone als Informationsquelle

Eine minderjährige Schülerin erhielt per E-Mail Schwangerschaftsgutscheine der amerikanischen Ladenkette Target. Damit hätte der Teenager verbilligt Kinderbetten und -kleidung einkaufen können. Die überraschten Eltern gingen der Sache nach, denn sie ahnten nichts von einer Schwangerschaft ihrer Tochter. Target wusste es schon, bevor die Eltern oder Freunde davon erfuhren. Ein besonderer Algorithmus hatte es verraten. Aus dem Datenbestand wusste man, dass Schwangere ab dem dritten Monat viel unparfümierte Körpermilch und in den ersten 20 Schwangerschaftswochen vermehrt Nahrungsergänzungsmittel wie Kalzium, Magnesium und Zink kaufen. Kommen noch größere Mengen Seife, Watte, Waschlappen und Desinfektionsmittel hinzu, dann schlussfolgert der Algorithmus, dass eine Geburt bevorsteht. Wer die Mutter ist, ergab sich aus der Verknüpfung von Kredit- oder Kundenkarte mit der Kassenquittung.

Ähnlich wie bei der vermuteten Schwangeren könnten REWE oder ALDI ein ungefähres Persönlichkeitsprofil aus meinen Einkäufen generieren. Aus den Kassenzetteln geht hervor, dass ich kaum Fleisch esse, pro Monat fünf Flaschen Rotwein kaufe, Vollkornbrot bevorzuge und dieses mit Käse belege, mich vom Aufdruck Bio leiten lasse, den SPIEGEL lese, kaum Süßigkeiten lutsche, viel Obst und Gemüse verzehre und am 30. des Monats noch genug Geld habe, um für über 150 Euro einzukaufen. Nicht nur ein Profiler hätte genügend Anhaltspunkte für eine ungefähre Persönlichkeitsbeschreibung.

Die konkrete Person ergibt sich aus der Verknüpfung von Kassenzettel und Kundenkarte. KI erledigt blitzschnell die Identifizierung. Würde man diese Informationen mit weiteren Datenquellen des Internets in einen großen KI-Topf werfen, beispielsweise IBMs Watson, und „umrühren", wäre das Bild komplett. Was in Deutschland gesetzlich (noch) nicht möglich ist, wurde in Englands Supermarktkette Tesco bereits getestet.

Im britischen Königreich weiß man um die Vorzüge von Smartphones, um dem Handel Verkaufsunterstützung zu bieten. Ein Smartphone, in dem das WLAN aktiviert ist, sendet seine sogenannte MAC-Adresse aus. Das machte man sich während der Olympiade 2012 zunutze. In London wurden spezielle Mülleimer aufgestellt, mit denen man die WLAN-Adresse und die Verweildauer von Handybesitzern vor bestimmten Einzelhandelsgeschäften erfassen konnte. Für den Handel waren das Gratisinformationen über die Wirksamkeit ihrer Schaufensterauslagen. Die Namen der „Sehleute" lieferte des KI-System im Hintergrund dazu. Das Projekt musste wegen öffentlicher Proteste abgebrochen werden.

Diese Technik wird mittlerweile auch indoor eingesetzt, so dass ein Kaufhausbetreiber erfährt, wer im Hause war, welchen Weg er zurücklegte, welche Produkte ihn besonders interessierten, wie lange er im Geschäft blieb, was er kaufte und wie oft er schon dort war. Es ist gut, über seine Kunden Bescheid zu wissen, ohne dass diese es bemerken. Das ermöglicht personalisierte Werbung, eventuell direkt aufs Smartphone. Ob Smartphones auch zur Identifizierung von Demonstrationsteilnehmern genutzt werden, ist unbekannt, aber in Kiew kreisten 2014 während der Maidan-Demonstrationen Drohnen über den Köpfen der Demonstranten, mit denen die Kennungen von Handys erfasst wurden.

Als ich unlängst eine Fahrkarte von Hamburg nach München kaufte, bewegte ich mich für längere Zeit auf der Webseite der Deutschen Bahn. Das System stellte fest, dass ich ein Ticket benötigte. Nachdem ich mich das dritte Mal in die Webseite der Bahn eingeloggt hatte, war die Fahrkarte um einiges teurer. Wahrscheinlich prüfte man in der Zwischenzeit meine Preisempfindlichkeit mittels KI. Für diese Möglichkeit einer KI-basierten dynamischen Preisgestaltung erhielt Google 2012 ein Patent.

KI ermöglicht eine zielgruppengenaue Werbung bei ausgesuchten Personen, nicht nur bei werdenden Müttern. Amazon weiß aufgrund meiner Einkäufe, welche Bücher mich interessieren und bombardiert mich mit Kaufangeboten. Dank KI wird das automatisiert abgewickelt. Alle Besucher von Online-Plattformen müssen diese Art von Belästigung heutzutage ertragen. Mehr noch: Überall existieren Persönlichkeitsprofile mit umfangreichen Einzelangaben, vor allem zur Einkommenssituation und Milieuzugehörigkeit, zum Konsumverhalten und Schulabschluss, zur ethnischen Herkunft und Internetnutzung. Bis maximal 1500 Einzelangaben sind gespeichert und gegen das nötige Kleingeld bei Adresshändlern und Werbeagenturen abrufbar.

18.5 Wer bist Du? Wie bist Du? Wo bist Du?

Paybackkarten, eine Erfindung der METRO AG, komplettieren die Kartensammlung in den Portemonnaies deutscher Konsumenten. Mit dieser Karte bekommen sie einen Mikrorabatt und geben dafür, ohne sich dessen bewusst zu sein, persönliche Informationen preis. Kauft jemand noch am 25. des Monats für 250 Euro ein, scheint er zu den Besserverdienenden zu gehören. Erledigt ein Kunde stets nach 18 Uhr oder samstags seine Einkäufe, ist das ein Hinweis auf Berufstätigkeit. Befindet sich wiederholt teurer Rotwein, Schweizer Käse, Champagner, Gänseleberpastete oder Thunfischsteak im Warenkorb, sind das Indikatoren für einen gehobenen Lebensstil. Mit Paybackkarten lässt sich die Markentreue und die Wechselbereitschaft feststellen. Meidet der Kunde Fleisch, könnte er Veganer sein. Zusammen mit den freiwillig gemachten Antragsdaten zur Karte lassen sich so umfassende Kundenprofile erstellen.

Konsumentenprofile sind das eine, Persönlichkeitsprofile das andere. Ob ein Mensch konservativ oder fortschrittlich ist, eine extreme oder gemäßigte politische Position vertritt, lässt sich genauso gut ermitteln wie ausgesuchte Eigenschaften, etwa ob er gewissenhaft oder schlampig arbeitet, seinen Alltag schlecht bewältigt oder gut organisiert ist. Einige Dutzend aufgerufener Internetseiten ermöglichen ein Persönlichkeitsprofil.

Auch die Dank Android mögliche Standortabfrage ist Teil der Überwachungspraxis von Google, Facebook & Co. Selbst wenn der Nutzer sie vermeintlich deaktiviert, bleibt er unter Beobachtung von App-Anbietern. Standortdaten ermöglichen es, den Tagesablauf einer Person nebst Aufenthaltsorten und -dauer zu rekonstruieren. „Location data companies" kaufen die Daten, um sie an jene Unternehmen oder Organisationen weiterzuverkaufen, die sich für das Alltagsverhalten von Menschen, vorzugsweise Konsumenten, interessieren.

18.6 Videoüberwachung und Gesichtserkennung

Das Wort „Videoüberwachung" hört sich harmlos an. Man stellt sich Überwachungspersonal vor, das sitzend auf Bildschirme starrt und dabei Kaffee schlürft. Aber die zu den Kameras gehörenden Systeme erkennen auch typische Verhaltensmuster von Menschen. SPIEGEL-Kolumnist Sascha Lobo sieht in den Kameras die Spitze eines umfassenden intelligenten Überwachungssystems für mehr gesellschaftliche Kontrolle, ähnlich wie in China, wo gesellschaftliches Wohlverhalten durch Video-Überwachung und Kontrolle erreicht wird. Niemand wird zu einem bestimmten Verhalten gezwungen, aber aus Angst vor den Folgen geht niemand mehr bei rotem Ampellicht über die Straße. Der Autor spricht bei der Gesichtserkennung von digitalen Nummernschildern für Fußgänger.

Gesichtserkennung ist vielfältig anwendbar. Volkswagen entwickelt hierzu Systeme. Der Autoschlüssel kann nicht mehr verloren gehen, denn das Gesicht ist der Schlüssel. Man denkt an China, wo die Kreditkarte durch Gesichtserkennung ersetzt wird. KI-Systeme erkennen Gesichter besser als Menschen.

Seit 2015 ist eine Erfindung der Carnegie-University Pittsburgh verfügbar, mit der die Iris einer Person aus zwölf Metern Entfernung gescannt und der betreffende Mensch identifiziert werden kann. Mit dieser Erfindung ist es möglich, den Alkoholspiegel im Blut zu messen. Schon zwei Jahre später wurde die Erfindung auf australischen Flughäfen eingesetzt. Lobo schreibt: „In fünf Jahren ist Ihr Gesicht Ihr Personalausweis."[48]

Für bereits 4000 Euro werden Schaufensterpuppen mit integrierter IBM-Erkennungstechnik in den Augen und Sprachaufzeichnungssoftware in den Ohren angeboten. Damit lässt sich beobachten, ob eher jüngere oder ältere Menschen, weiblich oder männlich, die Auslagen anschauen, ob es Artikel gibt, die besonders interessieren und wie lange diese angeschaut werden. Zur Erinnerung: IBM ist der Hersteller des KI-Platzhirsches Watson (s. Kap. 10: Das Superhirn Watson). Zur Identifizierung der Person bietet sich das WLAN-aktive Smartphone oder Facebook mit seinen Personenfotos an. Wie intelligent Smartphones inzwischen sind, sieht man an der Zugangskennung per Fingerabdruck oder Iris. Ich vermute, Interpol hat Zugriff auf die gespeicherten Fingerabdrücke, auch wenn kein Rechtsverstoß vorliegt, rein vorsorglich.

18.7 Sexualpräferenzen mit KI erkennen

Zur Gesichtserkennung und Irisanalyse gesellt sich die Personenidentifizierung mittels der persönlichen Gangart. Hier werden Menschen und Tiere anhand ihres Ganges auf bis zu 50 Metern erkannt, und das genauer als bei der bisherigen Bilderkennung. Weltweit forschen 20 Teams an diesem Thema, das chinesisches Start-up Watrix ist das erste, das es vermarktet.

Der September 2017 war eine der Sternstunden der Künstlichen Intelligenz. Von der Stanford Universität kam eine mit einer Studie unterlegte Meldung, wonach es gelungen sei, mit der computerisierten Gesichtserkennung die sexuelle Orientierung eines Menschen zu bestimmen. Ausgehend von nur einem Foto pro Person wurden 81 Prozent aller schwulen Männer und 74 Prozent aller lesbischen Frauen richtig zugeordnet. Wurde die Zahl vorgelegter Bilder auf fünf erhöht, steigerte sich die Zahl richtig erkannter Sexualpräferenz auf 91 Prozent bei Männern und 83 Prozent bei Frauen.

Die entsprechende Software wird vom israelischen Unternehmen Faceoption vertrieben. Das Unternehmen wirbt damit, Extrovertierte von Introvertierten unterscheiden zu können, Pädophile und potenzielle Gewalttäter zu erkennen, den Intelligenzquotienten von Menschen beziffern und politische Grundeinstellungen beschreiben zu können. Michael Kosinski, Autor der Stanford-Studie, hält den Missbrauch der Software für immanent und kaum vermeidbar. Die Privatsphäre der Menschen werde weiter erodieren.[41]

Ein Jahr später musste der verantwortliche Wissenschaftler, Michael Kosinski, akzeptieren, dass es nicht so einfach ist, mit KI anderen Menschen in den Kopf zu blicken. Die verwendeten 35.000 Fotos einer Dating-Plattform samt Selbstauskunft hatten sich als methodischer Fehler erwiesen. Aus wenigen Gesichtshaaren (schwul) oder dunkler Haut (heterosexuell), mithin aus gewissen Genen, lassen sich keine Sexualpräferenzen ableiten. Wenn es dennoch geschieht, rückt man in die Nähe von Rassismus und Eugenik. Schon besser eignen sich modische Vorlieben, Kosmetik, Brillen, Bärte und die Lebensumstände zur Persönlichkeitsbestimmung. Das jedenfalls meinen zwei Experten bei Google Research auf der Basis einer Studie bei 8.000 Crowdworkern.

18.8 Ins Gesicht geschriebene Kriminalität

Auch eine KI-Studie chinesischer Forscher, die herausgefunden haben wollen, Kriminalität im Gesicht zu erkennen, erwies sich als Trugschluss. Grundlage waren 2000 Fotos, davon die Hälfte verurteilte Straftäter. Ihre Trefferquote wurde mit 89,5 Prozent angegeben. Dummerweise stammten die Bilder der Verurteilten aus einer anderen Datei als die 1000 bürgerlichen Normalfälle. Die bösen Buben trugen alle T-Shirts. Diesen Unterschied erkennt ein intelligentes System sofort. Die „großen" Erfolge aus Stanford und China erwiesen sich als Misserfolge.[42]

Gesichtserkennung ist ein gewaltiger Wachstumsmarkt. Auf 100 Millionen chinesischen Smartphones ist die Software des chinesischen Spezialisten „Sensetime" installiert. Das Unternehmen verdoppelte seinen Börsenwert innerhalb weniger Monate auf drei Milliarden Dollar. China setzt Gesichtserkennung sogar in Schulen ein. Registriert das Erkennungssystem einen unaufmerksamen Gesichtsausdruck, ergeht Meldung an den Lehrer.

Nicht nur chinesische, auch amerikanische Unternehmen und Behörden setzen automatische Gesichtserkennung ein. Über die Erkennungsverlässlichkeit und die Nutzung ist fast nichts zu erfahren. Hersteller schweigen sich aus. Aber diese Beispiele sind bekannt:

Künstliche Intelligenz

> Eine Ladenkette sucht automatisch nach Personen unter ihren Kunden, die in irgendeiner Filiale des Ladendiebstahls beschuldigt wurden. Meldet das Kamerasystem eines Zweiggeschäftes einen Treffer, werden die Sicherheitskräfte alarmiert, egal ob die Person wegen Diebstahls verurteilt wurde. Auf eine vorausgegangene Verurteilung dieses Menschen kommt es nicht an.

> Die Systemlieferanten bieten ein Cloudsystem an, über das verschiedene Filialunternehmen ihre schwarzen Listen mit Gesichtern Verdächtiger austauschen können. Manche Systeme rastern und speichern grundsätzlich jedes Gesicht, das die Kamera erfasst. US-Bürgerrechtler fordern rechtliche Grundlagen.

Die Praxis der Gesichtserkennung ist wegen ihrer Fehleranfälligkeit umstritten. Normalerweise funktioniert sie so: Ein KI-System bekommt ein Bild gezeigt oder nimmt es selbst auf und vergleicht dieses mit einem Referenzfoto. Ein Algorithmus vergleicht, ob beide übereinstimmen. Das klingt einfach, aber Mimik, Alterung, Bartwuchs, inhomogene Lichtverhältnisse oder eine Brille, die auf dem Archivfoto noch nicht getragen wurde, erschweren den Abgleich. Dem wollen Forscher der Privatuniversität Harrisburg mit einer neuen Technik begegnen, die mit einer Genauigkeit von 80 Prozent Kriminelle anhand ihrer Gesichtszüge erkennen soll. Aufgrund von Zweifeln an der Zuverlässigkeit der Technik wurde die Werbung dafür aber schnell wiedereingestellt. Auch anderen Anbietern von Gesichtserkennungstechnologien aus den USA und China wurden Fehlschlüsse, unsaubere Daten und unklare Begriffsdefinitionen angelastet, vor allem ihre Nähe zur pseudowissenschaftlichen Physiognomik des italienischen Kriminologen Cesare Lombroso, die dieser in seinem Buch „L'umo delinquente" 1880 darlegte. Warum Menschen anhand von Gesichtserkennungsmerkmalen als Verbrecher erkannt werden, wurde bisher nicht schlüssig dargelegt. Überhaupt, was ist kriminell? In totalitären Staaten gelten Investigativreporter als kriminell. Was lesen Gesichtserkennungsprogramme aus deren Gesichtern? Man weiß, was sie aus den Gesichtern von Mitgliedern des US-Kongresses erkannt haben wollen: 28 von ihnen sind kriminell.

„PimEyes" ist der Produktname einer aus Polen kommenden Gesichtssuchmaschine. Diese analysiert Gesichter auf Fotos, durchwühlt das Internet und zeigt dem Anwender, wo überall die betreffende Person gespeichert ist, allerdings ohne Namensnennung. Die Datenbank des Anbieters umfasst 900 Millionen Daten. De facto handelt es sich um einen Angriff auf die Anonymität im öffentlichen Raum, auch wenn der Anbieter betont, dass es ihm um den Schutz der Privatsphäre gehe: „Lade dein Foto hoch und finde heraus, wo Dein Gesicht im Internet erscheint." Das klingt wie ein Hohn.[43]

Das Programm berührt die Geschäftsinteressen von YouTube und Instagram, die juristischen Schritte gegen PimEyes eingeleitet haben. Es könnte auch gegen die Datenschutzgrundverordnung verstoßen, nach der die Verarbeitung biometrischer Daten zur eindeutigen Identifizierung einer natürlichen Person verboten ist. Facebook hat diese Möglichkeit standardmäßig deaktiviert.

18.9 Klassifizierung mit Stigmatisierung

Wir akzeptieren auch die Zuordnung nach dem Motto „sag mir, wer Deine Freunde sind, und ich sage Dir, wer Du bist." Ist Dein Freund ein Bösewicht, dann bist Du es auch, zumindest nach der Zuordnungslogik im Algorithmus. Facebook verfügt über die passende Software, beziehungsweise ein weltweites Patent, das Kreditscorings über die Freunde von Facebook-Kunden macht, selbst wenn es sich um Mönche handelt. Kritische KI-Experten befürchten, dass Banker bei der Kreditvergabe ihre natürliche Intelligenz vernachlässigen, wenn ihnen die KI-Maschine die Denkarbeit abnimmt. Darum fordern sie Algorithmen, die nachprüfbaren und fairen Voraussagen über unterschiedliche gesellschaftliche Gruppen machen.

Ein neuer „vernetzter öffentlicher Raum", der Verbindungen mit anderen Menschen ermöglichte, war mit dem Aufkommen des Internets entstanden. Der Kostenbeitrag in Form von persönlichen Daten schmerzt nicht. Dafür gib es selbst die aufgerufenen Pornoseiten gratis. Da stört man sich auch nicht an Cookies. Ganz nebenbei wird man klassifiziert. Der Internetnutzer landet in der Schublade „Schuldner" oder „dreifach geschieden", „linksradikal", „rechtsradikal" oder aufgrund der heruntergeladenen Videos im Fach „intellektuell beschränkt".

Wer sich mit viel Aufwand und anonymisierender Technologie unsichtbar macht, der versteckt sich in seinem eigenen Leben. „Aha", sagt irgendein wachsamer Algorithmus im Gesamtsystem, „wieder ein konservativer

Datenmuffel". Automatisch fügt er einen Datensatz mit dem Namen des Betreffenden in die Datei „medienfeindliche Personen" ein, wenn sie denn so betitelt ist.

Welch ein Unterschied zu 1987, als viele gesellschaftliche Organisationen zum Boykott der Volkszählung aufriefen, darunter die Grünen und Jungdemokraten. Das Bundesverfassungsgericht verfügte, dass die personenbezogenen Angaben von den Fragebögen zu trennen seien, um die Anonymität der Befragten besser zu gewährleisten.

Aber nicht nur Menschen werden ausgespäht. Die National Security Agency (NSA) interessiert sich für die Daten ausländischer Unternehmen, in die man sich gegebenenfalls sogar einzukaufen gedenkt, wenn es in die Planung passt. Als Anteilseigner erübrigt sich die ungesetzliche Wirtschaftsspionage.

18.10 Der Fall Clearview: Milliarden gespeicherter Gesichter

Im Januar 2020 berichtete die New York Times über ein US-Unternehmen namens Clearview, das nach eigenen Angaben drei Milliarden (!) Gesichtsfotos aus öffentlich zugänglichen Quellen abgesaugt haben will. Der Artikel auf der Titelseite war mit „Gesichtsscan App bringt Ende der Privatsphäre näher" überschrieben. Mit Hilfe einer sogenannten Scraper Software wurden automatisch Fotos heruntergeladen, soweit diese nicht auf „privat" gestellt waren. Das, was die Zeitung berichtete, beruhte nicht auf Informationen aus zweiter Hand, sondern auf dem PR-Material der Firma Clearview. In der Recherche über das Unternehmen kamen mehrere Polizeiermittler zu Wort, die bestätigten, wie gut die Gesichtserkennung der Software funktioniere.

Eigentlich müssten die Bürger eines jeden demokratischen Landes darüber informiert werden, in welchen Datenbanken ihre privaten Fotos heimlich gespeichert und genutzt werden. Wie aber die beschriebenen Beispiele in diesem Kapitel zeigen, wird das Recht auf Privatsphäre in den USA immer mehr ausgehöhlt. Der deutsche Trump-Unterstützer und Mitinhaber des Phantom- Unternehmens Palantir, Peter Thiel, ist Anteilsinhaber von Clearview. Natürlich bleibt auch hier die Kundenliste, überwiegend Behörden, geheim.

Mehr und mehr US-Unternehmen öffnen ihre Überwachungssysteme für

Live-Zugriffe der Polizei und melden automatisch Treffer, selbst wenn sich die (angeblich) erkannte Person rechtskonform verhält. Die Polizei ist dankbar, denn sie benötigt zu Überwachungen einen Gerichtsbeschluss.

Auch an den US-Grenzen wird die Gesichtserkennung eingesetzt, aber leider ohne eine Regelung darüber, wie hoch die Erkennungssicherheit sein muss, bevor ein gemeldeter Treffer als zuverlässig akzeptiert wird. „Wenn wir diese Technik nicht wirklich einschränkten, laufen wir Gefahr, unsere alltägliche Freiheit zu verlieren – uns anonym fortzubewegen, ohne verfolgt und identifiziert zu werden", sagte Neema Singh Guliani, Anwalt der Bürgerrechtsorganisation American Civil Liberties Union.[44] Inzwischen sehen amerikanische Städte und selbst der Bundesstaat Kalifornien diese Gefahr. Dort wird derzeit ein Gesetzentwurf diskutiert, der die Gesichtserkennung in Polizei-Bodycams verbieten soll. Experten stören sich daran, dass die entsprechende Software überwiegend aus Unternehmen kommt, die ihre Algorithmen und deren Herkunft als Geschäftsgeheimnis betrachten. Immer wieder kommt es vor, dass Frauen mit Männern verwechselt werden und rassistische Vorurteile in die verwendeten Daten und die Software einfließen. Die Georgetown University in Washington stellt fest: „Aber es spielt keine Rolle, wie gut die Technik ist, wenn sie immer noch mit den falschen Zahlen versorgt wird, dann werden wahrscheinlich immer noch die falschen Antworten herauskommen."[45]

US-Experten verweisen auf die europäischen Regelungen zur Gesichtserkennung. In der EU verbietet die Datenschutzgrundverordnung (DSGVO) in Artikel 9 Absatz 1 die Verarbeitung „biometrischer Daten zur eindeutigen Identifizierung einer natürlichen Person", nennt aber in Absatz 2 eine lange Reihe von Ausnahmen. Einige davon bedürfen der Umsetzung in nationales Recht. Wenn man sich die lasche Umsetzung in einigen EU-Staaten, beispielsweise Irland, und die defizitäre Ausstattung der Datenschutzbehörden mit Personal und Sachmitteln vergegenwärtigt, kann man sich ausmalen, wie schwach die Schutzvorschriften durchgesetzt werden.

In Deutschland ist der Ausbau der Gesichtserkennung im öffentlichen Raum geplant. Der dazu vorliegende Gesetzentwurf sieht vor, an 135 Bahnhöfen und 14 Verkehrsflughäfen Erkennungssysteme zu installieren. Hier gibt es Politiker und Juristen, die schwerwiegende Bedenken äußern, aber auch solche, die keine Probleme sehen. Malte Engeler, Richter am Verwaltungsgericht in Schleswig-Holstein, vergleicht das oben genannte Softwarehaus Clearview mit einer Suchmaschine, die ebenso wie Google öffentliche Informationen auswertet und aufbereitet. „Der Unterschied bei Clearview ist einzig, dass statt eines Wortabgleichs ein Bilderabgleich geschieht, und zwar anhand eines Gesichtserkennungsalgorithmus."[46]

18.11 Datensammler im Gesundheitsbereich

Der Gesundheitsbereich ist ein Eldorado für Datensammler. Prinzipiell ist es gut, Gesundheitsdaten für Forschungszwecke zu generieren, solange sie in die Hände von Ärzten und Wissenschaftlern gelangen. Doch leider bleiben die Daten nicht in den Händen von Wissenschaftlern, wie unter anderem von der Versicherungsgesellschaft AXA zu erfahren ist. Auf kleingedruckten Seiten findet sich bei Abschluss einer Kranken- oder Lebensversicherung der Hinweis, dass die Daten an interessierte Dritte weitergegeben werden, beispielsweise Inkassounternehmen, Adressermittler, Marketingagenturen, Gutachter und andere mehr.

Von der kostenlosen Gesundheitsapp Ada, die eine Art Selbstdiagnose per Smartphone ermöglicht, wurde 2019 bekannt, dass die vom Nutzer eingegebenen Informationen u.a. an Facebook weitergegeben wurden. Die Techniker- Krankenkasse stellte daraufhin ihre Kooperation mit dieser App ein.

Das Unternehmen World Privacy Forum verkauft Daten von AIDS-Infizierten, von Kranken und Impulskäufern. Solche Daten haben eine hohe Überlebensdauer, denn auch die Kinder der Betroffenen werden an die Daten ihrer Eltern angekoppelt. „Die Art und Weise, wie die Gesundheitsindustrie Medizindaten erhebt, nutzt und mit ihnen handelt, ist schlimmer als die Totalspionage der NSA, und kaum jemand weiß darüber Bescheid", schreibt die Gründerin der Datenschutzorganisation „Patient Privacy Rights".[47]

18.12 Vorsicht vor Persönlichkeitstests

Unternehmen wollen wissen, was das für Menschen sind, die sich bei ihnen um einen Arbeitsplatz bewerben. Die Erstsortierung erfolgt automatisch per Computer, denn man erwartet eine Online-Bewerbung. Zur Zweitsortierung, ebenfalls on-line, zählt oft ein Persönlichkeitstest, den sich kein Bewerber abzulehnen traut, wenn er den ausgeschriebenen Job bekommen möchte. Was die Bewerber aber nicht wissen: Viele dieser Test sind amerikanischen Ursprungs. Unternehmen erwerben sie über einen deutschen Lizenznehmer, zumeist Personalberater.

Damit der amerikanische Testinhaber seiner Lizenzgebühren sicher sein kann, erfolgt die Auswertung mit einem sekundenschnellen Umweg über den Atlantik. Das Testergebnis, also das komplette Auswertungsprofil, landet in der Datenbank des US-Lizenzinhabers. So weit, so gut. Interessant wird dieser Sachverhalt dadurch, dass solche Datenbanken den Bestimmungen des Patriot Act unterliegen. Hierbei handelt es sich um das Anti-Terror-Gesetz der USA. Dieses Gesetz ermächtigt Behörden und Geheimdienste zur Einsichtnahme in sie interessierende Vorgänge. Damit haben CIA, NSA &Co. Einblick in die Persönlichkeitsprofile Hunderttausender deutscher Arbeitnehmer, vor allem jener, die solchen Tests unterzogen wurden. Wie man weiß, gehört Wirtschaftsspionage zum Tätigkeitsbereich von Geheimdiensten. Für die Amerikaner gut zu wissen, wer vom Persönlichkeitsprofil her als Wirtschaftsspion in Frage käme.

Deutsche Anbieter dieser Testverfahren erklären vollmundig, die Daten der Probanden würden anonymisiert. Das zeigt, wie wenig sie vom Fach verstehen und wie sehr sie ihre Lizenzerteiler in den USA unterschätzen.

Ergänzend zum üblichen Einstellungsprocedere bietet sich ein 20-minütiges Computerspiel an, eine Art digitales Assessment Center. Der Bewerber muss eine Reihe von Entscheidungen treffen, Probleme erkennen, Prioritäten setzen und Personen einschätzen. Anschließend entscheiden Algorithmen, ob der Kandidat passt oder nicht. Erweist er sich später als „Niete", kann sich der Recruiter auf das Urteil des Computers berufen.

Google ist bei „People Analytics" Vorreiter und Vorbild. „Alle Entscheidungen, die das Personal betreffen, basieren auf Datenanalysen." Das gilt auch für einen KI-Algorithmus, der voraussagt, welche Mitarbeiter kündigungswillig sind.

In Amerika bieten mehr als 4000 Personaldienstleister ihre Dienste als Datenrechercheure an. Der größte unter ihnen beschäftigt weltweit 1600 Mitarbeiter. In seinen Datenbanken sind fünf Millionen Ladendiebe, Schuldner, Drogenkonsumenten und Alkoholiker, Vorbestrafte, Sexualstraftäter, Führerscheininhaber, Hochschulabsolventen, Berufskraftfahrer und viele andere gespeichert. 87 Prozent der Unternehmen lassen ihre Bewerber auf deren weiße Weste hin überprüfen. 67 Prozent nutzen Social Media für die gezielte Bewerberansprache. Auch deutsche Personalberater verbringen einen Großteil ihrer Zeit mit Klicks bei LinkedIn und XING. Die Bedeutung dieser Netzwerke wird in den nächsten Jahren steigen. Unternehmen wollen wissen, was das für Menschen sind, die sich bei ihnen um einen Arbeitsplatz bewerben. Die Erstsortierung erfolgt automatisch per Computer, denn man erwartet eine Online-Bewerbung. Zur Zweitsortierung, ebenfalls online, zählt oft ein Persönlichkeitstest. Was die Bewerber aber nicht wissen: Viele dieser Tests sind amerikanischen Ursprungs. Unternehmen erwerben sie über einen deutschen Lizenznehmer, zumeist Personalberater.

18.13 Dein Heim ist (nicht mehr) geheim

„Mein Heim ist geheim", las ich unlängst über der Tür eines Bauernhauses in der Lausitz. Das Haus war 1895 errichtet worden. Diese Portalüberschrift hatte vor einhundert Jahren ihre Gültigkeit, aber mittlerweile ist der Überwachungskapitalismus in unserem Normalleben überall dabei, selbst im Wohn- und im Schlafzimmer. Dicke Wände sind für ihn dank Netzanbindung gläsern. Es fällt schwer, sich zu verstecken. Wer es dennoch versucht, läuft Gefahr, vom weltlichen Geschehen abgekoppelt zu werden und unerreichbar zu sein. Das Netz bietet immer weniger Fluchttüren. Das Heim ist nicht mehr geheim.

Ich habe das Gefühl, dass die Menschen gegenüber den Folgen dieser Entwicklung blind sind. Sie obliegen den Verlockungen der Social Media. Sie blicken auf ein Fensterglas, das von innen her matt, aber von außen her klar ist. Die Zuschauer auf der anderen Seite bedienen sich reichlich der Gelegenheit, von außen her unser Reich auszuforschen. Das Heim ist nicht mehr geheim. Social Media ist unser Untermieter.

Es gibt immer wieder Versuche den Datensammelmaschinen zu entkommen. Wir verstecken uns in unserem eigenen Leben. Manche Zeitgenossen verwenden ihren Verstand darauf, unsichtbar zu werden. Da gibt es Handyhüllen, die sämtliche Signale unterdrücken, Anti-Gesichtserkennungsbrillen, Kleidung und Mützen, die Funkwellen und Trackingsensoren blockieren und Handyprothesen mit falschen Fingerabdrücken, die die Identifikation mittels Fingerabdrücken verhindern sollen. Ein besonderes Make-up nebst Frisur soll Erkennungs- und Überwachungssoftware verwirren. Auch die Mode von „Stealth Wear" trickst Drohnen und Gesichtserkennungssoftware aus, indem ihr silberbeschichtetes Gewebe Wärmestrahlungen reflektiert. Für gutes Geld entgeht der in seiner Würde unantastbare Mitbürger (Artikel 1 Grundgesetz) thermografischer Beobachtung.

Niemand fühlt sich gern beobachtet. Niemand sitzt gern im Glashaus. Aber eine Maske zu tragen, ist ebenso unangenehm. Wir laufen Gefahr, uns daran zu gewöhnen und aus dem Versteckspiel eine Gewohnheit zu machen. Man darf sich aber keiner Illusion hingeben. Der Überwachungskapitalismus wird auch die dicksten Mauern durchdringen, um alles über uns zu erfahren, was sich auf den Datenmärkten dieser Welt versilbern lässt.

Künstliche Intelligenz

19. Datenhandel vermarktet das Private

Menschliches Verhalten wurde infolge von Datafizierung zur Handelsware. Unsere Gewohnheiten werden gewerbsmäßig erfasst, als Muster lesbar gemacht und an Interessenten verkauft. Im vordigitalen Zeitalter standen die Informationen auf Karteikarten, später auf Lochkarten und Magnetbändern. Die Speichermenge war begrenzt. Der digitale Fortschritt ermöglichte stetig steigende Speichermengen und Verarbeitungsmöglichkeiten. Datenbänke ersetzten Karteikästen. KI bewirkte einen Quantensprung hin zu Datenmengen, die das menschliche Vorstellungsvermögen übersteigen.

Infolge verstärkter Nachfrage von Werbetreibenden, Politik, Verbänden, E-Commerce und Marktforschern wächst der Markt für (personenbezogene) Verbraucher- beziehungsweise Nutzerdaten. Es geht längst nicht mehr um Postadressen und Telefonnummern. Man interessiert sich für umfassende Konsumentendaten einschließlich Persönlichkeitsprofilen.

19.1 Der deutsche Datenmarkt

Weltweit agieren mit stetigem Wachstum 5.000 Datenhändler. Der aktuelle Umsatz liegt nach Schätzungen des Autors bei 250 Milliarden Dollar. Etwa 1.000 deutsche Datenbrooker kaufen und verkaufen Adressen und personenbezogene Daten. Sie „veredeln" diese mit Zusatzdaten und veräußern sie an alle nur denkbaren Unternehmen und Organisationen. 2014 belief sich der Gesamtumsatz auf 610 Millionen Euro.

Die Anbieter profitieren vom steigenden Onlinehandel. Jedoch sinkt das Marktvolumen im Bereich des klassischen Adresshandels. Ursächlich hierfür ist unter anderem die 2018 beschlossene Neufassung des Bundesdatenschutzgesetzes und die Verschiebung vom klassischen Postdialog (Briefe, Drucksachen u.ä.) hin zum Online-Dialog. Seitdem darf die Speicherung, Verarbeitung, Nutzung oder Übermittlung von personenbezogenen Daten prinzipiell nur mit Zustimmung des Betroffenen erfolgen. In den §§28 und

29 BDSG sind die gesetzlichen Ausnahmen für Zwecke der Werbung, des Adresshandels sowie für die Tätigkeit von Auskunfteien geregelt. Der deutschsprachige Markt für personenbezogene Verbraucherdaten wird von einigen wenigen Anbietern wie der Schufa, Arvato/Bertelsmann, Otto-Versand/Schober sowie der Deutschen Post dominiert. Branchennestor Schufa bietet 66,4 Mio. Personendaten mit 943 Mio. Einzeldaten zu 67,7 Mio. natürlichen Personen und sechs Mio. Unternehmen. Sie erteilt jährlich etwa 130 Millionen Auskünfte zu Personen, die besonders risikoanfällig sind und darum per Vorkasse bedient oder bei einem Darlehen mit höheren Zinsen belegt werden sollten. Konkurrent Creditreform besitzt eine Datenbank mit 120 Millionen personenbezogenen Datensätzen zu fast 61 Millionen Bundesbürgern.

Arvato/Bertelsmann verfügt über einen Datenpool von 70 Millionen Perso- nen, 41 Millionen Haushalten und 21 Millionen Gebäuden. Die bewohnte Gebäudeart, Einfamilienhaus oder Plattenbau, lässt auf die Bewohner schließen, ebenso die Wohngegend. Der Prenzlauer Berg in Berlin beispiel- sweise hat ein anderes Milieu als der Stadtteil Kreuzberg. Der Anbieter of- feriert außerdem 12,8 Millionen Datensätze über „werbeungeeignete Kunden". Wer denkt da nicht an Aschenputtel: „Die guten ins Töpfchen, die schlechten ins Kröpfchen." Der Bayerische Datenschutzbeauftragte, Thomas Petri, nennt das „informationelle Entwürdigung".

Daten von Arvato/Bertelsmann können mit mehr als 250 verschiedenen Merkmalen angereichert werden, etwa soziale Schicht, Alter, Geschlecht, Einkommen, Konsumverhalten, Wohnumfeld sowie Werte und Einstellungen. Der Vorname einer Person reicht, um auf deren ausländische Herkunft zu schließen. Aus dem Surfverhalten eines Internetnutzers lassen sich Wahrscheinlichkeitsaussagen über Hobbys und Interessen sowie Alter und Geschlecht ableiten.

Die deutschen Adressdealer sind Zwerge im Vergleich zu amerikanischen Anbietern. LexisNexis Risk Solutions offeriert 500 Mio. Konsumentenprofile, Acxiom 700 Mio., davon 84 Mio. deutschsprachige Internetnutzer, alle mit Identifikationsnummer. Darunter befinden sich 15 Millionen Profile zur ethnischen Herkunft. Eigenwerbung des Unternehmens: „Sie sprechen Kunden auf Basis deren individuellen Kundenwertes an." Es geht darum, zielsicher potenzielle Risikogruppen von werthaltigen Gruppen abzusondern.

19.2 Datenherkunft

Die Daten der Datenbrooker kommen aus vielerlei Quellen, beispielsweise aus Gewinnspielen oder von Kundenkarten. Sie werden aus Statistiken und sozialen Netzwerken gefischt. Datenbrooker kooperieren mit Internetkonzernen, Autoverleihern, Kreditinstituten, Versicherungen, Krankenkassen, Verlagen und Energieversorgern oder tauschen untereinander ihre Daten aus. Selbst Staubsauger und Rasenmäher liefern Daten.

Die Auskunftdatei „Experian" bewirbt ihren Datenpool „Mosaic" mit diesen Worten: „Mosaic reichert Ihre Daten über Haushalte, die Sie bereits haben, mit beispiellosen Einsichten darüber an, wer Ihre Kunden sind, wie sie handeln und wie Sie sie am besten erreichen können." Im Laufe der Jahre wurde und wird das Internet mehr und mehr ein Ort kommerzieller Überwachung in Echtzeit.

Zwar werden personenbezogene Daten von einzelnen Unternehmen erhoben, aber es ist branchenüblich, sie gemeinsam zu verwenden, so wie es auf der Plattform Miles&More geschieht. Hier bündeln 242 Partner (Airlines, Hotels, Kreditinstitute, Lufthansa, Telekom, Tageszeitungen, Finanzen und Versicherungen sowie weitere Branchen) die von ihnen gesammelten Daten.

Man weiß, dass beispielsweise Facebook seine personenbezogenen Daten durch Datenzukauf bei sechs unterschiedlichen Datenbrookern optimiert. Es handelt sich um Details über das Offline-Verhalten von Nutzern. Zalando verkauft Nutzerprofile an Datenbrooker, die sie ihrerseits weiter vermarkten. Auch Branchengoliath Acxiom beliefert Facebook mit personalisierten Daten, um dessen Datenbestand anzureichern und die Werbung wirkungsgenau zu gestalten. Selbst der Fahrstil eines PKW-Besitzers könnte ein Datenlieferant sein, zur Persönlichkeitsbestimmung sogar ein sehr zuverlässiger. Die Daten werden während des Fahrens generiert und gespeichert. Sie kennen das, wenn die Werkstatt anlässlich der Inspektion die Daten ausliest. Bei hochwertigen Modellen geschieht dieses als fahrbegleitender Remote-Service, so der Fachbegriff (s. Kap. 7: Internet der Dinge)

Verfügbare Personendaten bei Datenhändlern

Wohnsituation (u.a. Eigentum, Miete), Wohngebiet/Adresse, Konsumgewohnheiten (u.a. Konsumententyp, Marken), Ethnische Herkunft, Religionszugehörigkeit, Politische Orientierung, Gesundheit, Familie, Persönlichkeitstyp (u.a. Extraversion, Introversion, Ordnungsliebe), Interessen (u.a. Mode, Reisen, Musik), Einkommen, Bonität, Kreditkarten, Kommunikationsgeräte, Kaufkraft, Kinderwahrscheinichkeit, Gebäudeart und -ausstattung, Versandhandelsneigung, Spendenbereitschaft, Ebay-Käufe, Energienutzung, PKW (u.a. Markenneigung, Neu- oder Gebrauchtfahrzeuge), Versicherungen.
Autoversicherungen freuen sich über Fahrer- und Fahrdaten.

Prämien könnten individuell gestaltet werden. Porschefahrer mit Neigung zum Kavalierstart müssten mehr bezahlen als Sonntagsfahrer. Englische Versicherungen bieten günstigere Tarife an, wenn die Fahrzeughalter Telematikboxen installieren lassen. Deutsche Versicherer sind diesem Beispiel gefolgt. Eigentlich sind alle Maßnahmen zu begrüßen, die zu mehr Verkehrssicherheit führen, wenn es da nicht schon wieder Beispiele des Datenschutzverstoßes gäbe. Der Hersteller der Navigationsgeräte Tom-Tom verkaufte die mit seinen Geräten erzeugten Daten an die holländische Polizei. Wem gehören die Daten?

19.3 Datenqualifizierung

Datenhändler sind in diesen fünf Bereichen tätig:

o Datenvermietung
o Datenpflege
o Datenqualifizierung
o Verknüpfung von Offline- und Online-Daten sowie
o Bereitstellung von Risikoinformationen (Schufa, Creditreform)

Von besonderem Interesse ist hierbei der Punkt 3, die Datenqualifizierung. Sie gehört zu jenen Bereichen, der das Interesse von Datenschützern und kritischer Öffentlichkeit auf sich ziehen. Hier werden vorhandene Daten durch zugekaufte Datenbestände veredelt. Man spricht von Datenaggregation. Ein Mensch kann so noch genauer durchleuchtet werden. So soll das Kauf- oder Wahlverhalten stimuliert werden. Weltmarktführer Acxicom bietet hierfür mehr als 300 Merkmale zu 44 Millionen Privatadressen. Arvato/Bertelsmann stellt 600 Merkmale von 70 Millionen Konsumenten zur Verfügung.

Datenaggregation ist das zentrale Instrument der Datenqualifizierung, wenn Zahlen, Daten und Fakten fehlen oder die Aufgabenstellung schwer überschaubar ist. Zahlreiche Nutzerprofile werden einer Pi-Mal-Daumen-Betrachtung auf der Grundlage subjektiver Erfahrungen und überlieferter Verhaltensweisen unterzogen (Heuristik).

Datenbrooker wie Acxiom Deutschland oder Deutsche Post Direkt aggregieren Daten über Cashback-Karten, Gewinnspielteilnahmen, Telefonbucheinträge, Online-Anmeldungen auf E-Commerce-Plattformen, digitale Webseiten-Tracker oder soziale Netzwerke. Diese Daten werden dann von den Unternehmen als Vermittler an weitere Dienstleister zur Nutzung vermarktet. Insbesondere Marktforschungsunternehmen treten als Intermediäre auf, die Daten von den Datenmilliardären temporär mieten, um sie in Nutzerprofilen mit bis zu 5.000 Datenpunkten pro Person zu aggregieren und mit eigens entwickelten Heuristiken zum Konsum- oder Wahlverhalten auszuwerten. Aus den generierten Psychogrammen ergeben sich passende Maßnahmen der Beeinflussung und Steuerung von Menschen. Die nachstehende Abbildung zeigt, wie das skandalträchtige Markt und Meinungsforschungsinstitut „Cambridge Analytica" vorgeht, um Datencluster zu aggregieren, Psychogramme zu erstellen und Verhaltensmuster vorherzusagen.

Das 2015 vom Marketing-Weltmarktführer Nielsen aufgekaufte Unternehmen „eXelate" bietet die Qualifizierung von Daten und die Verknüpfung von Offline mit Online-Daten an. Nielsen möchte die eigenen Daten, beispielsweise Geschlecht, Alter, sowie den Ort einer Person, die gerade eine bestimmte TV-Serie schaut, mit den Daten von eXelate, etwa dem Kaufprozess eines Autos, veredeln, um so personalisierte Daten für gezielte Kaufimpulse anbieten zu können. Um das zu leisten sammelt und vertreibt der

Arbeitsinhalte und Arbeitsweise von Cambridge Analytica

Ressourcen
- Demografische/geografische Daten
- Psychografische Daten
- Verhaltensdaten
- Eigene Umfragen und Persönlichkeitstests
- Partnerfirmen:Acxicom,Nielsen, Infogroup, Experian, Facebook u.a.

Value Proposition
- Analyse und kontextuelle Verknüpfung von Datenclustern (bis zu 5.000 Notes)
- **Psychograftsche Analyse** von Zielgruppenprofilen
  (aus Big Five-Persönlichkeitstest)
- Mapping und Darstellung spezfi ischer Kundensegmente zwecks zielorientierter
  Persuasion (Überredung) **von Massen**
- Im höchstem Maße präzisiertes **Targeted Adverslting**
  (behaivioral & semantisch)

Kundengruppen und -nutzen
- **Politik:** Management von Wahlkampagnen; Wcihlerpersuasion
- **Wirtschaft:** Analyse von Kundenprofilen und Targeted Advertising
- **öffentliche Arbeitgeber:** Analyse von Milieus und Bürgerverhalten
- **NGOs:** Vorhersagen zu Verhalten von Regimes und Oppositionellen

in Anlehnung an
https://goldmedia.com/fileadmin/goldmedia/2015/Studien/2017/Verbraucherdaten_BMJV/Stdue_Wert_Daten_Adress
händler_Goldmedia_BMJV_2017.pdf

Konzern Online- und Off-Line-Daten von mehr als 200 Datenanbietern. Online-Kunden hinterlassen mit jedem Klick einen Fußabdruck im Internet. Aus diesen Abdrücken zeichnet eXelate das Konsum- und Kommunikationsverhalten des Nutzers auf. Der „Gefällt mir Button" spielt dabei eine zentrale Rolle.

("gefällt mir" 👍 / "gefällt mir nicht" 👎)

Aus Milliarden von Suchbegriffen und Klicks werden Geschmackstrends erkennbar. Marktforschung zum Nulltarif. Die „kostenlose" Nutzung von Facebook oder anderen Social Media-Anbietern wird per Klick mit der Preisgabe von Daten bezahlt, hauptsächlich durch die abgebildeten Buttons.

19.4 Welchen Schutz bietet das Datenschutzgesetz?

Um die Möglichkeiten der KI vollumfänglich zu nutzen benötigen die Algorithmen Daten, Daten und nochmals Daten. KI basiert auf Big Data. Nur so kann ein Algorithmus selbstständig „lernen" und große Datenmengen analysieren. Es stellt sich aber. die Frage, wie sich Big Data und der Grundsatz der Datenminimierung vereinbaren lassen, denn die Datenschutz-Grundverordnung schreibt in Artikel 5(1) vor: „Personenbezogene Daten müssen dem Zweck angemessen und erheblich sowie auf das für die Zwecke der Verarbeitung notwendige Maß beschränkt sein („Datenminimierung")."
Die in diesem Kapitel beschriebenen Überwachungspraktiken greifen vielfältig in die Persönlichkeit von Menschen ein, zumeist ohne, dass diese es bemerken. Durch die mehrfach beschriebene Fähigkeit von KI-Systemen, automatisiert Entscheidungen zu treffen, wächst die Gefahr, die Würde von Menschen zu verletzen. In vielen Ländern scheint das kein Problem zu sein, wohl aber in Deutschland, dessen Grundgesetz hierzu in Artikel 1 eine klare Aussage macht: „Die Würde des Menschen ist unantastbar." Dieser Grundsatz floss natürlich auch in die Datenschutz-Grundverordnung (DSGVO) von 2018 ein. Sie setzt der Nutzung personengebundener Daten im Kontext von KI Grenzen, denn durch die Fähigkeit, automatisierte Entscheidungen zu treffen, wächst die Gefahr, dass die Würde von Menschen verletzt wird. Darum fordert der Artikel 5 der DSGVO von personenbezogenen Anwen-

dungen Rechtmäßigkeit, Transparenz, Datenminimierung, Richtigkeit, Speicherbegrenzung und Zweckbindung. Um das zu gewährleisten, darf eine Entscheidung mit rechtlicher Wirkung oder erheblicher Beeinträchtigung von Menschen nicht allein dem Computer überlassen werden.

In vielen Bereichen, etwa Verbrechensbekämpfung, medizinische Diagnostik, Prüfung der Kreditwürdigkeit, Personalrecruiting oder auch bei der juristischen Entscheidungsfindung, versprechen sogenannte ADM-Systeme (Algorithmic Decision Making) fundierte, schnelle und kostengünstige Ergebnisse. ADM kann ungleich mehr Informationen verarbeiten als der Mensch und im Idealfall ein neutrales Urteil fällen. Das erklärt das große Interesse an ihrem Einsatz. Doch die Risiken sollten beachtet werden, etwa dass die zugrunde liegenden Algorithmen von Privatunternehmen entwickelt wurden und von diesen als Geschäftsgeheimnis gehütet werden. Wie kann so die Validität einer KI-Entscheidung durch betroffene Personen überprüft werden, etwa Kranke oder Kreditnehmer? Bankmitarbeiter wissen, dass nicht sie den Kunden in „kreditwürdig" oder „nicht kreditwürdig" einstufen, sondern ein sogenanntes Bonitätsscoring unter Einbeziehung der Schufa.

Eine KI-Entscheidung kann zur Diskriminierung oder Ausgrenzung führen. Firmen, die KI als fertige Lösung von Dritten einkaufen, wie bei „IBM-Watson Inside", wissen zumeist selbst nicht, wie diese Dienste funktionieren. Hier sei an die in Kapitel 5.12 dargestellte Blackbox-Problematik erinnert. Demnach können selbst die Programmierer und sonstige beteiligte Experten nicht nachvollziehen, wie eine negative KI-Entscheidung zustande kam. Selbst wenn es dafür Anhaltspunkte gäbe, dürften diese für die meisten Betroffenen unverständlich sein. Außerdem werden die den ADM-Systemen zugrundeliegenden Algorithmen zumeist von privaten Unternehmen entwickelt und geheim gehalten.

Die DSGVO versucht dem durch den Artikel 22 Abs. 1 zu entgegnen. Im schwurbeligen Juristendeutsch heißt es dort: „Die betroffene Person hat das Recht, nicht einer ausschließlich auf einer automatisierten Verarbeitung – einschließlich Profiling – beruhenden Entscheidung unterworfen zu werden, die ihr gegenüber rechtlicher Wirkung entfaltet oder sie in ähnlicher Weise erheblich beeinträchtigt."

Die DSGVO will den Einzelnen davor schützen, einer vollautomatisierten Entscheidung unterworfen zu sein, insbesondere dann, wenn diese Entscheidung den Betroffenen erheblich beeinträchtigt, so wie es bei Bewerbungen der Fall ist. Im Personalbereich eines Unternehmens werden die Charaktereigenschaften eines Bewerbers KI-basiert mittels Sprache, Wortwahl, Mimik und Gestik ermittelt. Unter Fachleuten besteht Einigkeit, dass solche Programme nicht perfekt sind und oftmals zu falschen Schlüssen kommen.

Der Artikel 22 Abs. 1 lässt es zu, von einzelnen Bestimmungen abzuweichen. Das Gesetz bestimmt, dass Entscheidungen nicht „ausschließlich" auf einer automatisierten Entscheidung beruhen dürfen. Lässt ein Personalrecruiter die Vorentscheidung durch ein ADM-System herbeiführen und führt nur noch das entscheidende Endgespräch, dann ist dem Gesetz Genüge getan. Der Recruiter hat sich die zeitaufwendige Arbeit der Vorausauswahl erspart. Erweist sich der ausgewählte Bewerber als „Niete", dann liegt der Auswahlfehler beim ADM- System.

Können die Betroffenen wenigstens nachvollziehen, welchen Mechanismen sie unterworfen wurden? Die DSGVO fordert Transparenz. Dementsprechend gewähren Artikel 13 und 14 das Recht, bei einer automatisierten Entscheidung vom Verantwortlichen ausführlich über die Gründe informiert zu werden und „aussagekräftige Informationen über die involvierte Logik sowie die Tragweite und die angestrebten Auswirkungen einer derartigen Verarbeitung" zu erhalten. Juristen sind sich uneinig, wie diese Regelung auszulegen sei. Eine fundierte Überprüfung der Entscheidungslogik durch den Betroffenen selbst ist in den meisten Fällen mangels ausreichenden Fachwissens sowieso nicht möglich.

Wenn bei Betroffenen und selbst bei Anwendern das Verständnis für die DSGVO-Materie fehlt, bleibt nur die staatliche Aufsicht, dafür zu sorgen, dass die gesetzlich vorgeschriebene Selbstkontrolle (beispielsweise Datenschutz-Folgenabschätzung) ordentlich durchgeführt wird, in ausreichender Weise die Betroffenen informiert werden und gegebenenfalls sogar die Pro- grammierung der KI geprüft wird. Die DSGVO bietet zumindest theoretisch den rechtlichen Rahmen, die es den Aufsichtsbehörden gestattet, die Regelungen mit weitreichenden Befugnissen zu überwachen und durch- zusetzen. Wie so oft sind Theorie und Praxis zweierlei, denn die Aufsichtsbehörden sind mangels ausreichender Finanzierung und fehlender Fachkräfte nicht in der Lage, ihrem Auftrag nachzukommen.

19.5 Ist die Würde von Menschen noch unantastbar?

Die in diesem Kapitel beschriebenen Überwachungspraktiken greifen vielfältig in die Persönlichkeit von Menschen ein, zumeist ohne, dass diese es bemerken. Durch die mehrfach beschriebene Fähigkeit von KI-Systemen, automatisiert Entscheidungen zu treffen, wächst die Gefahr, die Würde von Menschen zu verletzen. In vielen Ländern scheint das kein Problem zu sein, wohl aber in Deutschland, dessen Grundgesetz hierzu in Artikel 1 diese klare Aussage macht: „Die Würde des Menschen ist unantastbar." Dieser Grundsatz floss natürlich auch in die Datenschutz-Grundverordnung (DSGVO) von 2018 ein. Sie setzt der Nutzung personengebundener Daten im Kontext von KI eindeutige Grenzen, denn durch die Fähigkeit, automatisierte Entscheidungen zu treffen, wächst die Gefahr, die Würde von Menschen zu verletzen. Darum fordert der Artikel 5 der DSGVO von personenbezogenen Anwendungen Rechtmäßigkeit, Transparenz, Datenminimierung, Richtigkeit, Speicherbegrenzung und Zweckbindung. Um das zu gewährleisten, darf eine Entscheidung mit rechtlicher Wirkung oder erheblicher Beeinträchtigung von Menschen nicht allein dem Computer überlassen werden. Es stellt sich aber die Frage, inwieweit die DSGVO diese Grundsätze sicherstellt. Die Antwort fällt schwer, da zwischen KI und Datenschutz ein starkes Spannungsfeld besteht, denn die Wettbewerbsfähigkeit der europäischen Wirtschaft gegenüber ihren fernöstlichen und amerikanischen Konkurrenten hängt vom Datenzugang und der Datennutzung ab. Datenschutz auf der Grundlage europäischer Werte steht im Widerspruch zum Laissez-faire Digitalkapitalismus aus dem Silicon Valley und zur digitalen Totalüberwachung der chinesischen Mandarine. Der Gesetzgeber braucht ein sensibles Händchen, um nicht der Gefahr der Übertreibung zu erliegen. Europäische Verbraucher fordern den Schutz ihrer Daten, zugleich aber auch sichere Arbeitsplätze in der globalen Wirtschaftsarena. Das ähnelt der Quadratur des Kreises.

Rechtzeitig vor Inkrafttreten der DSGVO sorgte Facebook dafür, Nutzern im Falle von Streitigkeiten die Möglichkeit einer juristischen Klärung zu nehmen. In den von 1,5 Milliarden Menschen unterschriebenen Nutzungsbestimmungen war das internationale Hauptquartiert in Dublin/Irland als Gerichtsort benannt worden. Im April 2018 änderte Facebook klammheimlich die Nutzungsbestimmungen und erklärte das wachsweiche US-Datenschutzrecht zur Grundlage.

Was wird die DSGVO bringen? Vieles hängt davon ab, wie sie die Rechtsprechung interpretiert. In §6(1) der DSG sind eine Reihe von Gründen aufgezählt, die dem Datennutzer Einblick und Nutzung von Daten zubillige. Konzernanwälte denken bereits darüber nach, wie sie den Passus „berechtigtes Interesse" nutzen können, um die Verordnung umgehen zu können. Giovanni Buttarelli, EU-Datenschutzbeauftrager, macht darauf aufmerksam, dass es die Verteidiger der DSGVO mit „kapitalkräftigen Teams von Lobbyisten und Anwälten zu tun haben werden."[48]

Künstliche Intelligenz

20. Kommen die superintelligenten Roboter?

Grüne Marsmännchen sind Stoff für gruselige Science-Fiction-Romane und -filme. Offensichtlich zogen sie es vor, der Erde fern zu bleiben. Hatten wir an Attraktivität verloren? Statt grüner Männchen könnten menschenähnliche und superintelligente Plastikmännchen mit augenähnlichen Sensoren am Kopf unseren Planeten besiedeln. Das lange Zeitalter „Mensch" nähert sich seinem Ende. Der superintelligente „Homo Androidus" verdrängt den Homo Sapiens. So jedenfalls stellen sich die sogenannten Singularisten die digitale Zukunft vor. Singularität im Sinne der KI meint den Zeitpunkt, an dem Maschinen so intelligent geworden sind, sich selbstständig weiterzuentwickeln. Der technologische Fortschritt wird dadurch so sehr beschleunigt, dass die Zukunft hinter diesem Ereignis unvorhersehbar wird. Nach Meinung verschiedene Forscher und Autoren kommen wir der Singularität immer schneller näher.

Die Idee des Transhumanismus, nach der Menschen und Maschinen verschmelzen, geht mit der des Singularis muss ein her. Dem liegt unter anderem die Annahme zugrunde, dass sich die menschliche Lebenserwartung dadurch bis hin zur biologischen Unsterblichkeit steigern lässt.

Diener, Lakaien oder Assistenten, die ihren Herrn überflügelten, wurden in der Weltliteratur oft beschrieben, erstmals bei Goethe: „Hat der alte Hexenmeister sich doch einmal wegbegeben! Seine Wort' und Werke merkt ich und den Brauch, und mit Geistesstärke tu ich Wunder auch..."

Der von Zukunftsphantasten prophezeite Frankenstein ist kein Mensch aus Fleisch und Blut, sondern ein aus Sensoren, Attraktoren, Prozessoren, Motoren, Kabeln, Lämpchen, Schrauben, Plastikteilen und tausenden Einzelteilen montiertes Maschinenwesen. „Mecha-Computronik" auf Höchstniveau. Wenn irgendwer über mögliche Gefahren der Roboterisierung spricht, benutzt er dabei das Bild eines Techno-Frankensteins, nicht aber das eines Industrieroboters, obwohl dieser in der Zukunft eine viel größere Rolle spielen wird als die 1,50 m großen KI-Puppen von IBM, Google oder anderen Herstellern.

Von vielen Seiten wird vor den von der KI ausgehenden Gefahren gewarnt, darunter Bill Gates, Stephen Hawking und Elon Musk. Das sind zwar bekannte Namen, aber keine KI-Experten. Darum gibt es viele KI-Forscher, die deren Warnungen vor der KI nicht ernst nehmen.

Bisher ging es bei der KI nur um Mustererkennung in großen Datenmengen, ideal für Google und Facebook und Amazon. Die Leistungen sind beeindruckend. Weitreichender sind die Folgen, wenn unser Umfeld mit Sensoren und autonomen Lernsystemen ausgestattet ist und Robotik und Deep Learning zusammenwachsen (s. Kap. 15.8: Ubiquitäre Überwachung).

20.1 Mahner und Schwarzseher

Nick Bostrom, Professor für Philosophie in Oxford, ist der akademische Zeuge für diese Vision. In seinem Bestseller „Superintelligenz" beschreibt er verschiedene Szenarien verselbstständigter KI. Seine Zeitangaben sind ein Trost, denn die reichen von Jahrzehnten bis zu Jahrhunderten. Allerdings wäre auch eine finale Intelligenzexplosion denkbar, die sich innerhalb von Stunden oder Wochen vollziehen könnte. Diese wäre nicht mehr zu stoppen, da die KI einen globalen Machtputsch anzettelt. „Das könnte das Ende der Menschheit bedeuten."

Um ihre Ideenwelt zu rechtfertigen verweisen die Singularisten auf die Möglichkeit von Wild Cards beziehungsweise Sprunginnovationen. Demnach muss eine Superintelligenz nicht aus gezielter Forschung hervorgehen, sondern aus dem synergetischen Zusammenwirken vieler spezialisierter Einzelanwendungen der "schwachen Intelligenz". Da müsste aber sehr viel zusammenpassen.

20.2 Uneinige Experten

Wie lange wird es noch dauern, bis der Mensch seinen Platz an der Spitze der Schöpfung zugunsten der KI räumen muss? Über diese Frage streiten sich selbst Experten. Anlässlich einer Befragung von 23 führenden Köpfen der KI erklärten sich nur zwei mit der Nennung ihres Namens einverstanden. Die Frage lautete: In welchem Jahr wird eine 50-Prozent-Chance bestehen, eine Superintelligenz, also eine menschähnliche Intelligenz, zu schaffen? Die Bandbreite der Jahresnennungen geht von 2029 bis 2200. Der Schnitt liegt bei 2099. Teilweise sind sich die Wissenschaftler nicht einmal einig, ob eine Allgemeine KI mit heutigen Mitteln überhaupt möglich ist. Andere halten Vorhersagen grundsätzlich für unmöglich, da man nie wisse, wann und wo ein Durchbruch erfolgen könnte.

Der deutsche KI-Forscher Jürgen Schmidhuber prognostiziert noch für dieses Jahrhundert einen künstlichen Menschen und begründet dieses mit der enormen Zunahme der Leistung moderner Computer. Diese steigert sich pro Jahrzehnt um den Faktor 100 je Dollar. 2016 waren die Rechner im Verhältnis eine Million Mal schneller als vor 30 Jahren. Mit den vielleicht irgendwann verfügbaren Quantencomputern könnte sich die Leistung ins Astronomische vermehren. Nicht die Menschen werden durch KI transzendiert, sondern das Leben selbst.

Toby Walsh, laut FAZ einer der führenden KI-Experten, nennt mit seinem Buchtitel „2062 – Das Jahr, in dem die KI uns ebenbürtig sein wird" diesen Zeitpunkt: 2062. In diesem Buch verheißt er uns eine gute Zukunft mit KI.

Ray Kurzweil von der Singularity-University will das Jahr 2045 als Wendepunkt errechnet haben und nennt die exponentielle Entwicklungskurve als Ursache. Er spricht vom „Gesetz der sich beschleunigenden Erträge" aus Prozessor-Geschwindigkeit und Prozessor-Effizienz.

Dem widerspricht Paul Allen, Mitgründer von Microsoft. Sollte die Singularität tatsächlich 2045 eintreten läge dieses nicht an einem Gesetz der sich beschleunigenden Erträge, sondern an unvorhergesehen und grundsätzlich unvorhersehbaren Durchbrüchen. Notwendig sind nicht nur Fortschritte bei der Hardware, sondern auch bei der Software. Und bei dieser reiche es auch nicht, sie einfach nur schneller rechnen zu lassen. Entscheidend wären intelligentere Programme nebst einem „wissenschaftlichen Verständnis der Grundlagen menschlicher Erkenntnis. Hier kratzen wir gerade erst an der Oberfläche".[49]

Außerdem: Um eine Software auf Singularitätsniveau zu bringen reicht es nicht nur zu wissen, wie das menschliche Gehirn physisch aufgebaut ist, sondern wie die Milliarden Neuronen miteinander interagieren und dabei Denken und Bewusstsein erzeugen. Das Moore'sche Gesetz eignet sich hierbei nicht als Prognosebegründung.[50]

„Komplexitätsbremse" lautet die Überschrift eines weiteren und sehr grundsätzlichen Problems. Je tiefer Forscher in ein eine Materie eindringen, desto mehr Spezialwissen benötigen sie. Im Gefolge hiervon ergeben sich neue wissenschaftliche und immer komplexer werdende Theorien. Auf jeder Erkenntnisstufe gilt erneut das geflügelte Wort aus der Antike: „Ich weiß, dass ich nichts weiß." Je mehr wir über das Gehirn herausfinden, desto unverständlicher erscheint uns vieles und desto mehr gehören unsere Erkenntnisse auf den Prüfstand. Wer das Gehirn auf der Mikroebene verstehen will, braucht ein Bewusstsein dafür, das jedes einzelne Strukturelement in Jahrmillionen der Evolution für seine Aufgaben geformt wurde. Nun könnte man zwar Milliarden gleichförmiger Transistoren auf eine Speicherplatte stecken und so das Gehirn Neuron für Neuron „bottom up" numerisch simulieren, aber wie wirken sie arbeitsteilig zusammen. Für Paul Allen und sein Team ist klar, vorerst noch behindert die Komplexitätsbremse den Fortschritt. „Wir machen zwar zum Teil ermutigende Fortschritte. Aber wir werden auch am Ende dieses Jahrhunderts noch darüber streiten, ob die Singularität wirklich nahe ist."

Wenn Maschinen klüger sind als ihre Schöpfer, könnten sie sich selber nachbauen, und das in der Geschwindigkeit des mooreschen Gesetzes oder schneller und noch intelligenter. Nick Bostrom sieht Rückkoppelungsschleifen, die ein exponentielles Intelligenzwachstum auslösen. Geschwindigkeit plus Anbindung an das globale Netz sind die Auslöser. Welche Mutter wünscht sich das nicht für ihr lernschwaches Kind? Doch welche Gesellschaft duldet ein klügeres Gemeinwesen neben sich? Egal, was die Spezies Mensch gegen ihre roboterisierte Konkurrenz unternimmt, die Damen und Herren Roboter werden sich zu wehren wissen, so die Meinung des inzwischen verstorbenen KI-Philosophen aus Oxford.

Gemach, gemach, lautet ein bekannter Ausspruch. Wir Menschen verfügen über ein großes Repertoire an Wissen und Können, dass nur schwer daran zu denken ist, Roboter würden in absehbarer Zeit zu uns aufschließen. Ob Roboter irgendwann Bewusstseins haben, ist nicht leicht zu beantworten, da wir selbst nicht wissen, was das menschliche Bewusstsein ausmacht.

20.3 KI-Roboter als Big Brother

Hier wäre ausnahmsweise noch die Möglichkeit eines „Big Brothers in KI", nennen wir ihn so. Der erste Maschinenmensch hätte einen uneinholbaren Entwicklungsvorsprung. Als „first mover advantage" bringt er einen „Singleton", ähnlich dem Quellcode eines Betriebssystems hervor, der dafür sorgt, dass es weltweit nur einen maßgeblichen Entscheidungsträger gibt. Dieser Singleton (Entwurfsmuster, das sicherstellt, dass von einer Klasse nur ein Muster existiert) ist Grund dafür, dass sich der fachsprachliche KI-Ausdruck Singularität einbürgerte.

Ist es vorstellbar, dass intelligente Roboter irgendwann fähig sind, uns Menschen zu versklaven? Viele aus der Anhängerschaft der Singularisten sorgen sich um mögliches feindliches Verhalten superintelligenter Roboter gegenüber ihren menschlichen Schöpfern. Warum sollten sie dieses tun? Was wird sein, wenn sie sich als sehr liebe Kerle, als charmante Weibchen oder verspielte Hunde erweisen? Wie gehen wir damit um, wenn Maschinen tatsächlich so klug werden, dass sie sich ständig verbessern und klügere Versionen ihrer selbst hervorbringen? Wo bleibt da der Mensch? Der Erdenbürger sei ein Produkt der Evolution, die in sein Gehirn nicht nur Intelligenz, sondern auch den Trieb, andere zu beherrschen, gepflanzt habe. Einem Computer jedoch seien solche Neigungen fremd. Fachleute warnen, Schaltkreise im Gehirn eines bestimmten Primaten mit dem Wesen der Intelligenz an sich zu verwechseln.

Es ist reizvoll, solche Szenarien zu durchdenken. Wird der computerisierte Big Brother die Welt im Sinne des „lieben" Gottes regeln oder ist er des Teufels Erfüllungsgehilfe? Ray Kurzweil von der Singularity-University, meint, dass menschliches Denken unserem robotisierten Einstein „so fremd (wäre) wie uns Menschen heute das Denken der Kakerlaken". Er geht davon aus, dass die Menschheitsgeschichte ab 2045 in die Epoche des „Transhumanismus" übergeht, so die Bezeichnung für die Verschmelzung von Mensch und Technik. Mehr noch als das: Er spricht sogar von der Möglichkeit, Kopien unseres Gehirns in Supercomputer herunterzuladen und unseren Körper hinter uns zu lassen.

Microsoft-Mitgründer Paul Allen nennt einen Zeitraum von 2030 bis 2080. Aber eine vom Future of Humanity Institute geförderte Studie meldet Bedenken an: „Die Zuverlässigkeit der Expertenvoraussagen zum Zeitpunkt von

KI-Errungenschaften hat sich eher als zu gering erwiesen."[51] Fazit: Computer mögen keine Unschärfen. Null oder Eins lautet die Alternative? Grobe Peilungen ergeben eine Vorstellung, aber vermitteln kein zur Orientierung geeignetes Wissen.

Natürlich tragen wir nicht ewig die Krone der Schöpfung. Unser menschenzentriertes Weltbild gerät ins Wanken. KI wird die Menschheit in hundert oder mehr Jahren transzendieren. Unsere heutige Welt hat wichtigere Probleme als präventive Maßnahmen für eine unklare Zukunft zu ergreifen, von der wir nicht wissen, wie sie aussehen wird. Zum Glück sind wir noch weit von der Machtergreifung durch superintelligent Roboter entfernt. Für die nahe Zukunft kennen wir die Probleme, zumindest was die KI angeht: Monopolisierung von Daten, allgegenwärtige Überwachung, Manipulation des Einzelnen, Missbrauch durch Regierungen.[52] Wir müssen uns sorgen, dass KI-gesteuerte Waffensysteme eine weitere und besonders perfide Art moderner Kriegsführung ermöglicht. „Die Gefahr durch die KI ist schlimmer als die Atombombe", meint der Grandseigneur der KI-Forschung Prof. Christoph von der Malsburg.[53] Er ist weltweit anerkannt als Pionier der technischen Gesichtserkennung und zählt zu den profiliertesten deutschen Forschern im Bereich KI.

20.4 Unsterblichkeit per Datenstick

Transhumanisten lieben es, ihren Phantasien freien Lauf zu lassen. Der Biologe und Eugeniker Julian Huyley hat 1957 in seinem Buch „New Bottles for New Wine" Transhumanismus so definiert: „Der Mensch, der Mensch bleibt, aber sich selbst, durch Verwirklichung neuer Möglichkeiten von seiner und für seine menschliche Natur, überwindet."

Transhumanistische Phantasten denken über die Verschmelzung von Mensch und Technik nach. Dazu gehört die Idee, menschliches Wissen und Bewusstsein auf Festplatten zu überspielen, um Menschen auf diese Art unsterblich zu machen. Bevor die leibliche Hülle von Würmern zerfressen oder im Krematorium zu Asche wird, könnte das eigene Ich als Datei auf einem goldenen Stick verewiglicht werden. Unsterblichkeit per Datenstick, würdevoll in der Wohnzimmervitrine ausgestellt. So kann die Seele online weiter am Leben teilnehmen, denn schließlich ist sie unsterblich. Hat der liebe Gott das so gewollt? Wie dem auch sei, als Bettlektüre ist es ein unterhaltsamer Stoff.

Die radikale Variante des Transhumanismus ist davon überzeugt, dass selbst einzelne Körperteile, sogar das menschliche Gehirn, konstruiert oder durch Ersatzteile ergänzt werden könnte. Das ermöglicht ein längeres Leben bis hin zur Unsterblichkeit. Natürlich wird auch die Seele transplantierbar, beispielsweise von einem Menschen in eine Maschine. Ein beliebtes Hollywood-Genre. In elektronischer Form sollen auch Tote wiederbelebt werden können.

Die Transhumanisten behaupten, dass es möglich sei, ein Gehirn nachzubauen, indem wir dieses Neuron für Neuron numerisch simulieren. Es bedürfe nur ausreichender Rechenleistung und detaillierter Neuronenstrukturmodelle. Dazu müssten wir aber wissen, welche Funktionen Neuronen haben, wie sich ihre Verbindungen realisieren und wie die neuronale Informationsverarbeitung das Verhalten eines Organismus beeinflusst. Dieses Wissen fehlt, womit wir wieder beim Thema Blackbox wären (s. Kap. 5.12). Darum waren bisher keine Simulationen möglich.

Wenn es gelänge, ein künstliches Gehirn zu entwickeln, wäre das ein Sprung, der Millionen von Jahren der menschlichen Evolution gleichkäme. Die etwa 20 Aminosäuren, aus der sich lebende Materie zusammensetzt, müssten durch Silizium ersetzt werden. Der Liebesakt fände in diesem chemischen Grundelement seine Erfüllung. Ein dem natürlichen Gehirn 1:1 nachgebautes künstliches entspräche der vollkommenen Entkoppelung des Menschen der Natur. Ist der Mensch dann noch Mensch?

Eine gewisse Verwandtschaft zu den Zeugen Jehovas ist offensichtlich, die von der Unsterblichkeit ihrer Sektenmitglieder ausgehen. Auch Transhumanisten sehen das Ende des menschlichen Zeitalters und die Erlösung als 1,50 Meter große computerisierte Plastikpuppe kommen. In Amerika existiert bereits eine transhumanistische Religion.

In der KI tätige Wissenschaftler stehen transhumanistischen Zukunftsphantasien skeptisch gegenüber. Sie sind beruflich am Thema und neigen weder zur Apokalypse noch zur Euphorie. Es stellt sich die Frage, ob uns die Stagnation menschlicher Intelligenz nicht viel mehr Sorge bereiten sollte als vermeintliche apokalyptische Fortschritte der Künstlichen Intelligenz. Vielleicht darum sieht Prof. Jürgen Schmidhuber die Zukunft der KI im Weltall. Die Erde ist für die KI viel zu eng. Sie wird sich einen neuen Lebensraum erschließen. Nur 14 Milliarden Jahre nach dem Urknall wird das Universum intelligent. Auch sei der Mensch für die Eroberung des Weltalls nicht geschaffen.[54]

20.5 Wieviel KI ist möglich?

Die transhumanistischen „Androidisker" müssen sich die Frage gefallen lassen, woher der weitere Zuwachs an Maschinenintelligenz kommen soll. Aus der Hard- oder der Software? An mehreren Stellen dieses Buches wurde erwähnt, dass wir den großen KI-Sprung nach 2000 der fortschreitenden Computertechnologie verdanken, weniger der KI-Software, deren Grundzüge lange schon entwickelt waren. Und die zweite Frage lautet: Ist eine Steigerung der Maschinenintelligenz bis ins Unendliche denkbar? Vermehrt werden Zweifel angemeldet, denn schon jetzt sind Prozessoren bei der nun erreichten Packungsdichte nur mit enormen Kosten (Vakuumumgebung, extrem kurzwellige Strahlung) zu fertigen. Man möge bedenken, dass der momentan noch leistungsfähigste Prozessor (Intel/E7-8890 v4/2017) mit 7,2 Milliarden Transistoren ausgestattet ist und diese unter Strom stehen.

Ich meine, wir sollten die technoesoterischen Hirngespinste schmunzelnd zur Kenntnis nehmen. Noch droht keine Gefahr für eine unkontrollierbare autonome Aufwärtsspirale der Maschinenintelligenz hin zur göttlichen Superintelligenz. Maschinenintelligente Zwecke sind in der Konstruktion des Rechners oder den Codes der Software vorgegeben. Ein Beispiel: Mein Rasenroboter ist dumm. Er vermisst die Rasenfläche, erkennt Hindernisse und fügt diese in die Software ein, aber er hat es bisher nicht gewagt, die durch ein Kontaktkabel in der Erde definierte Mähfläche zu verlassen und den viel schöneren Nachbarsgarten zu mähen. Dazu reicht seine Intelligenz nicht.

Ein allgemein intelligenter Computer würde nicht nur auf eine spezielle Aufgabe trainiert, sondern benötigt Fähigkeiten, die sich für nahezu jede Problemstellung eignen. Auch deshalb spielt eine künstliche Universalintelligenz in absehbarer Zeit keine Rolle.

Transhumanisten verstehen es, mit Science Fiction-Märchen Aufmerksamkeit zu erzielen. Sie haben einen Hang zum Maßlosen und Grenzenlosen, verheißen dauernde Gesundheit, grenzenloses Wissen, ewiges Leben und ein perfektes Körperdesign. Ihnen sei ins Stammbuch geschrieben: Noch bewegen wir uns im Stadium der schwachen Künstlichen Intelligenz, sind also weit weg von starker KI und damit von der Superintelligenz. Wir werden uns gedulden müssen, denn die für eine menschähnliche Intelligenz notwendigen Superprozessoren wird es in den nächsten Jahrzehnten noch nicht geben. Einige namhafte Experten wagten eine Aussage auf der Zeitschiene, dass aber nur unter der Bedingung, dass ihre Namen ungenannt bleiben.

Im Kern bleibt die KI dumm und ist auf den Menschen angewiesen. Darum dieser Rat an die Transhumanisten: Herrschaften, Zurück zur Vernunft!

Künstliche Intelligenz

21. Wem oder was nützt eine KI-Ethik?

Der Europäische Gerichtshof für Menschenrechte entschied im September 2018, dass die britische Regierung mit ihrem Massenüberwachungsprogramm die Menschenrechte verletze, genau genommen, das Recht auf Privatleben. Dieser Fall belegt die Notwendigkeit einer digitalen Ethik. Durch tägliche Meldungen von Datenweitergabe und -diebstahl, durch Nachrichten aus China über KI-basierte Totalüberwachung oder durch den Fall Cambridge Analytica stößt das Thema KI auf ein immer größer werdendes Interesse. Es wird durch künstlich erzeugte Sprache, beziehungsweise Nachrichten in Form von Bots oder durch Deepfakes, also virtuell erzeugte Personen, gesteigert. Falschnachrichten überschwemmen das Netz. Uns droht eine Ära der Desinformation, die der IT-Autor Aviv Ovadya, als „Infokalypse" bezeichnet.

21.1 Die Asimov'schen Robotergesetze

Da KI das bedeutendste Thema unserer Zeit ist, müssen dafür ethische Prinzipien entwickelt werden, meint der US-Milliardär Stephen A. Schwarzman. Er spendete rund 168 Millionen Euro für den Aufbau eines KI Ethikinstituts an der Universität Oxford. Der Mann, der sich als „aktiver Philanthrop" bezeichnet ist Gründer und Geschäftsführer der milliardenschweren Investmentgesellschaft Blackstone.

Maschinenethik ist kein ganz neues Thema. Schon 1942, als die KI noch kein Thema war, nicht einmal in der Fachwelt, stellte der russisch amerikanische Autor des Buches „Runaround", Isaac Asimov (1920 – 1992), seine Robotergesetze vor. Asimov war ein außerordentlich aktiver und kreativer Science-Fiction-Publizist mit einer sehr langen Liste an Büchern und Artikeln. Aus dem genannten Buch stammt auch der heute gängige Begriff „Robotik". Seine Grundregeln der Maschinenethik lauten:

o Ein Roboter darf der Menschheit keinen Schaden zufügen oder durch Untätigkeit zulassen, dass der Menschheit Schaden zugefügt wird (1984 als nulltes Gesetz hinzugefügt).

o Ein Roboter darf einem Menschen keinen Schaden zufügen oder durch Untätigkeit zulassen, dass einem menschlichen Wesen Schaden zugefügt wird.

o Ein Roboter muss den Befehlen gehorchen, die ihm von Menschen erteilt werden, es sei denn, dies würde gegen das erste Gebot verstoßen.

o Ein Roboter muss seine eigene Existenz schützen, solange solch ein Schutz nicht gegen das erste oder zweite Gebot verstößt.

Galt in der ersten Version der Asimov'schen Robotergesetze noch der einzelne Mensch als die höchste zu beschützende Instanz, so setzt das 1983 eingefügte nullte Robotergesetz die Menschheit insgesamt über den einzelnen Menschen.

Über die Konsequenzen des hierarchischen Aufbaus der Gesetze wurde viel diskutiert, da ein Roboter die Unversehrtheit einer Menschenmasse derjenigen eines einzelnen Menschen vorziehen soll. Das gab Robotern die Möglichkeit, einzelne Menschen zu verletzen oder gar zu töten, um die Menschheit zu beschützen.

Die Robotergesetze von Isaac Asimov sind schon mehr als 75 Jahre alt. Durch die KI bekamen sie eine plötzliche Aktualität. Zum Zeitpunkt ihrer Entstehung waren sie eine Vision, die heute Realität ist. Regeln für Roboter sind hochaktuell: Autonome Fahrzeug fahren auf unseren Straßen, das EU-Parlament diskutiert Roboterrechte und nicht nur der Deutsche Ethikrat befasst sich mit Pflegerobotern.

Es herrscht Klarheit darüber, dass uns die KI weitreichende und tiefgehende gesellschaftliche Umbrüche beschert. Die Debatte dreht sich nicht mehr nur um technische Fragen, sondern auch um ethische. KI ist mehr als nur ein Forschungsgebiet der Informatik oder Gegenstand von Science-Fiction-Ro- manen, sondern ein Thema unseres Alltags. Vielen Menschen ist das aber noch nicht voll bewusst.

21.2 Möglichkeiten einer KI-Ethik

Es ist wichtig, nach den Möglichkeiten einer KI-Ethik zu fragen. Noch ist nicht geklärt, ob eine Maschinen- beziehungsweise Roboterethik machbar ist, welche Ethik der KI zugrunde gelegt werden soll, die morgenländisch-islamische, die abendländisch-christliche oder die klassisch kapitalistische oder zivilgesellschaftlich soziale, die der Eskimos, der Chinesen oder der Bewegung „Fridays For Future". Wessen und welche Werte sind wertig? Ethik und Moral sind sehr heterogene Systeme, die auf unterschiedlichen Grundannahmen beruhen und dementsprechend ungleiche Empfehlungen abgeben. Selbst wenn man eine menschliche Allgemeinethik als moralisches KI-Betriebssystem wünscht, wären umfangreiche Klärungen notwendig. Unstrittig wären Ziele, beziehungsweise Visionen wie „Glück" und „Menschenwürde", aber diese müssten als Teil eines moralischen KI-Betriebssystems, fachsprachlich Framework, mit einer mathematischen Nutzenfunktion programmiert werden. Ein wirkliches Ziel muss im Gegensatz zum Wunsche oder zur Absicht realistisch, terminiert und überprüfbar sein. Ethische Begriffe sind kaum in eine Computersyntax übersetzbar. Hier scheitern alle verfügbaren Programmiersprachen, denn Ethik als die Lehre von der Moral ist mehr als ein Abwägen zwischen Gut und Böse, zwischen Vor- und Nachteilen oder Plus und Minus.

Eine in die Software implementierte Ethik, sozusagen als gesondertes Prüfmodul, erscheint schwierig, wenn nicht gar unmöglich. Es kommt nicht auf die Maschine, sondern auf die Daten an. Deren Güte entscheidet über das Ergebnis aus dem Computer. Ein eventuelles Prüfmodul, ähnlich der Rechtschreib- oder Stilprüfung bei MS-Word, könnte Rückmeldung geben, ob einem Programm diskriminierende oder andere inhumane Grundannahmen zugrunde liegen. Man stellte fest, dass Urteile amerikanischer Gerichte, die mit Hilfe von KI-Software gefällt wurden, schwarze Bürger benachteiligten.

Ähnliches wird dem Foto-Algorithmus von Twitter nachgesagt. In Vorschaubildern wurde der Kopf schwarzer Menschen weggeschnitten. Selbst Barack Obama war hiervon betroffen. Dieses Beispiel passt zu zahlreichen wissenschaftlichen Belegen, wonach KI und Gesichtserkennung Menschen mit dunkler Hautfarbe benachteiligen.

Eine KI-Ethik ist und kann wohl nur eine Art Normenwerk außerhalb der maschinellen KI bleiben, so wie es gegenwärtig der Fall ist. Wäre sie Teil eines intelligenten, also autonom handelnden Programms, müsste man sich darauf einstellen, dass diese eigenen Vorstellungen von KI-Ethik entwickelt. Erlaubt sei außerdem die Frage, ob eine intelligente Maschine durch einen normalintelligenten und ethisch unbedarften Mitarbeiter überwacht werden könnte.

Die Forderung nach einer Maschinenethik reduziert sich nach dem heutigen Stand der Technik auf die Erwartung an die Verantwortungsträger programmtechnisch alles zu unterlassen, was Menschen, mithin der gesamten Menschheit, schaden könnte. Insofern haben die Asimov'schen Robotergesetze nach wie vor ihre Gültigkeit, aber es sind keine Gesetze im Sinne der Rechtsprechung. Eine solche Art von Gesetzen wäre die notwendige scharfe Waffe gegen Fehlentwicklungen und Missbrauch der KI.

21.3 KI bewegt die Menschen

Nahezu alle Lebensbereiche sind von der KI betroffen. Die Menschen zweifeln an den Verheißungen des digitalen Fortschritts und eines besseren Lebens. Darum stellen sie Fragen zur Ethik des Wirkens künstlich intelligenter Systeme, zu deren Nutzung und Konsequenzen. Sie wollen wissen

o inwieweit Maschinen autonom Entscheidungen fällen sollen und dürfen und das nach welchen Kriterien;

o was sich in der Arbeitswelt mit welchen Folgen für die menschliche Arbeit verändert;

o wer alles in den Besitz ihrer persönlichen Daten gelangt und wozu sie genutzt werden;

o ob sie der diagnostischen Qualität der mit KI arbeitenden Computermedizin vertrauen können;

o ob ihnen Staatstrojaner durch das Finanzamt drohen und überhaupt was die KI mit ihrem Leben macht.

Diese Fragen münden in weitergehende rechtliche Fragestellungen, beispielsweise zur Haftung bei Schäden, zur Verantwortung von Netzinhalten und bei Urheberrechtsverletzungen, zum Daten- und Verbraucherschutz oder zur Verbindlichkeit von KI-Entscheidungen.

Es ist legitim hiernach zu fragen, denn die KI ist, wie es der Name sagt, intelligent. Sie kann sekundenschnell Entscheidungen über Leben und Tod fällen, wie es das Beispiel autonom fahrender Kraftfahrzeuge zeigt. Es muss kritisch hinterfragt werden, denn nur so kommt Licht in die künstlich-neuronale Blackbox des Deep Learnings. Nur den Output der Rechenleistung zu sehen, reicht den Menschen nicht. Kranke Menschen oder deren Angehörige wollen wissen, wie der Krankenhauscomputer zu seiner Diagnose kam und wie wahrscheinlich diese ist. Im Moment ist es noch so, dass wir die von Menschen erzeugte Deep-Learning-Technologie ab einem gewissen Punkt nicht mehr nachvollziehbar und der Output nicht kontrollierbar ist.

Solche Unsicherheiten und Ängste mögen mit ein Grund dafür sein, dass das Thema KI-Ethik in vielerlei Formen öffentliches Interesse findet. Hier bietet sich Philosophen, Soziologen, Theologen und anderen Geisteswissenschaftlern, aber auch Juristen, die Chance, ihr um KI angereichertes Wissen und Können in die Diskussion einzubringen. Die programmtechnischen Fachleute der Künstlichen Intelligenz, also die hochbezahlten Experten in den Forschungslaboren von Google&Co, behalten ihr Herrschaftswissen und ihre Unternehmensgeheimnisse für sich. Jede Menge Kongresse finden statt, Grundsatzpapiere werden verfasst, Manifeste verabschiedet, Proklamationen abgegeben, Kommissionen gebildet und Verbände gegründet. Hier eine kleine Auswahl: „SAP-Verhaltenskodex für KI", „SAGE Code of Ethics", „Initiative D21", Bostroms „Future of Humanity Institute", „KI-Gütesiegel des Bundesverbandes KI", „D64 – Zentrum für Digitalen Fortschrift e.V.", eine der SPD nahestehende Organisation. Sie alle einigt das Interesse, die KI so zu gestalten, dass sie mit unseren Rechts- und Wertvorstellungen vereinbar ist.

Man muss genau hinschauen, wer welches Ethik-Programm mit welchen Inhalten und welcher Reichweite formuliert. Unter den Anbietern finden sich Unternehmen, Religionsgemeinschaften, Wirtschaftsverbände, Institute und Organisationen, die sich der Gesellschaft verpflichtet fühlen. Bei der Recherche stößt man auch auf die Gütekriterien des KI-Bundesverbandes e.V. mit vielen Schwüren für Menschenwürde, Freiheit, Gleichheit und Rechtstaatlichkeit. Diese vier Grundsätze sind der Kern des Gütesiegels: 1. Ethik, 2. Unvoreingenommenheit, 3. Transparenz, 4. Datenschutz und Sicherheit. Wer sich zu ihnen bekennt, erhält das KI-Gütesiegel der Organisation. Die „Qualität" des Gütesiegels zeigt sich daran, dass es reicht, eine Selbstverpflichtungserklärung zu unterschreiben, um in den Besitz des Siegels zu kommen.

Eine KI-Ethik ist und kann wohl nur eine Sammlung von Empfehlungen ausserhalb des maschinellen KI-Innenlebens bleiben, so wie es gegenwärtig der Fall ist. Wäre sie Teil eines intelligenten, also autonom handelnden Programmpakets, müsste man sich darauf einstellen, dass diese eigene Vorstellungen von KI-Ethik entwickelt. Erlaubt sei außerdem die Frage, ob eine intelligente Maschine durch einen normalintelligenten und der Ethik gegenüber gleichgültig eingestellten Mitarbeiter überwacht werden könnte.

Die Forderung nach einer Maschinenethik reduziert sich nach dem heutigen Stand der Technik auf die Erwartung an die Verantwortungsträger programmtechnisch alles zu unterlassen, was Menschen, mithin der gesamten Menschheit, schaden könnte. Insofern haben die Asimov'schen Robotergesetze nach wie vor ihre Gültigkeit.

21.4 Drei Grundfragen an die KI-Nutzung

Drei grundsätzliche Fragen könnten als Messlatte für einen ethikadäquaten Einsatz von KI-Anwenderprogrammen dienen.

Frage 1: Zu welchem Zweck soll die KI genutzt werden?

Die Steuerungsautomatik autonom funktionierender Killerroboter könnte für viele wesensverwandte Einsätze genutzt werden, beispielsweise für ein Löschfahrzeug, das mitten im Brandherd löscht. Dieses entscheidet in den Flammen, was jetzt die richtige Verhaltensweise ist, ebenso der Killerroboter im Feuergefecht. Wer ist haftbar, wenn der Killerroboter Frauen und Kinder getötet hat? Nicht der Mensch, sondern die Maschine hat den Einsatz entschieden. Offensichtlich war es eine Fehlentscheidung.

Eine ethisch fragwürdige Entscheidung wird nicht besser, wenn sie von einem Roboter getroffen wurde. Für die zugrundeliegenden Algorithmen sind letztendlich die Programmierer oder deren Auftraggeber verantwortlich. Was ist aber, wenn sich das KI-Programm selbst geschrieben hat? Hochentwickelte Formen der KI sind durch Menschen nicht mehr zu kontrollieren und machen das, was sie für richtig halten. Bislang galt Technologie per se weder als gut noch als schlecht Sie hatte einen jungfräulichen Status, den der Mensch beschädigt. Mit Dynamit werden Kriege geführt, aber auch Tunnel durch Berge gebaut. Technikorientierte Digitalkonstrukteure rechtfertigen ihre Mitarbeit an potenziell antihumanen Instrumenten und Softwareprogrammen mit dem Hinweis auf eine angebliche Neutralität der Künstlichen Intelligenz. Es komme nur darauf an, sie an die Ethik, an Menschenrechte und Nächstenliebe anzukuppeln. Aber, darf man einer Technologie, die sich autonom aktiviert, handelt und ständig selbst verbessert, Jungfräulichkeit attestieren und den Menschen die Schuld geben, wenn sich die Technik gegen Menschen wendet? Ich meine: KI darf nicht zur Entmündigung der Menschen führen, indem sie die Entscheidung über eine ethisch einwandfreie Nutzung von Robotern trifft.

Andererseits darf ein KI-Einsatz nicht schematisch betrachtet werden und zu seiner Ablehnung führen. Die Technik des Killerroboters ist tödlich, kann aber in einem autonom agierenden Löschroboter Leben retten. Statt Munition verschießt dieser das jeweils passende Löschmittel. Wenn wir mit KI Leben retten können, sind wir in der Pflicht, sie auch einzusetzen.

Frage 2: Wie müssen KI-Systeme gestaltet sein?

Hier geht es nicht um das Wozu, sondern um das Wie. KI ist nicht fehlerfrei. Es gibt viele Berichte über falsche Entscheidungen künstlich neuronaler Netze, zum Beispiel diese: In einem Google-Programm wurden Schwarzafrikaner als Gorillas klassifiziert. Dem lag ein Fehler in den Trainingsdaten zugrunde, die für die Gruppe „Mann" nur weiße Männer nutzten. An Schwarze hatte man nicht gedacht.

Ähnlich verhält es sich mit dem Gesichtserkennungsprogramm von Microsoft, das nur zwei Geschlechter kennt, „Male" und „Female". Die KI-Software von Microsoft negiert, beziehungsweise diskriminiert den Typ Transgender. Amazon geriet 2018 auf den Pranger, als bekannt wurde, dass Bewerbungen von Frauen schlechter als die von Männern bewertet wurden.

Solche Fehler können auch mit der „genetischen" Grundkonstruktion der KI zusammenhängen. Sinnhaftigkeit und Logik kann sie nicht erkennen. Sie identifiziert Muster in einer großen Menge von Daten, sozusagen im Datenwirrwarr. Damit sind Regelmäßigkeiten, Wiederholungen, Ähnlichkeiten oder Gesetzmäßigkeiten gemeint. Solche Muster ermöglichen Schlussfolgerungen, die aufgrund der enormen Datenmenge mit rein logischem Denken nicht möglich wären. Statt mit Logik arbeitet die KI nach dem Prinzip „Versuch und Irrtum". Dabei wird Unpassendes aussortiert oder Passendes integriert. Der Erkenntnisgewinn erfolgt durch die Analyse statistischer Zusammenhänge anstelle logischer Schlussfolgerungen. Aus Big Data wird Smart Data.

KI soll sich an der Wirklichkeit orientieren. Aber nicht immer wird die Wirklichkeit angemessen wiedergegeben. Es droht Gefahr, dass die Modelannahmen in späteren Softwareprogrammen fortgeschrieben werden. Eine Korrektur wäre nur durch Eingriff in den Quellcode möglich, den KI-Riesen wie Google& Co aber als Betriebsgeheimnis hüten. Hinzu kommt, dass selbst Fachleute beim Deep Learning nicht nachvollziehen können, wie die vieldiskutierte Blackbox zu ihrem Ergebnis gekommen ist (s. Kap. 5.12). Die moralische Pflicht der Wissensträger läge darin, die Nachvollziehbarkeit maschineller Entscheidungen zu ermöglichen. Aber leider ist eine solche „Accountability" nur den wenigen KI-Koryphäen vorbehalten.

Frage 3: Die Beziehung Mensch – Maschine?

Menschen sind verunsichert. Machen ihnen Roboter ihre Arbeitsplätze streitig? Werden uns Roboter vom Sockel der Schöpfung stoßen? Degradieren sie uns zu weitgehend untätigen Zuschauern des Weltgeschehens, indem sie die Regie übernehmen? In vielen Bereichen ist uns die Maschinenintelligenz haushoch überlegen, das aber nur auf sehr engen Pfaden, beispielsweise in der Mathematik, beim Schachspielen oder der Geschwindigkeit beim Übersetzen von umgangssprachlichen Texten. Ansonsten aber sind die „intelligenten" Maschinen dumm, denn noch lange werden sie im Stadium der sogenannten „schwachen Künstlichen Intelligenz" verharren (s. Kap. 2.6) Sie sind nicht emotionsfähig. Ihnen fehlen Intuition, Selbstreflexion und Einfühlungsvermögen, nur um die wichtigsten Unterschiede zum Menschen zu nennen. Die Beziehung Mensch - Maschine kann positiv als auch negativ sein. In der Medizin, insbesondere der Diagnostik, gibt es viele Gründe der KI dankbar zu sein. Arbeitslose werden der KI die Schuld geben, wenn sie zu Betroffenen des Arbeitsplatzabbaus geworden sind, so, wie vor 1850 mechanische Webstühle die Schuldigen waren.

21.5 Die Positionen wichtiger Akteure

Der Bundesverband Informationswirtschaft, Telekommunikation und neue Medien e. V. (bitkom) hat zusammen mit dem Deutschen Forschungszentrum für KI GmbH (dfki) in einer 200seitigen Darlegung zum Thema „Entscheidungsunterstützung mit KI" Anforderungen an eine Digitale Ethik formuliert. Die Autoren verstehen das darin enthaltene Kapitel „Automatisierte Entscheidungen aus ethischer Sicht" als „Navigationshilfe" für alle, die sich im Fahrwasser der KI bewegen. Sie erwarten von KI-Akteuren Antworten beziehungsweise Lösungen

o zur Chancengleichheit
o zur Informationsfreiheit, -vielfalt und Meinungsbildung
o zur Sicherung der Privatsphäre und des Datenschutzes
o zum Erhalt von Arbeitsplätzen und guten Arbeitsbedingungen
o zu Bildungsangeboten, die der Vermittlung von Digitalkompetenz dienen

Ihre zentrale Maxime lautet: „Entwickle und gestalte Algorithmen und KI-Systeme so, dass sie die Grundrechte der Menschen wahren und ihnen ein gutes und gelingendes Leben ermöglichen." Diese Maxime wird durch fünf Gebote konkretisiert. Danach soll durch intelligente Systeme

o niemand zu Schaden kommen,
o ein friedvolles Miteinander ermöglicht und
o Menschen in Not geholfen,
o Ressourcen und die Umwelt geschont und gesichert und
o eine Welt ohne Diskriminierung geschaffen werden.

Im März 2019 bezog auch die EU-Kommission Stellung zur Künstlichen Intelligenz. Neun Monate lang arbeiteten 52 Experten an einer Art Ethik Handbuch mit dem Titel „Leitlinien für vertrauenswürdige KI". Demnach darf die Funktionsweise der KI

o gegen keine Gesetze verstoßen,
o muss auf einem robusten technischen und gesellschaftlichen Rahmen
o beruhen und
o ethische Prinzipien berücksichtigen.

Hieraus ergeben sich sieben ethische Leitlinien, an denen Akteure ihr Handeln ausrichten sollen (s. nachfolgende Punkte zu den Leitlinien). Es scheint, als wolle man wenigstens auf dem Feld von Ethik und Moral die Nase im weltweiten KI-Wettlauf vorn haben. Hoffentlich war allen Mitautoren klar, dass sich der geforderte „stabile Rahmen" bei der Schnelllebigkeit der KI-Technologie als recht instabil erweisen wird.

Ein Blick auf die sieben Leitlinien zeigt, dass sie vieles wiederholen, was schon in den vorstehend beschriebenen Geboten der bitkom und des Deutschen Forschungszentrums für KI, aber auch in den diversen anderen Stellungnahmen von Verbänden und Unternehmen, empfohlen wurde. Den Leser durchfließt ein Wohlgefühl, wenn er wiederholt von Menschenwürde liest, vom Wohl der Gesellschaft und von den Menschen, die in den Mittelpunkt zu stellen sind. Kosmetisches Wording ist das notwendige Schmuckwerk, um den Kostenaufwand für solche Schubladendokumente zu rechtfertigen. Dennoch sollte man die Ausführlichkeit des EU-Papiers würdigen, die man so in anderen Moralcodizes nicht findet. Aber was nützt das, denn die Appelle, um mehr handelt es sich nicht, sind nicht bindend. Nice to have, das ist alles. Der Berufsethiker Metzinger, Mitautor der EU Verhaltensempfehlungen, hierzu: „Wir brauchen Regeln, die bindend sind, durchsetzbar und demokratisch voll legitimiert."[55]

An solchen Regeln, beziehungsweise Gesetzen zeigten sich die 26 Abgesandten aus Digitalunternehmen, darunter Google, IBM, SAP und deren Lobbyverband „Digitaleurope" wenig interessiert. Mehr noch, der Verband sorgte dafür, dass negativ besetzte Aussagen zu Themen wie autonome Waffensysteme, automatisierte Personenidentifikation mit Hilfe von Gesichtserkennung und Citizen Scoring durch Begriffe wie „Bedenken" und „Spannungen" abgeschwächt wurden. Ein Abschnitt über potenzielle Langzeitrisiken der KI sei völlig verschwunden. Überhaupt, so die Vertreterin der Europäischen Konsumentenorganisation BEUC, sei die Wirtschaft sehr darauf bedacht gewesen, die Risiken von KI herunterzuspielen. Mitglieder der Expertengruppe sprechen von einem Lehrstück der Lobbyarbeit der Wirtschaft. [56]

Ethische Leitlinien der EU zur KI-Nutzung

1. Vorrang menschlichen Handelns und menschlicher Aufsicht: KI-Systeme sollten gerechten Gesellschaften dienen, indem sie das menschliche Handeln und die Wahrung der Grundrechte unterstützen, keinesfalls aber sollten sie die Autonomie der Menschen verringern, beschränken oder fehlleiten.

2. Robustheit und Sicherheit: Eine vertrauenswürdige Künstliche Intelligenz setzt Algorithmen voraus, die sicher, verlässlich und robust genug sind, um Fehler oder Unstimmigkeiten in allen Phasen des Lebenszyklus des KI- Systems zu bewältigen.

3. Privatsphäre und Datenqualitätsmanagement: Die Bürgerinnen und Bürger sollten die volle Kontrolle über ihre eigenen Daten behalten und die sie betreffenden Daten sollten nicht dazu verwendet werden, sie zu schädigen oder zu diskriminieren.

4. Transparenz: Die Rückverfolgbarkeit der KI-Systeme muss sichergestellt werden.

5. Vielfalt, Nichtdiskriminierung und Fairness: KI-Systeme sollten dem gesamten Spektrum menschlicher Fähigkeiten, Fertigkeiten und Anforderungen Rechnung tragen und die Barrierefreiheit gewährleisten.

6. Gesellschaftliches und ökologisches Wohlergehen: KI-Systeme sollten eingesetzt werden, um einen positiven sozialen Wandel sowie die Nachhaltigkeit und ökologische Verantwortlichkeit zu fördern.

7. Rechenschaftspflicht: Es sollten Mechanismen geschaffen werden, die die Verantwortlichkeit und Rechenschaftspflicht für KI-Systeme und deren Ergebnisse gewährleisten.

21.6 Negative Erfahrungen mit Ethikempfehlungen

Das Angebot an Ethikempfehlungen zur KI ist beträchtlich. Man fühlt sich an die Praxis von Unternehmen erinnert, die mit Führungsgrundsätzen, Unternehmens-Leitbildern oder Quality-Guidelines Leitplanken für ihre Organisationskultur setzen. Mitarbeiter messen die Aussagen an ihrer Erfahrung mit der betrieblichen Wirklichkeit und neigen zu einem müden Lächeln. Es hat sich herumgesprochen, dass es sich dabei um dekorative Firmenkosmetik handelt, um nach außen hin einen guten Eindruck zu hinterlassen. Hochglanzbroschüren und unternehmensinterne Plakatierung intensivieren diese Art von Non Product Marketing. Lässt sich hinter Hochglanzbroschüren mit dem Titel ‚Unser Wertekodex' moralisch fragwürdiges Verhalten besser tarnen?

In diesem Zusammenhang sei an die wohlklingenden Gelübde von Kundenorientierung, höchster Qualität und Gesetzestreue erinnert, so beispielsweise in den Policies der Deutschen Bank oder von VW, auf deren Chefsesseln mafiöse Betrüger saßen oder noch sitzen. Ein Hinweis auf den DIN 26000 Leitfaden zur gesellschaftlichen Verantwortung bestätigt dieses. Diese Norm liegt seit 2010 vor, stößt aber in der Wirtschaft auf kein Interesse. In der empirischen Großstudie über das deutsche Corporate Governance-System ist nachzulesen, dass die Bedeutung solcher Kodizes in der unternehmerischen Praxis gering ist: „Mit ernst zu nehmenden firmenspezifischen Verhaltenskodizes sind nur etwa 20 Prozent der deutschen Gesellschaften ausgestattet." Es scheint, als würde sich die Wertediskussion der deutschen Wirtschaft reziprok proportional zum Werteverfall verhalten.

21.7 Ethics Washing

Es gibt guten Grund anzunehmen, dass Unternehmen „ethics washing" betreiben, wie es der Ethikprofessor Thomas Metzinger bezeichnet. Die Diskussion werde geführt und am Leben erhalten, um gesetzliche Regelungen aufzuschieben oder gar zu verhindern. Diesem Zweck dienen die Ethik-Leitlinien von Google bis SAP oder das von Facebook finanzierte Ethik-Institut an der Technischen Universität in München. Yann LeCun, Facebooks KI-Chef, der auch als einer der „Godfathers of Artificial Intelligence" gilt, bezeugt den ethischen Grundkurs des Konzerns: „Deshalb arbeite ich dort gern...Alles, was wir für Facebook erforschen, wird veröffentlicht, in den meisten Fällen als offener Quellcode."[57] Mit Fug und Recht kann die Politik so ihre gesetzgeberische Abstinenz mit der wahrgenommenen Eigenverantwortung der Wirtschaft erklären.

Selbstverpflichtungen, Manifeste und Proklamationen reichen nicht aus, um die Freiheit der Bürger und ihre Privatsphäre zu schützen. Ursula Pachl vom EU-Verbraucherverband, die an den EU Leitlinien zur KI mitgearbeitet hat, sagt sehr deutlich: „Die entscheidende Diskussion müsse sich um Gesetze drehen und die Frage, ob der Status Quo ausreiche, um Verbraucher*innen auch in einem KI getriebenen Markt zu schützen."[58] Digitalkonzerne kämpfen um die Nasenlange vorn und versuchen jedwede staatliche Regelung abzuschütteln. Digital first, Bedenken second, lautet die ungeschriebene Devise. Was ist nötig: Ethisch unverbindliche oder rechtlich verbindliche Anforderungen?

Man darf befürchten, dass die in der PR-Abteilung oder von Beratern formulierten Ethik-Grundsätze für KI nichts oder nur wenig bewirken. Darum stellt sich die Frage, ob oder was eine KI-Ethik nützt. Ethische Gebote wären nichts anderes als eine freundliche Bitte an das Silicon Valley und Alibaba, doch bitte ethisch zu handeln. Vielleicht nimmt man sie dort zur Kenntnis, aber verbindliche Regeln und Gesetze wären wirksamer. Gesetze sind die schärfste Waffe in der Demokratie. Das meint auch Paul Nemitz, Chefberater der EU-Kommission in Sachen Digitalrecht: Angesichts von Marktanteilen von teils über 90 Prozent bei den US- Internetgiganten werde man „mit freundlichen Worten und Ethik-Katalogen in Form von Selbstregulierung nicht vorankommen." Er fordert eine „übergreifende Regulierung", wie sie ansatzweise mit der Datenschutz-Grundverordnung existiert.

21.8 Gesetze oder nur Empfehlungen?

Es lag auf der Hand, dass sich Juristen über die IT hinaus des Themas KI im Speziellen angenommen haben. In Deutschland wirkt seit 2015 die Advocacy -Organisation Algorithm Watch, deren Zweck es ist, über die gesellschaftlichen Auswirkungen der KI aufzuklären und Lösungsstrategien für Probleme anzubieten.

2017 kam die Rechtswissenschaftliche Gesellschaft für KI und Robotik mit ähnlicher Zielstellung hinzu. Auf internationaler Ebene existieren diverse Organisationen mit dem Schwerpunkt KI und Recht. Andererseits aber gibt es weltweit kein nationales Rechtssystem, dessen Schwerpunkt im Bereich der KI und smarten Robotik liegt.

In der Europäischen Datenschutz-Grundverordnung wird das Thema KI in den Artikeln 13, 22 und 29 angesprochen, aber dieses Gesetz betrifft nur die Verarbeitung personengebundener Daten. Bedeutender sind die haftungsrechtlichen Fragen. Wer haftet, wenn sich ein automatisiertes System selbstständig macht, nicht mehr beherrschbar ist und Schaden anrichtet? Wie soll sich ein autonomes Fahrsystem verhalten, wenn es gelernt hat, dass Schnellfahren eine höhere Produktivität ermöglicht, obwohl in seinen Algorithmen die eindeutige Botschaft „Fahre vorsichtig" steckt? Die Sache ist kompliziert. Das System hat sich entsprechend seiner Erfahrung klug verhalten, denn die von Menschen eingegebene Programmvorgabe lautet Kommerz vor Ethik, jedenfalls solange es im kapitalistischen Rahmen funktioniert.

Wenn ein KI-Roboter Menschen verletzt, ist er nach gegenwärtigem Stand weder straf- noch zivilrechtlich haftbar. Für eine eindeutig fehlerhafte Programmierung ist der Hersteller verantwortlich. Aber wenn ein selbstlernender Computer aus seiner Erfahrung heraus eine falsche Entscheidung fällt, wird es schwierig. Die Lösung könnte darin bestehen, Computern eine eigene Rechtspersönlichkeit mit eigenen Rechten und Pflichten zu verleihen. Hierzu der Rechtswissenschaftler Christian Haagen: "Wenn die Roboter ihre Pflichten verletzen und Schäden anrichten, wären sie dafür verantwortlich. Beispielsweise finanziell."[59] Wer aber bezahlt die Strafe?

Würden wir alles einer Art der kybernetischen Steuerung überlassen, entstünden zuhauf juristische Probleme, insbesondere zur Haftung. Hersteller von autonomer Fahrsoftware müssen sich fragen: Wieviel Autonomie geben wir dem Fahrzeug, wieviel Kontrolle bleibt beim Fahrer? Steuern wir die KI oder darf sie uns steuern?

21.9 Nationale Egoismen versus globale Erfordernisse

Wir erleben ein Zeitalter des Wertewandels. „Change" lautet ein geflügeltes Modewort. Wie schlägt sich der Wertewandel in der Werte-Software der KI nieder? Konservative entsetzt der Wertewandel, Progressive begrüßen ihn. Wer entscheidet? Die UNO? Wie würde eine hochintelligente KI entscheiden? Wie schwer es ist, ethische Standards im Kontext KI durchzusetzen, zeigten die UN-Gespräche über die Entwicklung und den Einsatz von Killerrobotern. Ein Staatenbund unter Führung der USA und Russland verweigerte seine Zustimmung.

Auch bei der KI werden nationale gegen internationale Ethikinteressen stehen. Wie sollen sich EU-Staaten, die sich nicht einmal auf eine einheitliche Besteuerung von Großkonzernen einigen können, zu international verbindlichen Ethik-Standards durchringen? Irland würde sein lasches Datenschutzrecht als Standortvorteil für in Europa ansässige KI-Unternehmen anbieten, so wie es jetzt schon der Fall ist. Über den deutschen Datenschutz würden sich Chinesen nur wundern. KI-Unternehmen wandern dorthin, wo sie freie Fahrt haben. Die KI-Hauptakteure von der amerikanischen Westküste und die Digitalmandarine aus China wären wohl kaum ins Ethikboot zu bekommen. Das aber wäre notwendig, denn KI ist ein globales Thema. Das sekundenschnell reagierende Netz umspannt mehrfach den Globus. Obwohl KI-Systeme, beispielsweise Tensorflow, auf einem weltweiten Markt vertrieben werden, können ethische Empfehlungen immer nur für relativ begrenzte Systeme abgegeben werden, für Staaten, Unternehmen, Organisationen und Schulen.

Künstliche Intelligenz

22. KI, die neue Qualität der Kriegsführung

Im Jahr 950 besiegten die Germanen in der Varusschlacht unter Arminius die römische Besatzungsarmee. 1813 wurden Napoleons Truppen in der Völkerschlacht bei Leipzig vernichtend geschlagen. Zurück blieben 100.000 Tote. In diesen und anderen Kriegen kämpfte Mann gegen Mann, von Angesicht zu Angesicht. Der Feind wurde mit dem Beil erschlagen, dem Degen erstochen, dem Gewehr erschossen oder den Händen erdrosselt.

22.1 Schlacht war gestern, Wargame ist heute

Heutzutage werden Schlachten auf komfortable Art geführt. Ein Cybersoldat sitzt in einem klimatisierten Gefechtsstand auf einem ergonomisch geformten Schreibtischstuhl. Kaffee und Kaltgetränke stehen gratis zur Verfügung. Der Drohnenpilot blickt auf einen oder mehrere Monitore. Mit der Hand bedient er einen Joystick, der eine Drohne steuert. Oben auf dem Joystick befindet sich ein Auslöseknopf. Per Druck ergeht an eine irgendwo in der Luft befindliche Drohne der Befehl, auf ein Gebäude, ein Fahrzeug oder eine Gruppe von Menschen zuzufliegen und einen Sprengkörper explodieren zu lassen. Das Ziel kann eine Hochzeitsgesellschaft sein, in der sich ein vermeintlicher Terrorist aufhalten soll. Mag sein, dass dieser getroffen wird, aber mit ihm die ganze Hochzeitsgesellschaft, darunter Frauen, Kinder und Greise, ein bedauerlicher Kollateralschaden. Der Soldat hat nur das getan, was „das System" als „das Beste" für Amerika vorgegeben hat. Cyberkämpfer, vielleicht sind es fürsorgliche Familienväter, arbeiten in vier Schichten an 24 Stunden pro Tag. Anschließend gehen sie in den verdienten Feierabend und vielleicht sonntags zur Kirche.

In unserem Beispiel hat der Drohnenpilot noch die Hand am Drücker. Er wird in seiner Funktion durch die KI maschinell ergänzt. Aber im Jahr 2030, so die Aussage von US-Militärs, ist der Mensch nur noch ein Störfaktor im Kampfgeschehen zwischen autonomen Systemen. Die USA wollen zwar die menschliche Oberaufsicht über das Kampfgeschehen beibehalten, aber wir schreiten unablässig auf die dritte Revolution der Kriegsführung zu. Erst kamen das Schießpulver und dann die Atomwaffen. Beide werden in den kommenden Jahren durch KI in autonomen Killerrobotern zu Lande, im Wasser, in der Luft und im Weltall ergänzt. Der Genauigkeit wegen sei erwähnt, dass die KI kein Waffensystem, etwa eine Rakete, ist. KI ist, wie der Verbrennungsmotor, eine Enabling-Technologie, die für viele Zwecke nutzbar ist. In der öffentlichen Diskussion stehen die sogenannten Killerroboter am Pranger, aber KI wird militärisch breit angewendet, etwa zur Bilderkennung durch Sensoren oder zur Steuerung von Drohnenschwärmen.

22.2 KI gegen KI, Killerroboter gegen Killerroboter

Was gestern noch Science-Fiction war, wird immer mehr Realität. Die Zukunft gehört den Hyperkriegen, solchen, in denen die KI schlachtentscheidend ist. Zukünftige Kriege werden mit Software gegen Software, Killerroboter gegen Killerroboter geführt. Diese Art von Robotern haben keine Hemmschwelle, keine Gefühle und keine Moral. Zugleich wird explosive Munition durch Laserwaffen auf Schiffen, Kampfjets oder Fahrzeuge ergänzt. Die US-Marine rüstet bereits Schiffe mit Laser-Kanonen aus.

Laserstrahlen sind auch die „Munition" von Weltraumwaffen, die immer mehr Einzug in das Portfolio der militärischen Großmächte halten. Zwar verbietet das sogenannte Blendwaffenprotokoll von 1995 den Einsatz von Laserwaffen, da diese eine dauerhafte Erblindung hervorrufen. Das aber wird der weiteren Entwicklung keinen Einhalt gebieten, denn KI-Laserwaffen sind ein lukratives Handelsgut. Mit KI bestückte konventionelle Waffen werden angeboten und nachgefragt, ebenso Mischform-Systeme, etwa durch die Begleitung von bemannten Panzern oder Kampfjets durch unbemannte Kampfroboter oder Drohnen. Der Bedarf scheint groß. Dafür sorgen auch das Mooresche Gesetz und der Preisverfall bei Digitalprodukten.

Militärs betonen das „Gute" an der KI in Waffensystemen. Es werden keine Funkfernverbindungen mehr benötigt, so dass keine Ausfälle oder Störungen zu befürchten sind. KI-Waffen können selbst dann noch zuschlagen, wenn die Kommunikationsnetze zerstört sind. Auch neutralisieren sie das Töten. Der Anblick eines Sterbenden, seine Schmerzensschreie und Gebete bleiben dem militärischen Scharfrichter erspart. Im Idealfall befindet sich der verwundete oder sterbende Feind sehr weit weg, etwa in Syrien oder Afghanistan. Hardcorekrieger sitzen in der „ersten Reihe" am Monitor und überzeugen sich vom vollendeten Exitus. Sie haben das Töten an Maschinen delegiert. Nicht sie sind die Täter, sondern das System, die Algorithmen, die Software, die Politiker.

Die KI-Fürsprecher übersehen, dass die Ausstattung mit KI-Waffen einen weiteren Effekt haben dürfte. Militärische Habenichtse würden mehr denn je zu asymetrischen Kampfformen greifen, um ihre Feinde, vor allem die USA und Israel, überhaupt noch treffen zu können.

22.3 Autonome und teilautonome Waffen

KI fand von Beginn an das besondere Interesse des Militärs. KI-basierte Kriegstechnik verbreitet sich sukzessive und immer präziser. Nach Schätzungen soll es 380 KI-Killersysteme geben, aber die vorliegenden Informationen sind widersprüchlich. Unabhängig von der genauen Zahl werden damit zusammenhängend völkerrechtliche Fragen gestellt und ethische Bedenken angemeldet, beispielsweise: Kann es nicht sein, dass KI-Waffen die Hemmschwelle für militärisches Eingreifen senken, weil deren Zielgenauigkeit Kollateralschäden minimiert? Wer trägt die Verantwortung für autonom agierende Waffen, wenn diese Kriegsverbrechen begehen? Was ist, wenn solche Waffen in die Hände von Terroristen gelangen?

Für KI-Waffen gilt eine Art Zweiklassensystem. Die Fachwelt unterscheidet zwischen autonomen (AWS) und automatisierten (teilautonomen) Waffen. Der Unterschied liegt im Grad menschlicher Beteiligung an der Funktion, beziehungsweise Bedienung.

Bei automatisierten Waffen ist zwar der Mensch beteiligt, aber ein Algorithmus hat die Wahrscheinlichkeit errechnet, ob es sich um einen Freund oder Feind handelt. Den Rest erledigt das System aus seiner Programmierung heraus. Das wiederholt sich in einer Endlosschleife, von Fachleuten als „decision loop" bezeichnet.

Autonome Waffen sind „reifer". Sie sind eher für den Kampf gegen ebenbürtige Gegner in der Luft, auf und unter dem Wasser und auf Land vorgesehen. Es gibt sie in vielen Arten und Größen mit unterschiedlicher

Bewaffnung. Sie sind dort nützlich, wo es um blitzschnelle Gegenschläge geht, beispielsweise darum, einen Angriff mit Hyperschallraketen abzuwehren. Menschliche Wahrnehmungs- und Denkprozesse wären zu zeitaufwendig. Brigadegeneral Gerald Funke berichtet, dass die deutsche Bundeswehr ein Interesse daran hat, „die Geschwindigkeit zu erhöhen." Sie müsse sich mit autonomen Waffensystemen beschäftigen, da man nicht weiß, was „die andere Seite" möglicherweise plant. Aber der Mensch bleibe bei autonom reagierenden Kampfsystemen „in the loop" versichert der sternebestückte Offizier. Statt einer Hellfire-Rakete könnte der Schuss aus einem G36 Sturmgewehr von Heckler&Koch bevorzugt werden. Ob der Mensch als eine Art „Systemteil", total eingebettet in den Maschinen- und Kriegsmechanismus, so selbstständig entscheidet, muss kritisch hinterfragt werden. Wenn der mit KI agierende Schütze die Überlegenheit der intelligenten Waffen anerkennt, dann muss er deren autonome Entscheidung akzeptieren, beziehungsweise bevorzugen.

Ob eine Waffe als autonom gilt, hängt weniger von ihr als solcher, sondern von ihrer Software ab. China hat seine Uraltpanzer vom Typ 59 mit KI-Steuerung ausgerüstet und sie damit autonom gemacht. Panzerbesatzung war gestern, Sensoren sind heute. Es scheint weniger auf die Hardware als auf die Software anzukommen. Letztere ist in vielerlei Systemen einsetzbar, im selbstfahrenden Killerroboter ebenso wie im Löschroboter. Auf den Zweck und das Ziel kommt es an.

22.4 Wehe die KI versagt

KI-Waffen sind dort nützlich, wo es um blitzschnelle Gegenschläge geht, beispielsweise darum, einen Raketenangriff abzuwehren. Menschliche Wahrnehmungs- und Denkprozesse wären zu zeitaufwendig. Doch die Schnelligkeit birgt Risiken in sich, wie selbst Militärs zugeben. Sie könnte dazu verführen, einen Schwarmangriff von verschiedenen Stellungen aus im Sinne eines Entwaffnungsschlages zu wagen. Schon die Möglichkeit eines gegnerischen Blitzangriffs könnte dazu verführen, einen präemptiven Angriff zu wagen noch bevor der Feind die eigenen Waffensysteme vernichtet. Bei autonomen Waffen kann es zu einem ähnlichen Phänomen kommen wie dem „Flashcrash" an den Börsen, wenn Algorithmen überreagieren. So wie beim hektischen Abstoßen von Aktien könnten autonom reagierende KI-Roboter aufeinander schießen und wirr reagieren. Es ist schwer vorstellbar, dass der Mensch solche „Blitzschlachten" verhindern oder kontrollieren kann. Eine übergeordnete Instanz, die ein Not-Aus verfügen könnte, fehlt.

KI-Maschinen sind in der Lage, sehr große Datenmengen zu sammeln, zu bearbeiten und sekundenschnell zu reagieren. Sie identifizieren selbstständig ihre Ziele, steuern sie an und korrigieren in Echtzeit ihre Funktionsabläufe. Irren ist nicht nur menschlich, es ist oft auch technisch, wenn diese abstruse Ausdrucksweise ausnahmsweise verwendet werden darf. Es kam wiederholt vor, dass die Radarsignale von Abwehrsystemen nicht einwandfrei identifiziert wurden. In komplexen, nicht eindeutigen Situationen reagierten KI-Systeme häufiger fehlerhaft, so auch der südkoreanische Kampfroboter Samsung SGRA, der an der innerkoreanischen Grenze installiert ist. Seine Fehlerquote lag weit über der von Menschen, am schlimmsten 2003, als die US-Streitkräfte ein britisches Kampfflugzeug als Feind deuteten und es abschossen. Kurze Zeit später passierte dieses genau umgekehrt. KI ist alles andere als unfehlbar, wie es die von Tesla-Autopiloten ausgelösten tödlichen Unfälle bewiesen. Man muss damit rechnen, dass die selbstlernende Software anders reagiert als programmiert und trainiert, etwa mit „Friendly Fire".

22.5 Teilautonom oder autonom?

Gegenwärtig sind es noch die teilautonomen Waffen, die die Arsenale der Armeen füllen. Die Fähigkeit zum vollautonomen Betrieb wurde vorsorglich implementiert. Der Übergang von teilautonomen zu autonomen Systemen ist fließend. Auf der Ständigen Abrüstungskonferenz der UNO konnten sich die Staaten auf keine Ächtung von KI Killerwaffen einigen, da die Abgrenzung zwischen „automatisch" und „autonom" nicht möglich war. Autonome Waffen erlebten in den letzten Jahren einen rasanten Aufschwung. Zu erwähnen wäre die 2018 vorgestellte unbemannte Wasserdrohne „Sea Hunter", die 60 bis 90 Tage lang in Realität Schiffe versenken spielen" kann. Sie ist das erste Exemplar einer sich autonom steuernden Marine, an der das Pentagon arbeitet. An die Stelle des Kommandanten ist ein KI-System getreten.

Ähnliches gilt für das Skyborg-Programm der US-Luftwaffe. Sie will bis

Ende 2023 den Prototyp eines unbemannten Kampfjets für Versuche unter Nutzung Künstlicher Intelligenz verfügbar haben. Skyborg wird von den Militärs als unpiloted aerial vehicle (UAV) gesehen, das bemannte Systeme ergänzt und dabei so billig ist, dass man auch Verluste im Einsatz akzeptieren kann, solange sie nicht überhand nehmen. Die Rede ist davon, „Masse in den Kampf" zu schicken, um auch bei Einsätzen gegen zahlenmäßig und technologisch fast ebenbürtige Gegner die Oberhand zu behalten. Wie autonom ein Skyborg im Zusammenspiel mit bemannten Kampfjets agieren soll, ist dabei noch Gegenstand von Untersuchungen. Insofern soll das Fluggerät auch eine Testplattform für die weitere Entwicklung von KI-Waffensystemen sein. Das Mantra, dass immer ein Mensch für tödliche Entscheidungen verantwortlich sei, wird dabei ständig wiederholt.

Nach einigen Vorarbeiten wurde nun eine Herausforderung an die Industrie herausgegeben, passende Konzepte vorzuschlagen. Die US Air Force will herausfinden, welche technologisch bereits weit fortgeschrittenen Systeme im vorgegebenen Zeitraum verfügbar wären.

KI befindet sich nicht nur in Drohnen, leichten und schweren Panzern, Kampfflugzeugen, Geschützen, Flugabwehrsystemen und anderem Militärgerät. Im November 2019 wurde bekannt, dass Microsoft die US-Armee zukünftig mit Augmented-Reality-Technologie ausrüstet. Diese ermöglicht interaktive 3D-Projektionen der direkten Umgebung. 100.000 Brillen soll der Konzern zum Preis von 480 Mio. liefern.

22.6 Globale Verbreitung von KI-Waffen

KI-Waffen erfreuen sich großen Interesses. Waffenexportierende Staaten wie Israel, China, Russland und die USA bieten weltweit ihre Produkte an. Ein Angebot schafft sich seine Nachfrage, lehrt das Saysche Theorem. Dabei wird nicht immer säuberlich zwischen Freund und Feind unterschieden, wie es 2019 der Verkauf des russischen Flugabwehrsystems S-400 an die Türkei zeigte.

Fast so, wie herabfließendes Wasser seinen Weg findet, finden auch Waffen und Munition einen Pfad hin zu potenziellen Interessenten. Das verfügbare KI-Wissen ist jeweils nur vorläufig. Dafür sorgt die Halbwertszeit des Wissens. Wie man weiß, verloren die USA sehr schnell ihr Monopol auf

Atomwaffen, und das nicht nur infolge von Spionage.

Als die Sowjetunion „abtakelte" tauchte vielfältiges militärisches Material auf dunklen Märkten auf. Arbeitslose UdSSR-Wissenschaftler boten weltweit ihr Wissen und Können an. Sie sorgten für den Wissenstransfer in andere Länder. Auch Privatunternehmen, die in totalitären Staaten zur Mitarbeit an Waffentechnologien verpflichtet werden, kommen als Zuträger in Frage. Vor allem Geheimdienste entwickeln eine rege Aktivität, um in den Besitz von Zukunftstechnologien zu kommen und Agenten zu rekrutieren.

KI-Waffen werden auf diesen und ähnlichen Wegen Einzug in die Militärarsenale dieser Welt finden. Man benötigt keine Plutoniumaufbereitung. Drohnen gibt es schon im Spielzeugformat. Es kommt darauf an, vorhandene Waffen beziehungsweise Gerätschaften, etwa Panzer und Kleindrohnen, mit KI-Technologie und passender Munition zu füttern und die Handhabung zu trainieren. Das bedeutet, dass in nicht allzu großer Ferne auch Terroristen mit KI umzugehen wissen. Hersteller, Waffenhändler und Strohmänner bieten ihre Ware und Dienste. Hier die wichtigsten „Einkaufsquellen".

Deutschland

Deutschland und Frankreich wollen von den USA, Russland und China nicht abgehängt werden und entwickeln das „Future Wombat Air System". Es handelt sich hierbei um ein integriertes System von Drohnen, Kampfflugzeugen, Satelliten sowie Kommando- und Kontrollflugzeugen. Die Kampfflugzeuge werden mit Tarnkappentechnik, einem adaptiven Vielseitigkeitstriebwerk (ADVENT), Netzwerkfähigkeit, möglicherweise auch mit Cyberkriegsfähigkeiten und mit Energiewaffen ausgerüstet sein.

Die Bundeswehr selbst setzt offiziell nur teilautonome Waffen ein, beispielsweise das Flugabwehrsystem „Mantis" in Mali. Dort sichert es Bundeswehrsoldaten im Camp Castor vor Luftangriffen der islamistischen Rebellen. Der für KI zuständige Brigadegeneral, Gerald Funke, schreibt schwurbelig unklar: „Für die Bundeswehr werden Systeme der Kleinen einen zunehmend wichtigeren Beitrag in vielen Teilbereichen leisten. Ein Einsatz ist insbesondere dort sinnvoll, wo durch die erst mit KI mögliche zielgerichtete Strukturierung von großen Datenmengen in nahezu Echtzeit die Effektivität in der Erreichung eines Ergebnisses oder die Effizienz in der Aufgabenerfüllung gesteigert werden kann."

Israel

Das Land nimmt mit seinen Drohnen und Killerrobotern weltweit eine führende Rolle ein. Um diese Position zu verteidigen blockiert es besonders vehement das UN-Vorhaben, Killerroboter zu verbieten. An der Grenze zum Gazastreifen patrouilliert ein autonomer Killerroboter namens „Guardium", der mit den verschiedensten Waffen bestückt werden kann. Raketen aus dem Gazastreifen werden seit 2011 mit Geschossen aus dem automatisch reagierenden Abwehrsystem „Iron Dome" abgefangen. Israels Harop Drohne kreist solange in der Luft, bis sie autonom ein Ziel ausgemacht hat, auf das sie sich in Kamikaze-Manier stürzt.

Russland

Im September 2017 erklärte Wladimir Putin: „Wer in der Sphäre der KI führend ist, der wird der Herrscher der Welt sein." Sein Reich kann mit seinem reichhaltigen Waffenangebot eine Waffenmesse fast allein bestücken. Aus dem Hause Kalaschnikow stammt die teilautonome Todesmaschine „Soratnik". Sie wird mit KI ferngesteuert, kann aber ihre Ziele auch selbstständig erkennen und angreifen. Dabei kommuniziert sie zeitgleich mit Begleitdrohnen und stimmt sich mit anderen Kampfrobotern ab.

Auch in anderen Bereichen hat Russland einiges vorzuweisen. 2019 wurde der Peresvet-Laser vorgestellt, der Drohnen, Raketen, Marschflugkörper und Flugzeuge abfangen soll. Laserwaffen bieten zwei elementare Vorteile:

1. Wegen ihrer hohen Geschwindigkeit kann das angepeilte Ziel weder ausweichen noch andere Abwehrmaßnahmen ergreifen;
2. Laser sind die einzige Waffe, die gegen Hyperschallwaffen einsetzbar sind. Allerdings benötigt der Laserstrahl eine direkte, nicht unterbrochene Linie zum Ziel. Vom Energiebedarf ganz zu schweigen.

Das Land arbeitet an einem bis 2025 dauernden Programm für die Militärrobotik. Laut Putin sollen die neuen Waffen US-Raketen zuverlässig abfangen können. Den gleichen Zweck verfolgt umgekehrt das Laser Weapon System der U.S.-Navy.[60]

USA

Zwölf Milliarden Dollar stellte das Pentagon 2015 für die Erforschung von KI-Waffen zur Verfügung. Ex-Präsident Trump erhöhte das Budget und erließ im Februar 2019 ein Dekret, um die Führungsrolle der USA im Bereich der KI einschließlich Militärtechnik zu festigen.

Aus dem großen Arsenal an KI-Waffen hier nur ein Beispiel der Innovationsfreude amerikanischer Waffenentwickler: Die Mikrodrohne „Perdix" wird in Massen aus Kampfflugzeugen abgeworfen. Der Schwarm kommuniziert miteinander und koordiniert den Angriff.

Laserwaffen sind weltweit im Trend und werden es noch stärker sein. Das Pentagon hat einen drohnengebundenen Laser entwickelt, der Menschen aus der Luft zweifelsfrei an ihrem Herzschlag identifiziert. Auch Fingerabdrücke, DNA und Netzhaut werden als Identifizierungsmerkmale genutzt, die jedoch Nähe voraussetzen. Der neue Laser, „Jetson" getauft, kann eine Person aus einer Entfernung von bis zu 200 Metern erkennen. Die kardiale Signatur, die bei jedem Menschen anders ist, wird selbst durch die Kleidung erkannt. Vorab ist aber dieses Problem zu lösen: Um eine Person zu erkennen, muss die Signatur irgendwo zugänglich gespeichert sein.

Leichter geht es mit der Gesichtserkennung, die aber bei Drohnenaufnahmen unbefriedigende Ergebnisse liefert. Wird die Drohne aber mit einem Distanzlaser ausgerüstet, ist es möglich, eine Person zweifelsfrei zu identifizieren und sie mit einer weiteren Drohne zu töten.

Die USA scheinen das zu beherzigen, was Russlands Präsident Wladimir Putin 2017 prophezeite: Wer das KI-Wettrüsten gewinne, werde die Welt beherrschen. Darum arbeiten sie an einer Strategie zur Sicherung des informationstechnologischen Vorsprungs. Zu diesem Zweck geht das Pentagon Kooperationen mit IT-Forschern und Unternehmen sowie den Tech-Riesen Google, IBM, Amazon und Microsoft ein. Generalleutnant Jack Shanahan, der als Chef des Join Artificial Intelligence Centers sämtliche KI-Projekte über 15 Mio. Dollar Anschaffungskosten prüft, begründet die Zusammenarbeit so: „Dort gibt es gerade einige der größten Talente der Welt... Für die meisten Probleme, die wir in der Vergangenheit entdeckt haben und in Zukunft entdecken werden, gibt es kommerzielle Anwendungen." Mit dieser Aussage schließt sich der militärisch-industrielle Kreis, denn viele dieser Anwendungen wurden mit Fördergeldern des Pentagons angestoßen oder unterstützt. Auch in anderen Ländern wird die KI im zivilen Zusammenhang entwickelt und ins Militär übertragen. Schon allein deshalb ist die weitere Entwicklung von KI-Waffen nicht aufzuhalten.

KI wird bei einem möglichen Konflikt zwischen den USA und China eine zentrale Rolle spielen, meint Shanhan: „In 20 Jahren treten Algorithmen gegeneinander an." [61]

Südkorea

Das Land entwickelte Killerroboter zur Sicherung der Grenze nach Nordkorea. Auf drei Kilometer Länge können eindringende Nordkoreaner ausgeschaltet werden. Länder wie Indien, Katar und die Vereinigten Arabischen Emirate bekundeten ihr Interesse an dieser Art „mobiler Selbstschussanlage".

China

China will bis 2030 zur führenden KI-Macht der Welt aufsteigen. Das Land hat eine leistungsfähige KI-Waffenschmiede eingerichtet und präsentiert der Welt seine Werkstücke, zuletzt im September 2019 die L.J-1, eine Roboterdrohne. Diese funktioniert nach dem „Loyal Wingman Konzept", etwa so: Kleine Drohnen, verstärkt mit zusätzlichen Raketen, begleiten bemannte Kampfflugzeuge. Dabei übernehmen sie Aufklärungsarbeit und ziehen feindliche Angriffe auf sich. Unter Umständen könnte sich die Roboterdrohne wie ein Kamikaze opfern, um die Pilotenmaschine zu retten. Der Begriff „Wingman", also Flügelmann, lenkt davon ab, dass sie autonom eingesetzt werden könnte, zumal sie über die oben beschriebene Kampfkraft der Stealth-Drohnen verfügt.

Mit Erstaunen und Interesse reagierte die Militärwelt 2018 auf Chinas Laser Satelliten. Das „Reich der Mitte" stellte eine Waffe vor, mit der man U-Boote unter Wasser aufspüren kann. Bisher war das auch mit Radarwellen nicht möglich. Mit dem neuen Laser ist es möglich, das Meer bis zu einer Tiefe von 500 Metern zu durchleuchten. Ganz nebenbei erfasst der Satellit wertvolle Daten über Meeresströmungen.

Auch chinesische Sturmgewehre, so das ZKZM-500, zielen mit Laserstrahlen auf Menschen und verbrennen diese in Sekundenschnelle. Militärs sprechen von einer modernen Version der Kalaschnikow.

Chinas Engagement in Indopazifik beunruhigt die USA. Angeblich hat das Reich der Mitte mit 350 Schiffen die größte Marineflotte der Welt. Dem wollen die USA mit „autonomen" Schiffen, U-Booten und Flugzeugen entgegentreten. Zu Killerrobotern kommen Killerschiffe.

22.7 Die Mär von den „humanen" Kriegen dank KI-Waffen

Militärs schwelgen in hohen Tönen, wenn sie über KI publizieren oder dozieren. Angeblich wird blutiges Gemetzel durch ballistische Präzision verdrängt. Die Todesrate in einem KI-Krieg sei geringer als bei konventionellen Schlachten. Auch werde das Leben der eigenen Soldaten geschont. Da KI-Waffen mit Sensor- und Erkennungssystemen ausgerüstet sind, können sie dank umfassender Informationen fundiertere Entscheidungen fällen als Menschen. Angeblich sollen sie Zivilisten von Soldaten und zivile von militärischen LKWs unterscheiden können. Das soll ethische Entscheidungen aus der Kampfmaschine heraus ermöglichen. Während Soldaten aus der Grausamkeit des Krieges heraus Wut und Hass empfinden und zu Grausamkeiten neigen, kämpfen autonome Waffen emotionslos. Sie erledigen ihren Tötungsauftrag ohne Rachegelüste, Mitgefühl, Moral oder Skrupel.

Als Beispiel für den „humanen" Charakter von KI-Waffen verweisen Militärs auf die „Ninja Bombe". Diese besitzt keinen Gefechtskopf, sondern tötet durch Klingen. Kurz vor dem Aufprall spreizt diese von einer Hellfire-Rakete transportierte Bombe sechs Messer ab, die alles im Ziel in Streifen schneiden. Die Rakete ist so zielgenau, dass sie gegen eine Einzelperson in einem Gebäude eingesetzt werden kann, ohne dass Kollateralopfer zu beklagen wären. Im Februar 2017 wurde mit ihr beziehungsweise der Ninja-Bombe der angebliche Al-Qaida Führer Ahmad Hasan Abu Khayr al-Masri getötet. Fotos zeigen das Einschlagloch der Rakete im Dach seines Autos, doch keine Spuren von einer Explosion.

Den Politikern und Militärs geht es, so die Beteuerungen, primär um den Schutz des eigenen Landes und seiner Bürger. Das war auch die Begründung des Staates Israel, warum er im März 2018 Drohnen gegen palästinensische Demonstranten einsetzte und dabei mindestens 15 Menschen tötete und 1500 verletzte. Für Israel war dieser Einsatz eine willkommene Gelegenheit, seine neu entwickelte Harpy NG Drohne zu testen. Sie gehört zum Typ der „Stealth Drohnen". Diese zeichnen sich durch lange Einsatzzeiten, hohe Geschwindigkeit, maximal mögliche Geräuschlosigkeit, Tarnfähigkeit und vertikales Aufsteigen aus. Daraus kann man auf eine offensive militärische

Verwendung schlussfolgern. Die Qualität dieser Drohne ist daran erkennbar, dass sich die deutsche Bundeswehr für den Einsatz dieser Art von Killerdrohen entschieden hat und ihre Soldaten von Israelis in Israel dafür trainieren lässt. Genau genommen handelt es sich bei diesem Waffentyp um eine Kombination aus Drohne und Rakete.

Im November 2012 erließ das Pentagon eine Richtlinie gegen den Einsatz automatisierter Waffensysteme, aber ohne ein eindeutiges Nein zu tödlichen autonomen Waffensystemen (Lethal Autonomous Weapon System) auszusprechen. Diese Richtlinie soll gewährleisten, dass alle Beteiligten beim Umgang mit KI- Waffen „ein angemessenes Maß an Urteilsvermögen und Sorgfalt walten lassen". Lucy Suchman, eine Expertin in Sachen KI und Kriegsführung meint sorgenvoll: „Ich befürchte, dass die Prinzipien Ethics-Washing sind. Das Wort „angemessen" ist offen für viele Interpretationen". Das aber sei so gewollt, betont Generalleutnant Jack Shanahan, denn Einschränkungen, die in einigen Jahren überholt seien, sollten vermieden werden. Gleichwohl sprach er sich gegen autonom agierende KillerRoboter aus.

22.8 Notwendiger Widerspruch und Gegenmeinungen

Mit ihrem Buch „Die Waffen nieder!" richtete die Friedensnobelpreisträgerin Bertha von Suttner 1905 den Appell an die Welt, das Recht auf Frieden völkerrechtlich anzuerkennen. Aber leider fand dieser keinen Widerhall. Die Welt erlebte 1914 bis 1918 und 1939 bis 1945 die grausamsten Kriege der Menschheitsgeschichte. Es fällt schwer zu glauben, dass zukünftige Kriege seltener und weniger schrecklich geführt werden, wie man es der besorgten Öffentlichkeit zu vermitteln versucht. Es wird wohl eher so sein, dass KI die Wahrscheinlichkeit kriegerischer Auseinandersetzungen erheblich steigert, schlimmstenfalls so sehr, dass es keine zukünftigen Kriege mehr gibt, da Atom-, Laser- und KI-Waffen das Potential hätten, die Menschheit zu vernichten. Selbst wenn es nicht soweit käme, wäre damit zu rechnen, dass die Großmächte mit Roboterarmeen versucht sein könnten, anderen Staaten gewaltsam ihren Willen aufzuzwingen, da nur noch Roboter und keine Soldaten die „Opfer" wären.

Schon 1899 forderte die Haager Friedenskonferenz im Kriegsfall den Schutz von Zivilisten. Man verabschiedete die sogenannte „Martens

Klausel": „In Fällen, die von den geschriebenen Regeln des internationalen Rechts nicht erfasst sind, verbleiben Zivilpersonen und Kombattanten unter Schutz und der Herrschaft der Grundsätze des Völkerrechts, wie sie sich aus den feststehenden Gebräuchen, aus den Grundsätzen der Menschlichkeit und aus den Forderungen des öffentlichen Gewissens ergeben." Gegen diesen völkerrechtlichen Grundsatz verstößt der Einsatz von Killer-Robotern, denn sie können nicht eindeutig zwischen Zivilisten und Angreifern unterscheiden und erst recht nicht die Konsequenzen ihres Handelns abschätzen.

Human Rights Watch schreibt 2013 in einem Bericht, dass autonome Waffen niemals in der Lage sein werden, das Kriegsrecht einzuhalten und die Menschenrechte zu berücksichtigen. Mehr noch: Gerade, weil die eigenen Soldaten durch robotische Waffen ersetzt werden, könnte das zu einem Krieg gegen einen anderen Staat verleiten.

Diese Sorge trieb im Mai 2018 viele Google-Mitarbeiter. Sie, die sich mit der KI am besten auskennen, protestierten gegen ein militärisches KI-Projekt. Sie befürchteten, dass die zu liefernde KI-Technologie der Beginn einer neuen Art von Kriegsführung sei, in der nicht mehr Menschen, sondern Maschinen entscheiden, wer und was bekämpft werden soll. Googles Konzernführung sah sich genötigt, den Auftrag an das Pentagon zurückzugeben. Den übernahm die Palantir Technologies AG (s. Kap. 15.3), dessen größter Anteilseigner der Deutsche Peter Thiel ist. Zeitgleich gab es auch bei Microsoft Proteste gegen KI-Projekte für das Militär. Aber die Konzernleitung bekräftigte ihre Treue zur Armee.

Facebooks KI-Chef Yann LeCun erklärte in einem Interview mit dem SPIEGEL: „Ich forsche nicht an Waffen und nicht an geheimen Projekten... Facebook hat eine ähnliche ethische Grundhaltung, deshalb arbeite ich dort gern."[62]

Im Juni 2018 erklärten mehr als 2400 Forscher und 170 KI-Unternehmen, sich nicht an der Entwicklung von autonom funktionierenden Waffensystemen zu beteiligen. In ihrem Versprechen heißt es unter anderem: „Wir Unterzeichner sind uns einig, dass die Entscheidung, ein menschliches Leben zu nehmen, niemals einer Maschine überlassen werden sollte." Und weiter: „Wir werden uns an der Entwicklung, Herstellung, dem Handel und der Nutzung tödlich autonomer Waffen niemals beteiligen oder dies unterstützen." Zu den Unterzeichnern gehörten Digitalgurus wie Tesla-Gründer Musk und Apple-Mitgründer Steve Wozniak.

Von vielen Organisationen und Institutionen wird ein völkerrechtlich verbindliches Verbot von Lethal Autonomous Weapons Killer-KI gefordert. Aber die USA, Russland, Großbritannien, Australien, Südkorea und Israel blockieren dieses Ansinnen. 30 Staaten, jedoch ohne die militärischen Hauptmächte, sprachen sich im Oktober 2019 auf der Genfer Konferenz zur Einhaltung des Kriegsvölkerrechts klar dafür aus (Stand Nov. 2019). 32 Staaten wollen sich nicht festlegen, unterstützen aber Verhandlungen. Deutschland und Frankreich schlängeln sich aus dieser Diskussion heraus, indem sie einen Verhaltenskodex vorschlagen, der für alle KI-Waffensysteme menschliche Kontrollen fordert. Sie meinen, autonome Waffen sind abzulehnen, teilautonome nicht. Deutschland spiele ein doppeltes Spiel und verhalte sich scheinheilig, lautet die Meinung der „Campaign to Stop Killer Robots" hierzu. Das bestätigte der deutsche Abrüstungsexperte Jürgen Altmann von der Universität Dortmund im Rahmen einer Anhörung des Unterausschusses Rüstungskontrolle, Nichtverbreitung und Rüstungskontrolle des Deutschen Bundestages im November 2019.

Jürgen Altmann fordert ein internationales, rechtlich verbindliches Verbot von autonomen Waffen. „Dazu wäre ein erhebliches Umdenken nötig, vor allem bei den Hauptnuklearmächten USA und Russland; die Kriegsverhinderung sollte Vorrang vor der Kriegsvorbereitung bekommen. Deutschland sollte dieses Umdenken fördern und in stimmiger Weise für ein AWS Verbot eintreten." (Stellungnahme von Dr. rer. nat. Jürgen Altmann in der öffentlichen Sitzung des Unterausschusses Rüstungskontrolle, Nichtverbreitung und Rüstungskontrolle des Deutschen Bundestages am 6. November 2019).

23. KI revolutioniert die Medizin

Die Medizin erfährt gegenwärtig einen KI-getriebenen Umbruch, an dem Universitäten, Kliniken, Unternehmen und Start-ups in aller Welt unter Hochdruck mitwirken. Zwar wird die KI unter vielerlei Gesichtspunkten argwöhnisch betrachtet, doch die Medizin gehört zu den Bereichen, in denen die KI ausnahmslos auf Zustimmung trifft.

Corona steigert das Tempo und die Verbreitung von Robotern im Medizinbetrieb. Facebook engagiert sich mit seiner KI-Kompetenz im Kampf gegen die Corona-Pandemie. Zusammen mit der Universität New York wurden regionale Vorhersagemodelle entwickelt. Krankenhäuser können so ihre Ressourcen besser planen, etwa Beatmungsgeräte, Atemmasken und Desinfektionsmittel.

Serviceroboter sortieren und verteilen Medikamente in der Krankenhausapotheke, sortieren Blutproben im Labor, untersuchen Rachenabstriche oder desinfizieren Kliniken. Sie können sich nicht infizieren, arbeiten rund um die Uhr, stecken niemanden an, bringen das Essen und Medikamente.

In der gesamten Bandbreite der Lebenswissenschaft stiftet KI großen Nutzen. In der Bioinformatik vereinen sich Medizin, Wirkstoffforschung, Genomik (Erforschung des Genoms in einer Zelle), Metabolomik (untersucht den Stoffwechsel in Zellen und Geweben), Transkriptomik (Analyse von Genen in Zellen), Pharmazie und Bildverarbeitung. Der Medizin- beziehungsweise Operationstechnik und der Pharmazie bieten sich neue Perspektiven. Fast täglich werden aus China, den USA und selbst aus Deutschland Erfolge über den Einsatz von medizinischer KI gemeldet, vor allem aus dem Bereich der maschinengestützten Analyse von Bilddaten. Doch diese Erfolge haben viele Mütter und Väter. Das, was im Bereich der medizinischen KI stattfindet, ist nicht nur eine Sache der Mediziner. Mit Medizin allein käme man nicht sehr weit. KI-Medizin ist per se ein interdisziplinäres Fachgebiet. Wer an Biosensoren, Medizinrobotern oder Medikamenten forscht, benötigt das Wissen und Können von Medizinern, Biologen, Chemikern, Informatikern und selbst von Maschinenbauern.

23.1 KI als diagnostisches Grundinstrument

In der Diagnostik zeigt sich die Stärke der KI. Ob Früherkennung von Darm- und Lungenkrebs oder Risikoeinschätzung, von Schlaganfällen oder Herzinfarkt, KI erkennt und weiß mehr als ein Facharzt, der zwecks diagnostischer Gewissheit zeitaufwendige Fallrecherche betreiben muss. Bei Darmspiegelungen erkennt ein KI-Koloskop anhand von 300 Einzelmerkmalen, ob eine bösartige Wucherung vorliegt. Bei 93 Prozent untersuchter Patienten erkannten japanische Gastroenterologen gutartige Geschwulste.

Jährlich trifft etwa 270000 Bundesbürger ein Schlaganfall. Deren Überlebenschance hängt u.a. davon ab, wie schnell Vergleichsdatensätze verfügbar sind, die dem Notarzt als Entscheidungshilfe für sein Handeln zur Verfügung stehen. Hierbei hilft KI. Ein KI-Computer sucht in Minutenschnelle tausende Datensätze nach vergleichbaren Schlaganfällen und spielt Handlungsoptionen durch, die dem Arzt Orientierung geben. Ein Computer versteht sich bestens darauf, wiederkehrende Muster zu erkennen. Das ist hier seine eigentliche Aufgabe.

Wird ein neuronales Netzwerk mit Daten aus elektronischen Patientenakten gefüttert, können Krankheitsmuster erkannt und konkrete Behandlungs-, beziehungsweise Medikationsstrategien vorgeschlagen werden. Der Arzt wandelt sich zum Dateninterpreten. Sein Berufsbild verändert sich. Data Science wird ein Teil seiner Ausbildung.

In jüngster Zeit fanden die nachfolgenden Meldungen das Interesse der Öffentlichkeit, insbesondere bei Journalisten, Medizinern und Patienten: Wissenschaftler des Heidelberger Krebsforschungszentrums und der dortigen Universitäts-Hautklinik schufen einen Algorithmus, der verdächtige Hautveränderungen eindeutig als Muttermal oder Melanom erkennt. In diesem Zusammenhang mussten 157 Dermatologen deutscher Universitäts-Hautkliniken 100 Bilder mit Hautveränderungen dahingehend beurteilen, welcher Art die erkannte Hautveränderung ist. Das Ergebnis: Nur sieben der 157 Hautärzte schnitten besser als die KI-Diagnose ab, 136 hatten schlechtere und 14 gleich gute Ergebnisse.

Krebs lässt sich sogar mittels KI-Schnüffeldiagnose feststellen. Der menschliche Atem enthält Stoffe, an denen man Krankheiten erkennen kann. Unsere Nase ist aber nicht empfindlich genug, um die vielen Stoffverbindungen im Atem wahrzunehmen. Hochempfindliche KI-Sensoren registrieren jene

Ausatmungsmoleküle, die auf eine bestimmte Krankheit hinweisen.

Covid-19 war 2020/21 das weltweite Hauptthema. Millionen Menschen wurden mit dem Virus infiziert, Hunderttausende starben daran. Als das Massachusetts Institute oft Technology bekannt gab, anhand absichtlichen Hustens das Virus mittels KI erkennen zu können, horchte die Öffentlichkeit auf. Mithilfe von 200.000 Ton-Aufnahmen von 70.000 Freiwilligen trainierten die Wissenschaftler einen Algorithmus darauf, zwischen dem Husten infizierter und nicht infizierter Personen unterscheiden zu können. Trefferquote 98,5 bis 100 Prozent. Rund 2.500 Tests ergaben ein positives Ergebnis, obwohl viele der Infizierten keine Symptome aufwiesen. Die Entdeckung macht sich Klangveränderungen des Hustens infolge der Virusinfektion zunutze. Die Klangveränderung wäre sogar mit einer speziellen App auf dem Smartphone feststellbar. Diese Art von Coronatest wäre jederzeit, überall, schnell, kostengünstig, ja fast problemfrei, anwendbar. In Japan und den USA wird an der Umsetzung dieser Idee gearbeitet.

Auch die menschliche Stimme enthält Informationen zum Gesundheitszustand eines Menschen. Unternehmen aus den USA, Deutschland und Israel bieten entsprechende KI-Programme an. Die Mayo-Klinik ermittelte anhand von Stimmaufzeichnungen bei Herzgefäßkrankheiten, dass bei diesen eine für Menschen nicht hörbare Frequenz mitklingt. Ein kanadisches Start-up will aus Veränderungen der Stimme eine Alzheimer-Frühdiagnose erstellen können. Amazon gar meldete im Oktober 2018 ein Patent an, mit dem Alexa nur durchs Zuhören eventuelle Krankheiten erkennen soll, um zugleich passende Produkte und Medikamente anzubieten. Weniger erfreulich ist, wenn Callcenter mit dieser Technik die Stimmung von Angerufenen einschätzen, um wirksamer verkaufen zu können. Noch unerfreulicher ist, wenn die Stimme von Bewerbern schon am Telefon ausgewertet wird, um ihre Depressionswahrscheinlichkeit festzustellen. KI generiert in einem zugleich gefährliches und nützliches Wissen.

Als besonders wertvoll erweist sich die medizinische KI für die Diagnose sogenannter „seltener Krankheiten", von denen man wenig weiß, außer man kann sich auf ein KI-Hirn wie IBMs Watson stützen, dessen Datenspeicher mit medizinischen Fachinformationen fast überquillt. Im Jahre 2016 erkannte Watson eine seltene Leukämie, die japanische Ärzte nicht zu diagnostizieren vermochten. In nur zehn Minuten glich das System von IBM den vorliegenden Fall mit 20 Millionen Krebsstudien ab und erkannte eine Leukämie, die bislang weltweit nur 41 Patienten betraf.

Pharmakonzerne ignorieren das Thema Seltene Krankheiten, da die Patientengruppe zu klein ist, um angemessene Profite zu erzielen. Umso rühmlicher ist es, wenn sich Forscher der Universitätskliniken Berlin und Bonn mit Hilfe von KI des Problems annehmen. Sie erkannten, dass bei bestimmten Erkrankungen, so beispielsweise beim Mabry-Syndrom, Veränderungen im Gesicht der Patienten auftreten. Die für ihre Forschung eingesetzte Software hatte man mit 30000 Porträtbildern von Menschen „trainiert", die an seltenen syndronalen Erkrankungen litten. Anhand von Patientenfotos konnte das Programm sehr schnell einen genauen Abgleich mit den gespeicherten Bildern vornehmen und diagnostische Aussagen treffen.

Chinesische Wissenschaftler der Guangzhou Medical University haben ein KI-Diagnosesystem entwickelt, das Krankheitsprognosen von Kindern und Jugendlichen erstellt. Auf der Grundlage von 1,4 Millionen Daten und 101,6 Mio. Datenpunkten dieser Altersgruppe erstellte das Programm Diagnosen und Therapien, die sich im Vergleich mit jungen, unerfahrenen Ärzten als zuverlässiger erwiesen. Besonders gefährdete Personen und sehr seltene Krankheiten wurden erkannt.

Die viel gescholtene Gesichtserkennung wird von der KI-Medizin rehabilitiert. Seltene Generkrankungen bei Kindern lassen sich anhand der Kopfform oder Augenstellung erkennen. Dabei werden Gesichter vermessen und mit den Werten aus einer Datenbank abgeglichen.

Auch Chatbots bekommen ein positives Gepräge, denn sie können einen Psychotherapeuten vertreten, dessen Warteliste keinen Raum für neue Patienten bietet. Die Technik basiert auf der kognitiven Verhaltenstherapie. Patienten mit Symptomen von Depression können mit einem durch KI gesteuerten Chatbot kommunizieren. Dieser erkundigt sich nach dem Befinden, erteilt Ratschläge und steht rund um die Uhr für „Gespräche" zur Verfügung. Nach einer amerikanischen Studie soll es zu einem Rückgang von Depressionen nach regelmäßiger Interaktion mit dem Chatbot gekommen sein. Solche Chatbots, beispielsweise Ada Health, Babylon, Bouy und Your MD sind für viele Krankheiten über Android und Apple frei verfügbar.

Ob eine Depression vorliegt, ist mittels KI feststellbar. Forscher des MIT stellten 2018 eine Software vor, die aufgrund von gesprochenen oder geschriebenen Texten eine Depression mit einer Trefferquote von 83 Prozent diagnostizierte. Mit derselben Trefferquote wagten auch Forscher der Mount Sinai School of Medicine eine Aussage darüber, ob Jugendliche in den nächsten zwei Jahren an einer Psychose erkranken. Sie meinten, dieses anhand unorganisierter Gedankengänge, umständlicher Formulierungen, unklarer Assoziationen oder reduzierter Sprachkomplexität zu erkennen.

Die Volkskrankheit Grippe wird zukünftig mittels Bewegungsanalyse des Smartphones schon im Vorfeld erkannt. Forscher des Bostoner MIT entwickelten einen Algorithmus, mit dem vorhergesagt werden kann, ob der Träger am nächsten Tag erkrankt.

Smartphones lassen sich mit vielen Sensoren bestücken, die Rückschlüsse auf unseren gesundheitlichen Zustand ermöglichen. Ihre Nutzung setzt ein unvoreingenommenes Verhältnis zur Datennutzung voraus. Mit der vierten Version der Apple Watch lässt sich bereits ein einfaches Elektrokardiogramm durchführen. Wenn Ärzte es verständen, die Daten auszulesen, wäre das ein großer Schritt hin zu einer noch präziseren Diagnostik. Es ist sichtbar, dass Apple den globalen Megatrend Gesundheit zum Lifestyle machen will. Dem dient u.a. die App „Health", die Apple mittels angeschlossener Zusatzapps zur Datenzentrale für Gesundheit ausbauen will. Wohl darum ist es nicht möglich, die App zu löschen.

In der Radiologie hat die KI ein weites Einsatzfeld. Hier hat sie sich schnell durchgesetzt. Sie erleichtert die Bildinterpretation. Bei einem Tumor liefert ein gängiger Computertomograf pro Patient mehr als 1000 Aufnahmen, die der Radiologe bewerten muss. Man darf hier wohl von diagnostischer Plackerei sprechen, bei der Konzentrationsverlust droht, da die Aufmerksamkeitsspanne des Menschen begrenzt ist. Hinzu kommt, dass Tumore irreguläre Gebilde sind, deren Vermessung mit Unsicherheiten behaftet ist. Hier kann KI Abhilfe leisten.

Das weiß auch Google und treibt die Bilderkennung vehement voran. In nicht allzu ferner Zukunft wird sich der Radiologe, wenn keine Auffälligkeiten gemeldet werden, gar kein Bild mehr anschauen müssen. Wie man liest und hört, soll die Radiologie vor allem bei jüngeren Medizinern an Attraktivität gewonnen haben.

Im Bereich der pharmazeutischen Forschung trägt KI dazu bei, die analytischen Vorgänge in der Medikamentenentwicklung effizienter zu gestalten, geeignete Zielproteine zu finden, die Eignung von Molekülen vorherzusagen, Biomarker und geeignete Testpersonen zu finden. Ein Ausrüster medizinischer Labore, die Sartorius AG, entwickelt gemeinsam mit dem Deutschen Forschungszentrum für KI Methoden, um die Entwicklung und Produktion von Biopharmazeutika im Computer abzubilden und zu simulieren. Immer seltener werden Chemikalien und Reagenzgläser benötigt, denn die meisten Versuche finden virtuell am Rechner statt. Das spart Entwicklungszeiten und Kosten in der Pharmaforschung.

23.2 Diagnose und Therapie mit Digitalen Zwillingen

Das Optimum medizinischer KI wäre erreicht, wenn es ein System von Algorithmen gäbe, das alle Daten eines Menschen zu Genetik, Körper, Ernährung, Beruf, Psyche, Intelligenz, Sozialverhalten und Bewegung analysiert, diese in Beziehung setzt und daraus individuelle Gesundheitsempfehlungen ableitet. Eine digitale Körperlichkeit könnte zu mehr Gesundheit verhelfen. Hiervon ausgehend entstanden Gedanken in Richtung eines Digitalen Zwillings.

Die Digitalriesen arbeiten bereits mit Digitalen Zwillingen, um Manipulationsmöglichkeiten zu eruieren. Sie schaffen auf der Grundlage der gespeicherten Persönlichkeitsprofile eine digitale Kopie eines Menschen und testen an dieser Reize und Reaktionen. Im Grunde passiert hier das, was Ratten im Versuchslabor widerfährt.

Im medizinischen Kontext kann eine solche Kopie Schmerzfreiheit, Gesundheit und Langlebigkeit bewirken. Sie ist Grundlage einer personalisierten Medizin beziehungsweise maßgeschneiderten Therapie. So könnte ein Arzt am Computer simulieren, welcher Wirkstoff eines Medikaments dem digitalen Zwilling am ehesten hilft. Er sichert so eine Therapieentscheidung zugunsten eines realen Patienten ab. Mittels virtueller Simulation lassen sich Nebenwirkungen reduzieren und fragwürdige Operationen vermeiden. An der Universitätsklinik Heidelberg wurde vom Herzen eines Patienten ein digitaler Zwilling erstellt. Weitere Organe befinden sich in der Entwicklung.

Der virtuelle Zwilling eignet sich auch für eine Zweitmeinung oder als Ernährungsberater für Leistungssportler. Die Simulation empfiehlt eine passende Wettkampfkost. Wenn eines Tages von jedem Bürger eine digitale Kopie existierte, wären klinische Studien an diesem Millionenheer virtueller Doppelgänger durchführbar, ohne dass jemand zu Schaden käme. Aber ethische und datenrechtliche Bedenken werden diese revolutionäre Idee schon im Vorfeld zunichte machen. Es sei an den Fall der Genschere des chinesischen Wissenschaftlers He Jiankui erinnert, mit der 2018 der erste gentechnisch veränderte Mensch geschaffen wurde. Das Forschungsziel bestand darin, Erbkrankheiten auszumerzen und eine Art vorgeburtliche Impfung zu entwickeln. Ein Sturm der Entrüstung brach los.

23.3 Die Rolle des Silicon Valley: Gesundheit durch KI

Die hier beschriebenen Erfolge der KI-Medizin sind spektakulär. Erfreulich, dass die jüngere Generation noch Nutznießer des medizinischen Fortschritts sein wird. Was kommt als nächstes? Und woher kommt es? Wer Antworten erwartet, muss den Blick nach Ost und West richten. Im Osten ist es vor allem China, das seine traditionelle Medizin, etwa Akupunktur und Qi Gong, mit KI ergänzt. Wir wissen wenig über das, was sich in den Forschungslaboren von Alibaba, Tencent oder Huawei tut, aber es ist gewaltig. Sprachbarriere und Geheimniskrämerei erschweren die publizistische Recherche. Im Westen ist es das Silicon Valley, in dem Google, Microsoft, Facebook & Co neben einer Heerschar von medizinisch ausgerichteten Start-up-Pionieren medizinisches Digitalgold fördern. Wem das Geld fehlt, dem steht insbesondere bei diesem Thema Wagniskapital in ausreichender Menge zur Verfügung. Medizinorientierte Geschäftsfelder versprechen traumhafte Renditen.

Das Interesse des Silicon Valley an der Medizin ergibt sich aus dem Vorhandensein riesiger Datenmengen, die in der biologischen Welt gewonnen und nur digital verarbeitet werden können. Wer an Viren forscht, nutzt dazu u.a. digitale Modelle. Die Forschungsgeschwindigkeit vervielfacht sich und die Ergebnisse werden besser. Das betrifft insbesondere die Genetik, die sich zu einer digitalen Wissenschaft entwickelt hat. Nur mit digitaler Technik kann man den drei Milliarden Basenpaaren des menschlichen Genoms auf die Fährte kommen.

23.4 Auch Google ist dabei

Genanalysen sind die Grundlage einer auf das Individuum abgestimmten Therapie. Man kann damit rechnen, dass schon in einigen Jahren der Behandlung eines Patienten eine Genomanalyse vorgeschaltet wird, um dessen Erbgut (Gene) auszulesen und nutzbar zu machen. Der digitale Körper wird neben den realen treten. Er hilft dem Arzt, den Körper eines Patienten besser zu verstehen und die Wirksamkeit von Behandlungsalternativen einzuschätzen. Es geht aber nicht nur um Therapien, sondern um den Erhalt von Gesundheit und die Prävention. Hier liegen die relevanten Ersparnispotenziale. Google schreitet mal wieder voran. Schon 2015 schuf der Konzern eine eigene Forschungsgesellschaft, die mit einer Milliarde Dollar angeschoben wurde. Wissenschaftler der ersten Garnitur wechselten zu „Verily", so der Name des wie eine Uniklinik ausgestatteten Forschungsunternehmens.

Google zielt auf den 50-Milliarden Dollar-Markt für Humaninsulin. Mit einer Kontaktlinse für Diabetiker erwarb der Konzern schnell Beachtung und Anerkennung. Diese Kontaktlinse kann den Zuckerspiegel der Tränenflüssigkeit messen und ersetzt so andere Messungen. Herzerkrankungen sind ein neuer Forschungsschwerpunkt. Im Rahmen dessen sammelt Verily alle nur denkbaren Biodaten von 10000 mit Sensoren und Messgeräten ausgestatteten Testpersonen.

Der Mensch wird kartografiert. Man will eine Antwort auf die Frage: Was ist ein gesunder Mensch? Wenn man das weiß, lassen sich digitale Frühwarnsysteme für Ärzte und Patienten erstellen. Es kommt darauf an, Krankheiten, insbesondere Krebs, rechtzeitig zu erkennen, um Heilungschancen zu verbessern.

Vorbeugen ist besser als heilen. Diese Binsenweisheit beherzigen viele der medizinischen Digitalpioniere. Sie wissen, die Chancen für eine KI-basierte Medizin liegen nicht in der Behandlung, sondern in der Diagnose. Blut spielt hierbei eine wichtige Rolle, da sich Karzinome hier schon frühzeitig feststellen lassen. Neue Technologien zur schnellen und billigen Analyse von Erbgut machen Blut zum Indikator von Krebserkrankungen. Von dieser Erkenntnis ausgehend entwickelt das finanziell gut gepolsterte Start up „Grail" einen DNA Test, der Krebs präzise voraussagen soll. 120000 Frauen haben sich Blut abzapfen lassen, um frühe DNA-Signaturen von Brustkrebs herauszufiltern. Eine Milliarde Dollar Wagniskapital stecken in diesem Unternehmen. Geldgeber sind u.a. Google, Bill Gates und Amazon-Gründer Jeff Bezos. Eine Gruppe von Geldgebern hat 110 Millionen Dollar in das Unternehmen Thrive Earlier Detection investiert, das an der gleichen Idee arbeitet. Dieses ist aber nur eines von mehreren Start-ups, die an Blutscreeningkonzepten arbeiten.

23.5 Auch Facebook ist dabei

Facebook ist auch von der medizinischen Goldgräberstimmung befallen. Der Konzern finanziert mit 600 Millionen Dollar ein Forschungszentrum, das sich dem Aufbau eines „menschlichen Zellatlas" widmet. Auch hier soll der menschliche Körper datafiziert werden, um die Entwicklung von pharmazeutischen Innovationen zu ermöglichen. Marc Zuckerberg und dessen Frau, eine Kinderärztin, wollen drei Milliarden Dollar bereitstellen. „Wir glauben nicht an unmöglich" lautet der Leitspruch des auf den Namen „Biohub" getauften Forschungszentrums. Das Arbeitsziel ist ein „universeller Diagnosetest für jede Art von Infektionskrankheit". Die beteiligten Wissenschaftler kommen gleich aus der Nachbarschaft, von der Stanford University, der amerikanischen Zentralinstanz für KI, der Stätte, an der die Google-Gründer Larry Page und Sergey Brin promovierten und Hewlett-Packard gegründet wurde. Diese Brutstätte für Start-up-Gründungen ist eng mit dem finanziellen Machtzentrum des Silicon Valley verbandelt, den Wagniskapitalgebern gleich hinter dem Uni-Campus. Dort liest man besonders gern die Businesspläne von Unternehmensgründern, die biotechnologische Problemlösungen beinhalten. Geht es um Biomarker, die Verbindungen zum Alterungsprozess aufzeigen, öffnen sich die Ohren und Portemonnaies der Wagniskapitalisten besonders weit. Diese wissen, dass der Markt für KI im Gesundheitswesen mit einer Zuwachsrate von mehr als 50 Prozent bis 2025 von zwei Milliarden auf 36 Milliarden Dollar steigen wird. Nicht der Forschergeist treibt die Entwicklung, sondern letztendlich der Profit. Profit is the name of the game, besonders im Silicon Valley. Es ist zu hoffen, dass die KI zu keiner Zweiklassenmedizin führt.

Viele Silicon Valley-Firmen forschen über das Thema Alterung. Es ist ein häufiger Gesprächsstoff der führenden Köpfe in KI-Unternehmen. Diese sehen im Körper ein Informationsverarbeitungssystem, das kontrolliert und gesteuert werden kann, wenn man seine Elemente und Abläufe kennt. Mit zunehmendem Alter verstopfen die Arterien, sterben Gehirnzellen ab, schwinden Muskeln und erlahmen die Motoren in den Zellkernen. Inspiziert, wartet und erneuert man den menschlichen Leib, sozusagen das körperliche Betriebssystem, fördert das die Gesundheit und die Lebensdauer. „BioAge" und „Unity Biotechnologie" sind zwei von vielen Unternehmen, die sich dieses Themas angenommen haben. Jeff Bezos, Großinvestor Peter Thiel und andere Kapitalgeber sind von dieser Idee so sehr überzeugt, dass sie sich mit 130 Millionen Dollar beteiligten. Die Megareichen ahnen die Goldminen.

Viel Geld fließt in die Vision, Gehirnimplantate zu konstruieren. Hier tummeln sich Start-ups, aber auch die großen Platzhalter im Silicon Valley. Das Pentagon beteiligt sich mit 65 Millionen Dollar an den Forschungsarbeiten. Den größten Teil hiervon erhielt „Paradromics", ein kleines Start-up am Ende des Tales. Das Geld wird benötigt, um ein knopfgroßes implantierbares Gehirnmodem mit einem turboschnellen Datenlink zwischen Mensch und Computer zu entwickeln. Diese Art „Breitbandanschluss für das Gehirn", so der Spiegel Redakteur Thomas Schulz, soll ein Gigabyte Daten pro Sekunde verarbeiten und eine Million Neuronen zeitgleich „lesen". Das Forschungsziel: Reparatur beschädigter Sinne.

Elon Musk, Amerikas Innovations-Tausendsassa, darf hier nicht fehlen. Er will das Gehirn direkt mit dem Smartphone verbinden. So könnten gelähmte Menschen Nachrichten schreiben und diese gegebenenfalls direkt aus dem Kopf versenden. 100 Mitarbeiter seiner Firma Neurolink arbeiten an dieser Aufgabe, mit der auch verletztes Nervengewebe überbrückt werden könnte, sodass Gelähmte wieder laufen könnten. Die notwendige Hardware besteht aus einem im Schädel implementierten Gerät mit einem Durchmesser von 23 Millimetern bei 8 Millimetern Dicke. „Ich denke, in der Zukunft wird man Erinnerungen speichern und wiedergeben können", prophezeit der Visionär. Mit der KI verbindet sich die Hoffnung, dass Medizin nicht nur besser, sondern auch wieder bezahlbar wird. In einer europaweit durchgeführten Studie hat die Unternehmensberatung Price Waterhouse Coopers gewaltige Sparpotenziale ermittelt, etwa 90 Milliarden Euro bei der Fettleibigkeit von Kindern, acht Milliarden bei Altersdemenz und 75 Milliarden beim Brustkrebs. Der Weltmarkt für medizinische KI-Anwendungen wächst jährlich um 40 Prozent und wird bis 2021 ein Volumen von 6,7 Milliarden Dollar erreichen. Siemens Healthineers ist mit mehr als 40 KI-basierten Angeboten beteiligt.

Amazon will in diesem Veränderungsprozess nicht abseitsstehen. Der Konzern plant einen Angriff auf Apotheken und Drogerien. Man bedenke, Apotheken realisieren die höchsten Renditen im Einzelhandel, in Deutschland etwa 12 Prozent.

23.6 Auf die Daten kommt es an

Die Leistungsfähigkeit der KI wird in der Regel den Algorithmen zugeschrieben. Diese sind aber nur die halbe Miete. Es bedarf ausreichender Daten, um die Algorithmen auf Touren zu bringen. Ausreichend heißt vier-, fünf-, sechs- und sogar siebenstellig. Solche Mengen sind in China und den USA eher verfügbar als in Deutschland mit seinem strengen Datenschutzgesetz. Deutsche Forscher bräuchten wesentlich mehr Gesundheitsdaten, als ihnen gegenwärtig zur Verfügung stehen. Aber auch Pharmaunternehmen, Marktforschungsinstitute und Werbeunternehmen könnten sie gut gebrauchen. Wer hat Priorität? Deutschland will zugleich Vorbild in Sachen Datenschutz und ein maßgeblicher KI-Player sein. Daraus resultiert eine Quadratur des Kreises, die der Hemmschuh für den weiteren Fortschritt der KI-Technologie ist.

Um Nutzen zu stiften, müssen Daten verfügbar und einsehbar sein. Hierbei könnte die Selbstvermessung unter dem Schlagwort „Quantified Self" mit Hilfe von Wearables Nutzen stiften. Dieser liegt u.a. darin, dass nicht nur Daten von kranken Menschen verfügbar gemacht werden, sondern ebenso von gesunden.

An der Universität Stanford wurde 2018 eine KI vorgestellt, die mit einer Wahrscheinlichkeit von 90 Prozent aufgrund der Datenlage eine Aussage darüber macht, ob unheilbar kranke Patienten innerhalb der nächsten drei bis 12 Monate sterben werden. Die dafür notwendige Datenmenge lag bei mindestens 10000. Das zeigt, wie unabdingbar Daten für den medizinischen Fortschritt sind.

Auch Publikationen sind für den medizinischen Fortschritt wichtig. Weltweit erscheinen pro Tag 6000 medizinische Fachartikel. Um diese einsehen zu können, bedarf es medizinischer Datenbanken mit intelligenten Algorithmen, die zu relevanten Artikeln und Büchern führen oder auch Zusammenfassungen erstellen, natürlich vollautomatisch. Um das zu leisten, hat Microsoft eine riesige KI-unterstütze Datenbank mit medizinischen Studien aufgebaut, die Ärzten bei der Diagnose hilft. Datenschnüffler Google hat eine Einheit aufgebaut, die die ständige Vermessung und Verbesserung unserer Gesundheit bezweckt und die gewonnenen Daten vermarktet.

Ein deutsches Start-up ist in die Fußstapfen von Microsoft und Google getreten. In Eschborn bei Frankfurt/M. steht eine hochspezialisierte Suchmaschine für die Gesundheitsbranche, eine Art Super-Google, die das Profiwissen auf der ganzen Welt aufspürt. Innoplexus, so der Name, ermöglicht es, aus voluminösen Datenmengen Informationen ruckzuck zu schöpfen, ohne auf teure Fachleute angewiesen zu sein, die monatelang Daten suchen und mühsam auswerten.

Vom Datenschutz ist es nicht weit bis zu ethischen Fragestellungen. Es ist damit zu rechnen, dass sich die Kirche querlegt, wenn Bio-Informatiker im Verbund mit Neuro-Wissenschaftlern und Palliativärzten im Grenzbereich von Leben und Tod forschen. Die Medizin erfährt gegenwärtig einen von KI-getriebenen Umbruch, an dem Universitäten, Kliniken, Unternehmen und Start-ups in aller Welt unter Hochdruck mitwirken. Zwar wird die KI unter vielerlei Aspekten argwöhnisch betrachtet, doch die Medizin gehört zu den Bereichen, in denen die KI fast ausnahmslos auf Zustimmung trifft.

24. KI in China: Erfolg und Abschreckung zugleich

So um 1950 herum gab es einige wenige kluge Köpfe, die so etwas wie die KI vorausdachten. Siebzig Jahre sind seitdem vergangen. Es ist ein ökonomischer und politischer Kampf um die strategisch bedeutsame KI-Führerschaft entbrannt. Manche sprechen von einem KI-Rüstungswettlauf, der bedeutsamer sei als der derzeitige Handelskrieg zwischen China und den USA. Keine die großen Nationen der Welt kann es sich erlauben, den Anschluss zu verlieren. Zwar ist Europa in diesen Krieg involviert, aber es ist kein ernstzunehmender Konkurrent bei den KI-Schlüsselanwendungen.

24.1 Patente als Erfolgsmaßstab

Wladimir Putin meint, wer in der KI-Technologie die Führung übernimmt, wird die Welt beherrschen. Zwar schreitet auch Russland in der KI-Technologie voran, aber wahrscheinlicher ist, dass China um 2025 herum den weltwieten KI-Wettlauf noch vor Amerika gewinnt. Das offizielle China nennt das Jahr 2030. Die Randbedingungen stimmen. 48 Prozent der weltweiten Investments in KI wurden 2017 von den Chinesen getätigt, in den USA nur 38 Prozent. 2015 meldeten die USA noch 1489 KI-Patente an (letzte aktuelle Zahl), aber China ist ihnen mit 740 Patenten auf den Fersen. Dabei ist zu bedenken, dass China nur einen kleinen Teil seiner international geltenden Patente anmeldet, denn mit jeder Patentanmeldung wird ein Stück Strategie offengelegt, worüber sich Mitbewerber freuen. Bei inländischen Patentanmeldungen ist China weltweit führend.

Das Baseler Wirtschaftsforschungsinstitut EconSight hat eine Rangliste der „Weltklassepatente" im Bereich der KI erstellt. Nach dieser Liste führen die US-Giganten. Nur drei europäische Konzerne haben es unter die besten 50 Unternehmen gebracht, Philips (14), Siemens (13) und Roche (46). Auch insgesamt dominieren amerikanische Unternehmen im KI-Bereich: Sie besitzen 60 Prozent der Weltklassepatente. Dabei halten amerikanische

Unternehmen auch Patente in anderen Ländern. So gehören beispielsweise 47 Prozent aller in der EU erfundenen Patente amerikanischen Firmen. „Damit halten die US-Unternehmen mehr Weltklassepatente in KI in Europa als die Europäer selbst", kommentiert EconSight Geschäftsführer Kai Gramke.

Deutschland schaffte es auf 140 Patente. Amerika ist in der Fahrzeugtechnik, in der Medizintechnik und bei Robotern führend. China dominiert in der Sprach- und Bilderkennung. Nur bei der Forschung liegen die Chinesen noch zurück. Während die USA 78.000 KI-Forscher aufweisen, kommt China nach eigenen Angaben gerade auf die Hälfte. Von den weltweit 2.500 KI-Unternehmen haben 43 Prozent ihren Sitz in den USA, aber nur 23 in China.

24.2 Publikationen, Institute, Universitäten

Momentan zieht China mit der Menge seiner KI-Veröffentlichungen an Europa vorbei. Nach dem KI-Index des Wissenschaftsverlages „Elsevier" liegt China mit 25 Prozent nur noch drei Punkte hinter Europa, aber acht Punkte vor den USA. Doch bei den Durchbruchinnovationen hinken die Chinesen hinterher, so das Ergebnis der weltweiten Association for the Advancement of Artificial Intelligence (AAAI). Das mag mit daran liegen, dass sich die Chinesen auf das Maschinelle Lernen für Mustererkennung und statistische Analyse konzentrieren. Dabei handelt sich aber nur um einen Teilbereich der Künstlichen Intelligenz.

Im Pekinger Stadtteil Zhongguancun haben sich mehr als 400 KI-Firmen angesiedelt. Es wird als das Silicon Valley Chinas bezeichnet. Ebenfalls in Peking wurde im November 2018 der 34 Hektar große Haidian-Park in einen digitalen Erlebnispark umgewandelt. Etwa 1,2 Millionen Touristen besuchten seither diesen Park.

China verfügt über 17 der 20 weltweit besten Universitäten und Institutionen, die sich mit KI beschäftigen. Sie erfahren eine großzügige staatliche Förderung und profitieren vom laxen Datenschutz. Auch haben sie Zugriff auf überquellende Datenbestände, von denen die IT- Forscher Deutschlands mit den Daten von nur 80 Millionen Einwohnern kaum zu träumen wagen.

Datenschutz ist ein zwiespältiges Thema, denn Daten sind von essentieller Notwendigkeit für die KI-Forschung. Konkrete Projekte erfordern personenbezogene Daten. Daraus resultiert ein Konflikt mit dem Datenschutz. China löst ihn mit einer Strategie der späteren Regulierung, so zumindest die offiziellen Verlautbarungen. Zunächst wird Firmen und Forschern freier Lauf gelassen. Regulierungen sollen später folgen. Westliche Unternehmen klagen über die Beschneidung ihrer Möglichkeiten durch Datenschutzverordnungen und die Benachteiligung gegenüber ihren chinesischen Konkurrenten. Achim Berg, bitcom-Präsident, nennt den deutschen Datenschutz ein regulatorisches Korsett. Noch deutlicher äußert sich der ehemalige Präsident von Google China, Kai Fu Lee: „Europa sollte klar sein, dass es sich aus dem KI-Wettbewerb verabschiedet, indem es eine so hohe Priorität auf die Privatsphäre legt."[63]

24.3 Sino-nationaler KI-Hype

Bei Superrechnern konnte das Reich der Mitte die USA im Verhältnis 168 zu 159 überflügeln. Im Dezember 2020 meldeten die Agenturen, dass chinesische Wissenschaftler einen Quantencomputer entwickelt haben, der 10-Milliarden-Mal schneller rechnet als der von Google 2019 vorgestellte Quantencomputer. Das System erledigt in 200 Sekunden Rechenarbeit für die 2,5 Milliarden Jahre benötigt würden. Solche Superrechner sind notwendig, um KI-Programme zu entwickeln. Mit diesem Rechner hat China den Sprung in die Quanten-Computing-Technologie geschafft. Das ermöglicht Durchbrüche in vielen anderen Bereichen. Es gibt jedoch noch einen großen Haken: Das chinesische Jiuzhang-Quantensystem ist noch nicht programmierbar. Insofern ist Jiuzhang eher ein Quantensimulator als ein vollwertiger Quantencomputer.

Bis 2020 wollen die Chinesen mit einem Fünftel an der Weltproduktion von Chips beteiligt sein. In der Halbleiterproduktion liegen die Chinesen mit vier Prozent an der globalen Produktion zurück, während Amerika rund die Hälfte des weltweiten Angebots produziert. Halbleiter sind für KI-Anwendungen unerlässlich. Für Peking hat KI die gleiche Bedeutung wie die Elektromobilität, der Solarsektor oder das Hochgeschwindigkeitsnetz einschließlich der Neuen Seidenstraße. Datenschutz ist dabei ein Fremdwort.

Wir im Westen sind schnell geneigt, den Chinesen geistigen Diebstahl von Technologie vorzuwerfen, so wie noch vor drei Jahrzehnten den Japanern. Wem sollen sie die Technologie für die erste Hinterm-Mond-Landung gestohlen haben? Die UNO-Organisation für geistiges Eigentum, die World Intellectual Property Organization (WIPO), weist darauf hin, dass die Zeiten des Raubrittertums in China längst vorbei sind. Im Rahmen der 5G-Infrastruktur sind europäische Mitanbieter auf chinesische Bauteile angewiesen. Huawei spielt hierbei eine starke Rolle.

Das Reich der Mitte erlebte einen KI-Entwicklungsschub, als das Computerprogramm Alpha Go aus dem Hause Google den weltbesten Go Spieler, einen Chinesen, besiegte. Das wirkte ähnlich wie der „Sputnik Schock" bei den Amerikanern 1957. Seitdem verfolgt das Reich der Mitte eine konzertierte KI-Strategie und hat dank seiner Bevölkerungszahl die weltweit größten Datenmengen, aus denen sich neue Daten und Algorithmen schöpfen lassen. Daten sind eine Art Raketentreibstoff für die KI. Mit 800 Millionen Internetnutzern (2018) und 1,4 Milliarden Menschen hat China wesentlich mehr (kluge) Köpfe als Europa, Russland und die USA zusammen. Regierung und Unternehmen ziehen gemeinsam am KI-Strang. KI ist fast so etwas wie eine Religion. Der Begriff Deep Learning ist bei IT-Anwendern in aller Munde. Auf der lokalen Ebene wetteifern Bürgermeister darum, ihre Städte KI-reif zu machen. Regionen stehen im Wettbewerb, wer am meisten in die KI-Zukunft investiert. Ein KI-Park macht eine Region attraktiv. Man weiß: Wer beim globalen KI-Turnier nicht verlieren will, muss zunächst einmal die Technik selbst beherrschen. Darum soll KI schon ab der Grundschule ein Schulfach werden. Die Schulbücher sind gedruckt. 2018 lief das Programm an ausgewählten Schulen an.

Es stellt sich die Frage: Was ist im KI-Wettbewerb letztendlich ausschlaggebend? Die jahrelange High-Tech-Führerschaft der USA oder der nationale Ehrgeiz und die geballte Kraft von Staat und Konzernen in China, und das bei gleichzeitiger Verfügbarkeit exorbitanter Datenmengen. Kai-Fu Lee, ehemaliger Präsident von Google China und jetzt oberster Fondsmanager eines 1,7 Milliarden schweren Investmentfonds, der vorzugsweise in chinesische KI-Start-Ups investiert, sieht einen Zweikampf zwischen den USA und China, beziehungsweise eine „bipolare Weltordnung" heraufziehen. Das Silikon Valley verblasst als digitaler Leitstern. In China entsteht ein digitaler Sternenhimmel. Zwischen Ost und West stehend wird Europa nur eine Nebenrolle spielen.

24.4 Vom Reich der Hungersnöte zur digitalen Weltmacht

Ältere Menschen erinnern sich an die Warnungen vor der gelben Gefahr. Mit seiner riesigen Bevölkerungszahl würde China eines Tages die Welt überrollen. Damals war China das Land der Hungersnöte, eines, auf das man herabblickte und so sein westliches Selbstwertgefühl polierte. Schüler lernten, alles Gute komme aus dem Westen und alles Schlechte aus dem Osten. Das Gute war Amerika. Es war nicht nur gut, sondern auch stark. So wurden die einen zu Freunden und die anderen zu Feinden. Unsere Blicke richteten sich westwärts, zumal Englisch eine gängige Kommunikationssprache war und ist, Chinesisch aber trotz ihrer sprachlichen Führerschaft eine Exotensprache.

Es gibt keinen Grund, auf China hinabzublicken, eher umgekehrt. Dieses einzigartige Erfolgsmodell ist eine Wirtschaftsmacht, die global denken und handeln muss. Das bringt zwangsläufig Weltmacht mit sich, wie es das Beispiel USA zeigt. Zugleich ist China eine Blaupause für die Corona-Krisenbewältigung. Während Europas Wirtschaft 2020/21 nach der Corona-Pandemie lahmt, erblüht sie in China und zieht die Weltwirtschaft mit. Das war schon einmal so, 2008 nach der Weltwirtschaftskrise. Als einziges Land der Erde ist Chinas Wirtschaft im Katastrophenjahr 2020 um zwei Prozent gewachsen. Der gebeutelten Wirtschaft griff man mit dreistelligen Milliardenbeiträgen unter die Arme, allerdings ohne zu Gießkanne zu greifen.

„Während staatliche Hilfen in Deutschland dazu dienen sollen, die ersehnte Rückkehr zum Zustand vor der Pandemie zu erreichen, setzt China gewaltige Fördermittel für neue Technologiesprünge ein", schreibt der Sinologe Sebastian Heilmann vom Mercator Institute for China Studies. China ist auf dem Weg zur größten Wirtschaftsmacht der Welt. 2030 dürfte sie dort angekommen sein.

SPIEGEL Kolumnist Sascha Lobo schreibt 2019 im SPIEGEL: „Die digitale Gegenwart entsteht in Kalifornien, die digitale Zukunft aber entsteht in China." Das liegt seiner Meinung nach daran, dass der kommende Digitalkapitalismus besser in autoritären Staaten funktioniert als in herkömmlichen sozialen Marktwirtschaften, die ein demokratisches Umfeld benötigen.[64] KI-Vordenker Pedro Domingos bestätigt: „KI ist das Tool, das sich Diktatoren immer erträumt haben ... Alle düsteren Visionen rund um Überwachung werden mithilfe der Technik Realität."[65]

Im Gefolge der Corona-Pandemie 2020 wurden die KI-Aktivitäten intensiviert. In allen Landesteilen des Reiches soll das KI-Potenzial voll entfaltet werden. Abseits der großen Metropolen wurden 33 KI-Projekte in Gang gesetzt und fünfzehn Open-Source-Plattformen geschaffen. KI-Technologien sollen vom Stations- und Pflegemanagement, über die epidemiologische Analyse und das Drogenscreening bis hin zur CT-Diagnose in Hospitälern und Quarantänestationen genutzt werden. Um den KI-Entwicklungsprozess zu beschleunigen, gründeten zahlreiche Eliteuniversitäten, Forschungsinstitute und KI-nahe Unternehmen in Peking ein selbstfinanziertes KI-Forschungszentrum, mit dem man talentierte Fachkräfte aus der ganzen Welt anziehen will.

24.5 China zur Abschreckung: Der Social Credit Score

Der Fall China flößt Angst ein. Mit seinem „Social Credit Score" werden ab 2020 alle Bürger bei Reisen, Einkäufen, im Verkehr und bei der Webnutzung, um nur vier Beispiele zu nennen, digital überwacht. Videoüberwachung mit Gesichtserkennung gehören dazu. 600 Millionen Kameras wurden bis 2020 installiert. Schon heute verknüpft die Polizei in 16 Städten und Provinzen Videodaten mit KI, um Bürger zu überwachen und Verbrecher zu jagen. Die Bewertung sichtbarer Verhaltensweisen fließt in ein Predictive Policing-Punktesystem, das über die Zuteilung von Lebenschancen entscheidet. Wer in die Kommunistische Partei eintreten, eine Flugreise oder ein Studium antreten will, einen bestimmten Job ausüben möchte, einen Hypothekenkredit benötigt oder in der Eisenbahn in der ersten Klasse reisen möchte, benötigt einen hohen persönlichen Scoringwert. Eine neue Mobilrufnummer ist nur in Verbindung mit einem Gesichtsscan möglich. Ein Einblick in die Scoring-Akte ist nicht erlaubt. Widerspruch unmöglich. Von Freunden mit einem schlechten Scoringwert sollte man sich schleunigst trennen, denn es gilt „Sag mir, wer Deine Freunde sind, und ich sag dir, wer du bist." „Musterschüler" können mit vielfältigen Vergünstigungen rechnen, Bösewichte mit Sanktionen. Um nicht auf der Negativliste zu landen, halten sich Kreditausfälle im Rahmen. Man stelle sich vor, wir müssten in unserem Leben ständig die mögliche Einstufung durch Algorithmen im Hinterkopf haben. Das wäre eine Art Verhaltensschere im Gehirn.

Das chinesische Social Scoring System erinnert an den „Big Brother" in George Orwells Zukunftsromans „1984" aus dem Jahre 1949. Kritiker sprechen vom „digitalen Totalitarismus", der auf ein genormtes Bürgerverhalten zielt. Das System soll „dafür sorgen, dass schlechte Menschen in der Gesellschaft nirgendwo hingehen können, während gute Menschen sich frei und ungehindert bewegen können."[66] Technologische Instrumente wie Sensoren, Kameras und IT-Überwachungssysteme werden dafür eingesetzt, staatlich gewünschtes Musterverhalten herbeizuführen. Es geht um den „moralisch einwandfreien" Bürger, so die politische Begründung für den Citizen Score. Der Wert eines Menschen wird durch einen Scoringwert ausgedrückt. 23 Millionen Bürger wurden 2018 über das Social-Scoring-System verwarnt.

Der Wahrheit halber sei erwähnt, dass die Technik für das Score-System im Westen entwickelt wurde. Erinnert sei auch an die Überwachungsmaschinerie des britischen Geheimdienstes, die durch Edward Snowden enttarnt wurde. Von ihr könnten selbst noch die Chinesen lernen.

Westliche, sich zum Christentum bekennende Staaten bekämpfen abweichendes Sozialverhalten, indem sie traditionelle Moralvorstellungen propagieren und fördern. Im Reich der Mitte setzt man auf technologische Lösungen im Sinne kybernetischer Funktionsprinzipien. Diese setzen aber eine flächendeckende Vermessung von menschlichen Verhaltensweisen voraus. Diese ist zugleich Voraussetzung, die Gesellschaft zu optimieren, Ressourcen zu steuern, Einkaufsgewohnheiten und Zahlungsmoral zu ermitteln. Inwieweit es möglich ist, komplexe Gebilde wie Mensch und Gesellschaft exakt vermessen und steuern zu können, ist schwer zu beantworten. Sicher ist aber, dass der „gläserne Mensch" infolge der Allgegenwart von Sensoren, der Vernetzung von Smartphones und der Verlagerung vieler sozialer Aktivitäten in die digitale Sphäre immer mehr möglich wird. Nicht nur die Chinesen, auch der westliche Mensch wird Untertan einer datengetriebenen Gesellschaft.

Anders als in Deutschland stoßen KI-Technologien in China auf eine hohe Akzeptanz. Der Gründer des auf Personenidentifizierung mittels Gangbewegungen spezialisierten Institutes of Automation an der University of Chinese Academy of Sciences, Beijing, Huang Yongzhen, erklärt: „Im Westen gibt es einen größeren Schutz der eigenen Daten und der Privatsphäre. Das liegt in der Kultur begründet und hat viel mit Gewohnheit zu tun. Der Normaleuropäer möchte, dass seine Daten möglichst nur ihm gehören. In China ist die Kultur oder die Meinung dazu eine andere. Chinesen wollen neue Technologien ausprobieren, wenn sie ihr Leben bequemer und sicherer machen. Während der Westler großen Wert auf seine Privatsphäre legt, haben sich die meisten Chinesen damit abgefunden, überwacht und zensiert zu werden. Im Gegenteil: Nach einer in China durchgeführten Studie der Freien Universität Berlin bewerten 80 Prozent der Befragten die Überwachung als positiv. Dieser hohe Wert erklärt sich nicht allein mit der autoritären Staatsverfassung Chinas, sondern aus dem Bedürfnis nach zivilgesellschaftlichen Verhaltensregeln. SPIEGEL-Kolumnist Sascha Lobo weist nicht allein dem Kommunismus die Schuld für den chinesischen Big-Brother-Staat zu, sondern sieht den hohen Grad an Digitalisierung mitursächlich. Das erklärt auch das zunehmende Kontrollbedürfnis westlicher Staaten unter Nutzung digitaler Überwachungstechnik.

Der Autor macht darauf aufmerksam, dass China nicht trotz, sondern wegen seiner autoritären Gesellschaftsform digital so erfolgreich ist. Dort sind Entwicklungsgeschwindigkeiten ohne langes demokratisches Procedere und ständige Widersprüche möglich. „China ist ein Beispiel dafür, dass geringere demokratische Beteiligung an den großen digitalgesellschaftlichen Entscheidungen ein ökonomisches Erfolgsmuster sein kann."[67]

Um 1950 herum gab es einige wenige kluge Köpfe, die so etwas wie die KI vorausdachten. Siebzig Jahre sind seitdem vergangen. Es ist ein ökonomischer und politischer Kampf um die strategisch bedeutsame KI-Führerschaft entbrannt. Manche sprechen von einem KI-Rüstungswettlauf, der bedeutsamer sei als der derzeitige Handelskrieg zwischen China und den USA. Keine die großen Nationen der Welt kann es sich erlauben, den Anschluss zu verlieren. Zwar ist Europa in diesen Krieg involviert, aber es ist kein ernstzunehmender Konkurrent bei den KI-Schlüsselanwendungen.

25. Deutschland, KI-Zweitligist mit Formschwäche

KI „Made in Germany", das sollte mal ein Markenzeichen im Spiel um die vorderen Plätze im Wettbewerb werden. Die erste Halbzeit dieses Spiels ist herum. Deutschland steht mit seiner KI nicht viel besser da als bei der Fußballweltmeisterschaft2018. Nun will man wenigstens in der zweiten KI-Halbzeit Treffer erzielen.

Auf der Digitalklausur des Bundeskabinetts im Oktober 2018 wurde eine nationale Digitalstrategie beschlossen, die im Falle der digitalen Ausstattung unserer Schulen zunächst im Föderalismusstreit endete. Es verbleibt uns der Trost, dass drei Deutsche zu den führenden Köpfen der KI-Szene gehören, darunter Sebastian Thrun, Leiter der Geheimlabore von Google. In autonom fahrenden Autos stecken sein Wissen und seine Kreativität. Aber er ist kein Autoingenieur, denn selbstfahrende Autos sind für ihn nichts anderes als KI auf Rädern.

Ralf Herbrich, ebenfalls ein Deutscher, ist Amazons KI-Chefentwickler mit Sitz in Berlin. Dort forschen 500 Mitarbeiter an Anwendungen für Amazon Fresh, die neue Lebensmittelsparte des Konzerns. Der Dritte im Bunde, Jürgen Schmidhuber, Schweizer Forschungsinstitut für Künstliche Intelligenz, gilt als führender Forscher bei maschinellem Lernen. Er hat den Deep Learning-Algorithmus mitentwickelt, dem wir die Spracherkennung im Smartphone verdanken.

Schließlich wäre noch das Deutsche Forschungszentrum für KI in Kaiserslautern zu erwähnen, mit circa 1000 Mitarbeitern die weltweit größte Einrichtung dieser Art. Seit 1998 sind aus dem DFKI mehr als 90 Spin-off-Unternehmen mit circa 3200 Arbeitsplätzen hervorgegangen.

25.1 Drei Milliarden Euro: Viel Geld, aber noch zu wenig

Deutschland soll zu einem weltweit führenden Standort für KI werden verspricht die Bundesregierung in ihrem Strategiepapier. Dafür werde der Bund bis 2025 drei Milliarden Euro zusätzlich bereitstellen. Doch im neuen Finanzplan ist die Summe gar nicht vorgesehen, wie das „Handelsblatt" berichtet. Bis 2023 seien von Finanz-minister Olaf Scholz nur 500 Millionen Euro eingeplant.

Um die KI-Strategie dennoch zu finanzieren, sollen die Ministerien für Forschung, Wirtschaft und Arbeit ihre Etats umschichten, heißt es weiter. Diese müssten dafür an anderen Stellen sparen. Zudem werde in zwei Jahren geprüft, ob die drei Milliarden Euro erreicht werden. Anderenfalls müsse man die Finanzierung gegebenenfalls anpassen.

Man hofft auf einen Hebeleffekt aus der Wirtschaft von weiteren sechs bis sieben Milliarden Euro. Innerhalb Europas wäre dieses das stärkste Engagement, aber im Vergleich zur „gelben Gefahr" nur ein schwaches. Gemessen an anderen Ländern, denen dieser Industriehebel fehlt, steht Deutschland sehr gut da, hinkt aber den Chinesen hinterher.

Die drei Milliarden Euro Bundesmittel sollen bis 2025 reichen. Allein eine einzelne chinesische Stadt, deren Name den wenigsten Deutschen etwas sagen dürfte, Tianjin, richtet derzeit einen Fonds zur Förderung der KI ein. Volumen: Fünfzehn Milliarden Euro. Das Ziel ist fast identisch mit dem deutschen, nämlich, zu einem führenden (regionalen) KI-Standort zu werden. Wohlgemerkt, es geht um eine von vielen Städten in China, nicht um ein ganzes Land.

Im Laufe der Jahre erkannten die verantwortlichen Politiker in Deutschland, dass drei Milliarden Euro nicht reichen, um der KI-Entwicklung und internationalen Herausforderungen gerecht zu werden. Die Strategie aus 2018 wurde im Dezember 2020 fortgeschrieben. Bis 2025 sollen die Investitionen des Bundes von drei auf fünf Milliarden Euro angehoben werden. Im Fokus der Förderung stehen mittelständische Unternehmen. Ergänzend strebt die EU-Kommission an, künftig 20 Milliarden Euro jährlich in KI fließen zu lassen.

Die Stadt Peking baut derweil einen KI-Industriepark für zwei Milliarden Dollar und die Regionalregierung von Shanghai will bis 2021 zwischen 13-15 Milliarden Dollar für KI-Projekte bereitstellen. Insgesamt sollen in China bis 2030 etwa 150 Milliarden Dollar in die KI investiert werden. Wer am KI-

Pokertisch Platz nimmt, braucht viel Geld, um mitspielen zu können. Kann Deutschland mitspielen? Die ZEIT Online überschreibt einen Bericht über die Weltkonferenz zur KI in Shanghai im September 2018 mit „Europa ist abgemeldet". Unser Kontinent konnte nur ein einziges präsentables Unternehmen vorweisen: SAP.

In Deutschland wird viel über KI geredet, sie wird zu wenig praktiziert. Alle benutzen das Buzzword, aber nur wenige wissen, was dahintersteckt. Jeder zweite Unternehmer ignoriert sie, so das Ergebnis einer Studie der Beratungsfirma Price Waterhouse Coopers in Kooperation mit Kantar Emnid. Nur vier Prozent der Unternehmen in Deutschland nutzen KI. 48 Prozent halten sie nicht für relevant für die eigene Firma. Die Autoren sprechen von einem „unterentwickelten KI-Bewusstsein". KI-Fachleute wiesen wiederholt darauf hin, dass die Ursachen hierfür weniger in einer grundsätzlich fehlenden Bereitschaft liegen, sondern eher an Unsicherheiten, dem Bedarf an fachlichen Kompetenzen und einem unzureichenden Zugang zu Daten, der für Maschinenintelligenz essenziell ist.

Die OECD schlug 2019 in diese Kerbe. Deutschland sei auf dem digitalen Arbeitsmarkt der Zukunft nur mittelmäßig vorbereitet, ganz zu schweigen vom schleichenden Ausbau des Breitbandnetzes. Deutschen Unternehmen droht der Verlust der Wettbewerbsfähigkeit.

25.2 Strategiepapier ohne Strategen

Unabhängig von den Finanzen gibt es KI-Forscher, die das Papier der Bundesregierung als altbacken kritisieren, so Florian Gallwitz von der Technischen Hochschule Nürnberg. Er weist darauf hin, dass die in der Einleitung der Strategie vorgestellten Konzepte, wie Deduktionssysteme und maschinelles Beweisen, zum Teil schon vor 30 Jahren veraltet gewesen seien. Dagegen kommt der Begriff Deep Learning, mit dem sich KI-Forscher derzeit auseinandersetzten, in dem 47-seitigen Papier nicht vor. Künstliche neuronale Netzwerke tauchten nur drei Mal auf. „Wenn das der Kenntnisstand der Bundesregierung ist, haben wir wirklich ein Problem", so Gallwitz.[68] Deutschlands KI-Chancen liegen in der Grundlagenforschung und im Maschinenbau, speziell im Bereich des Internets der Dinge, also der Verknüpfung mit Produkten, die autonom agieren und reagieren, wenn es notwendig wird. Vielen Ländern fehlt eine solche Doppelkompetenz. Als Basistechnologie bietet KI zahlreiche technologische Möglichkeiten sowie Geschäftschancen und stößt Folgeinnovationen an. Gleichzeitig aber beklagt bitcom-Chef Achim Berg: Deutschland sei zwar in der Grundlagenforschung seit vielen Jahren Weltspitze, aber es entstünden daraus zu wenig Produkte. Die deutschen KI-Defizite muss man im Zusammenhang mit der fehlenden IT-Expertise in Recht und Politik sehen. Dort muss man sich zunächst einmal für die neue Technologie interessieren. Wer Gesetze machen will, muss zwischen den unterschiedlichen methodischen KI-Ansätzen unterscheiden können. Entscheidungslogik, Verifikationssysteme, maschinelles Lernen, Deep-Learning, Expertensysteme, Mustererkennung, neuronale Netze, das alles wird in einen Topf geworfen.

Das Urteil deutscher Ingenieure über den Stand und die Kompetenzen der KI-Forschung und Entwicklung fällt düster aus. Nach einer Studie des Verbandes Deutscher Ingenieure fehlen Deutschland die Kompetenzen, um KI-Technologien effizient einzusetzen. Noch 2017 sahen 67 Prozent Deutschland in einer Führungsposition. 2018 waren es nur noch 14 Prozent.

Was auch immer getan oder unterlassen wird, der Umgang mit dem Thema Datenschutz entscheidet über das KI-Schicksal in Deutschland und Europa. Ohne eine ausreichende Menge an Daten fehlt die Essenz, Forschungsergebnisse in KI-Anwendungen zu überführen. Auch Frankreich will ein wichtiger Standort der KI werden, so Staatspräsident Macron 2018 in einer Grundsatzrede. Er wollte den europäischen Gegenangriff anführen. Ob die anvisierten 1,5 Milliarden Euro Fördergeld über fünf Jahre dafür reichen, darf im Vergleich zu China und den USA bezweifelt werden.

Der Stoffwechsel des Digitalmarktes bewegt sich im Formel 1-Tempo. Die Bundesrepublik Deutschland droht Opfer einer neuen Sekundenkultur zu werden. Diese bricht mit einer Dynamik über uns herein, als würden Dampfmaschine, Automobil und Computer innerhalb eines Quartals erfunden. Ein Jahrzehnt des Wandels, beispielsweise das von 1990 bis 2000, komprimiert sich hinichtlich seiner Dynamik auf ein Jahr oder einige Monate. Wir erleben eine nie dagewesene Gegenwartsschrumpfung, meint der Philosoph Hermann Lübbe.

In einem solchen Umfeld ist die bloße Proklamationspolitik zur KI-Zukunft Deutschlands bereits ein Rückschritt. Dieses Zurückfallen ist der Anfang eines Sturzes. Selbst wenn wir auf dem richtigen Gleis sind, werden wir überrollt, weil andere schneller sind. Parolen und Bequemlichkeit sind Selbstmord.

Literaturverzeichnis

1. Unsere Roboter zeigen Gefühle, Luzerner Zeitung, 1.10.2017.
2. Floridi, Luciano. Die 4. Revolution. Wie die Infosphäre unser Leben verändert. 2020: s.n. S. 19ff.
3. Grolle, Johann. Die Menschheit rast auf einen Abgrund zu. Der Spiegel, 27.2.2019.
4. Schnabel, Ulrich. Was macht uns zukünftig noch einzigartig? Die Zeit, 14/2018.
5. https://vrodo.de/kiderlangewegzurstarkenkuenstlichenintelligenz.
6. Alles beginnt mit Profit, später zählt nur noch der Profit. Der Spiegel. 2018.
7. KI was Deutschland besser machen muss. managerMagazin. 12.10.2018.
8. LeCunn, Y., Cortes, C., Burgers, C. (2015): The MINIST Database of handwriten digits.http://github.com/ShinAsakawa/2015corona/blob/master/MINIST%20 handwriten%20digit%database,20%%Yann%%LeCunn, 20%Corinna20% Cortes%hand%20Chris%20Borges.pdf.
9. Die Welt, 17.12.2018.
10. Kaplan, Jerry. Künstliche Intelligenz. Eine Einführung, mitp-Verlag, 80 2017 S. 80. , Frechen: mitpVerlag, 2017.
11. https://www.spiegel.de/fotostrecke/googlezitatevonericschmidt- fotostrecke63798.html. 21.11.2011.
12. Zuboff, Shosana. Das Zeitalter des Überwachungskapitalismus, Frankfurt/M., 2018, S. 247.
13. Ebenda, 252.
14. https://binnenschifffahrtonline.de/2018/11/featured/5200/ wirtschaft-forderttestfeldfuerselbstfahrendebinnenschiffe/.
15. Institut für Arbeitsmarkt- und Berufsforschung, Nürnberg 12/2017.

16. Wirtschaftsforschung, Zentrum für Europäische. Digitalisierung schafft Jobs, braucht aber gezielte Förderung, Mannheim 4/2018.

17. Wegen Digitalisierung fallen Millionen Jobs weg. Handelsblatt. 2.2.2018.

18. ING Bank, Pressemeldung, 30.4.2015.

19. Lobo, Sascha. https://www.spiegel.de/netzwelt/netzpolitik/digital-isierung-das- verschwinden-der-mittelklasse-kolumne-a-1205746.html. Spiegel Netzwelt, 2.5.2018.

20. Straubhaar, Thomas. Straubhaar, Thomas. Es wurde Egoismus gesät und Trump geerntet. Der Spiegel. 7/2017.

21. Kremp, Matthias. Google Duplex ist gruselig gut, Der Spiegel, 9.5.2018.

22. Tagesschau (ARD), 12.10.2019. https://www.tagesschau.de/wirtschaft/libra-111.html.

23. Gerum, Elmar. Das deutsche Corporate Governance-System. Eine empirische Untersuchung. Stuttgart: s.n., 2007. S. S. 415.

24. Zuboff, Shosana. a.a.O., 162.

25. Timm, Katja. Onlineplattformen wissen mehr über uns als die Stasi. Der Spiegel, 14.6.2019.

26. Technologie für Sucht. http://de.psy.co/technologie-fur-sucht.html, 2017.

27. Lobe, Adrian. Die Zeit, 3.11.2016.

28. Timm, Katja. a.a.O.

29. Der Spiegel, 40/2018.

30. Alles beginnt mit Idealismus, später zählt nur noch der Profit. Der Spiegel, 8.6.2018.

31. Zuboff, Shosana. a.a.O., 68ff.

32. Zuboff, Shosana, a.a.O., 69. S. S. 162.

33. zitiert nach Zuboff, Shosana. a.a.O., 266.

34. Schmidt, Wolfgang M. Das Haus brennt. Der Freitag, 19.12.2018.

35. Rahwan, Interview mit Iyad. Der Spiegel, 14.6.2019.

36. Steingarts Morning Brief, 21.8.2020.

37. Spiegel-online, 14.6.2018.

38. Alles beginnt mit Idealismus, später zählt nur noch der Profit. Der Spiegel, 8.6.2018.

39. Ebenda.

40. Zuboff, Shosana. a.a.O., 83.

41. Patalong, Frank. Zeig mir ein Foto und ich sag Dir, ob Du schwul bist. Spiegel-online, 10.9.2017.

42. Wolfangel, Eva. Künstliche INtelligenz. Auf der falschen Spur. Süddeutsche Zeitung, 6.4.2018.

43. https://www.heise.de/news/Angriff-auf-die-Anonymitaet-Polnische-Gesichtssuchmaschine-PimEyes-in-der-Kritik-4840756.html. heise. 2020.

44. [Online] https://digital-society- report.blogspot.com/2019/03/gesichtserkennung-macht-das-digitale.html.

45. Peteranderl, Sonja. Wie amerikanische Städte gegen Überwachung kämpfen. Der Spiegel, 15.6.2019.

46. Hurtz, Simone. Warum automatisierte Gesichtserkennung so gefährlich ist. Süddeutsche Zeitung, 20.1.2020.

47. zitiert nach Morgenroth, Markus: Sie kennen Dich! Sie haben Dich! Sie steuern Dich! München 2016, 95

48. zitiert nach Zuboff, Shosana, a.a.O., 237.

49. https://www.heise.de/hintergrund/Maschinenintelligenz-eine-unrealistische-Vision-1363868.html.

50. Allen, Paul. https://www.heise.de/tr/artikel/Maschinenintelligenzeine-unrealistischeVision1363868.html. 2011.

51. Figueras, Isaac. The LaglZoo, Identity Crisis: Lagl Form Provider of Lawyer in Sheep's Clothing?, Caste Western Law Review 63, Nr. 4 (2013). .

52. Range, Thomas. Mensch und Maschine. Wie künstliche Intelligenz und roboter unser Leben verändern. Stuttgart: Reclam, 2018, S. 87.

53. Schnabel, Ulrich: Was macht uns noch einzigartig? Die Zeit, 14/2018.

54. Schnabel, Ulrich. Was macht uns zukünftig noch einzigartig? . Die Zeit, 14/2018.

55. https://netzpolitik.org/2019/keinerotenlinienindustrie-entscha erftethikleitlinienfuerkuenstlicheintelligenz/ 2019.

56. https://netzpolitik.org/2019/keine-roten-linien-industrie-entschaerft-ethik-leitlinien-fuer-kuenstliche-intelligenz, 2019.

57. Meineck, Sebastian. Facebook möchte seine Macht nicht einsetzen, selbst wenn es das könnte, in:. https://www.spiegel.de/netzwelt/web/facebooks-wichtigster-ki-forscher- yann-lecun-natuerlich-kann-die-technologie-missbraucht-werden-a-555c1852-5852-4501-a7ca-12999bf1efda. 18.6.2020.

58. https://netzpolitik.org/2019/keinerotenlinienindustrieentschaerft-ethikleitlinienfuerkuenstlicheintelligenz, 2019. a.a.O.

59. Keßler, Felix. Wie verklage ich einen Roboter. Spiegel-online, 23.4.2019.

60. Kramper, Gernot. https://www.stern.de/digital/technik/putinsneuer-laser sollusraketenundjetszerstoeren8480680.html. Stern. 13. Dez. 2018.

61. Weddeling, Britta. Kai-fu-lee im Intervew: Europa könnte leer ausgehen. Chinesischer Investor warnt vor KI-Rückstand. Handelsblatt, 30.11.2018.

62. Spiegel-Netzwelt, a.a.O.

63. Weddeling, Britta. https://www.handelsblatt.com/politik/international/kai-fu-lee-im-interview- europa-koennte-leer-ausgehen-chinesischer-investor-warnt-vor-ki-rueckstand/23697618.html?ticket=ST-182033- DrkaVwSgfLCfUgoOy5Wi- ap6.30. November 2018.

64. Lobo, Sascha. Das chinesische Jahrhundert als Drohung, Spiegel-Netzwelt, 27.11.2019.

65. Wie China bei der Künstlichen Intelligenz zur Supermacht aufsteigt. Handelsblatt, 25.10.2018.

66. Hvistendahl, Mara. Hvistendahl, Mara: „Inside China's Vast New Experiment in Social Ran-king", www.wired.com/story/age-of-social-credit.

67. Lobo, Sascha. https://www.spiegel.de/netzwelt/netzpolitik/china-wird- bei-der-digitalisierung-den-ton-angeben-kolumne-a-1217577.html.[Online] Der Spiegel, 11. Juli 2018.

68. 74. https://t3n.de/news/lautkiforschersetztdiebundesregierun-gaufveraltetekonzepte1149442/.

Lightning Source UK Ltd.
Milton Keynes UK
UKHW021327060622
403999UK00010B/481